基础教育中的科学心理学

秦启庚　编著

陕西师范大学出版总社

图书代号 JY23N0747

图书在版编目（CIP）数据

基础教育中的科学心理学 / 秦启庚编著 . —西安：陕西师范大学出版总社有限公司，2023.4
　　ISBN 978-7-5695-3594-5

Ⅰ.①基… Ⅱ.①秦… Ⅲ.①中小学生－心理健康－健康教育－研究　Ⅳ.① G444

中国国家版本馆 CIP 数据核字（2023）第 062930 号

基础教育中的科学心理学
JICHU JIAOYU ZHONG DE KEXUE XINLIXUE

秦启庚　编著

出 版 人	刘东风
出版统筹	杨　沁
责任编辑	段　静　赵苏萍　尹　鑫
责任校对	王　越
封面设计	瑶瑞驰设计
出版发行	陕西师范大学出版总社
	（西安市长安南路 199 号　邮编 710062）
网　　址	http://www.snupg.com
印　　刷	西安五星印刷有限公司
开　　本	710 mm × 1000 mm　1/16
印　　张	18.75
字　　数	225 千
版　　次	2023 年 4 月第 1 版
印　　次	2023 年 4 月第 1 次印刷
书　　号	ISBN 978-7-5695-3594-5
定　　价	88.00 元

读者使用时若发现印装质量问题，请与本社联系、调换。
电话：（029）85308697

序 一

游旭群

1993年，我考入华东师范大学心理学系，成为杨治良教授的博士研究生，同时结识了秦启庚先生。秦老师是被誉为"中国管理心理学之父"的俞文钊教授的在职硕士研究生，是上海铁路职工学校一位资深的管理心理学教师。为了更好地掌握心理学的自然科学属性，他投师杨治良教授门下进修"高级实验心理学"和"高级认知心理学"课程，由此我们从相识、相知到惺惺相惜。

杨治良先生对秦老师的评价是"中国心理学的两面旗帜"：一是秦老师坚持走心理学应用的道路。在20世纪90年代初，我国的心理学更多地处于书斋经院的研究之中，而秦老师已经将其应用于各行各业，如火车司机的职业适应性研究、商业服务的心理学研究、铁路旅客心理学研究等。二是在心理学应用的过程中坚持以实验心理学为研究基础，例如本书中提到的关于上海港务局煤炭装卸公司吊车司机安全性研究，秦老师指导研究者在研究中引入"深度知觉""双手协调"等心理仪器和"Y-G"等人格量表，通过对事故组和非事故组的比照找到事故与心理品质的内在关系，为企业人力资源的使用提供了科学依据。

1995年，秦老师在上海市闸北区（2015年与静安区合并）教育学院成立了全市第一个区教育学院的心理实验室，并针对中小学教师培训，自编教材开设了"心理实验技术""教师谈话技术"等心理学课程。

1998年，秦老师在全国性的公开课上，将心理仪器皮肤电测试仪引入有关"定势"的教学过程中，听课的教师和领导惊叹于这见所未见、闻所未闻的心理学教学。

在教学的同时，秦老师深入基础教育的每一所学校，指导中小学校及幼儿园老师的教育科研。他深入课堂听老师上课，课后指导老师在教学中找到具有创新价值的问题，然后引导老师们将问题提升为科研课题。在这样的指导下，老师们不再畏惧教育科研，人人参与，科研也不再神秘。例如，关于幼儿美育渗透的科研课题研究，原先的研究囿于幼儿的美术教育范畴，秦老师用其深厚的美学知识对老师们进行指导，让老师们豁然开朗——原来美无处不在，它贯穿于教育的全过程。于是所有老师全部参与到教育科研之中，最终形成了《幼儿美育渗透》校本培训教材。"幼儿自主学习""学生内隐学习研究""幼儿成就动机激发""教师政治思想工作的心理学研究""学校领导心理健康的调查"等研究所取得的成果，无不体现出秦老师的睿智和科学心理学思想。

秦老师不仅教育教学成果斐然，而且师德高尚，具有独特的人格魅力。20世纪末，上海市教委联合华东师大心理系、上海各教育学院举办首届心理辅导员（也称心理咨询师）培训班，秦老师参与了全过程的设计和培训，获得了00001号心理辅导证书，此后20多年接待了不计其数的求助者、来访者。他用自己深厚的心理学功底和精湛的语言学能力，使每一个求助者满面愁容而来，满心欢喜而去，却从未收取求助者一分钱。他对求助者的口头语是"你高兴了我更高兴"。为此，上海的报纸曾以《00001号心理咨询师，17年心理咨询，分文不收》为题予以整版报道。

2010年，上海市教委德育处为设计基础教育心理健康中长期发展规划，成立了以杨治良先生为组长的专家组，研究如何在中小学心理学中引入高校心理学的仪器设备。秦老师任执行组长，具体负责心理实验仪器如何移植到中小学的研究。经过历时两年的调查研究和各类学校的试点实践，终于完成了上海市教委2011年57号文件，为中小学的心理辅导室建立了全新的科学配置方案。

退休后，秦老师更是为全国各地的教师进行心理学的培训。他还不辞辛劳，多次前往马来西亚为坚持华文教学的学校提供教师培训，甚至在高强度的教学中染上肺炎，深受马来西亚华文教师的感谢。他同时为当地华人学生的家长进行家庭教育培训，深受欢迎，课后被家长围住提问，有的家长甚至翌日在住地旅店外等候咨询。

经过多年孜孜不倦的研究和丰富实践，秦老师在中小学教育中的心理学实际应用方面取得了丰硕的成果，他将其梳理总结，形成了《基础教育中的科学心理学》一书。本书有几个显著的特点：第一，研究的独创性。正如德国心理学家晏松教授和中山大学高定国教授所说，将高校实验心理学仪器进行改造，运用到基础教育领域，对学生进行认知训练，之前从未有人探索和尝试，而秦老师进行了15年苦行僧般的探索，提出了对学生的感知、注意、记忆、思维、表象等认知品质进行科学训练的思想和方法，这是前人所无的独特的心理学研究，具有创造性的价值。第二，研究的科学性。秦老师的研究具有严谨的科学性，他注重实证研究。例如书中讲到训练小学生注意品质的研究时，肯定了某心理老师用乒乓球板运送乒乓球活动对提高小学生注意品质的价值，同时也指出其难以量化之不足。他用心理学仪器训练学生的注意品质并将训练结果绘制成进步曲线，以说明学生注意品质的提高，其科学性显著。第三，研究的应用性和可操作性。心理学的终极意义在于转化为社会应用。秦老师在理论上回答了中小学生的认知品质能否通过"可控制，可重复，可记录，可描绘"的科学训练得到提高的问题，也证明了其广泛的应用性，而且展示出其具有可操作性、简便性，不仅适用于普通学校中小学生训练，也适用于特殊学校的特殊学生的训练，对随班就读融合教育也有促进作用。第四，促进学生元认知的发展。认知训练提高了学生的认知品质，认知检测使学生了解自己的认知特点，在此基础上提高了学生的元认知能力，使学生对自己的认知能力、认知水平、认知中的优劣长短有了较为客观的认识和科学的把握。

我热切地期待《基础教育中的科学心理学》付梓，并祝愿它在中小学心理健康教育的实践中取得更大的成功。

游旭群，教授，心理学家，陕西师范大学校长。教育部心理学教学指导委员会副主任，国家教师教育咨询委员会委员，中国心理学会原理事长，陕西省心理学会理事长，陕西师范大学心理学科带头人，陕西省行为与认知神经科学重点实验室主任，国家级教学团队（基础心理学）负责人，国家级特色专业（心理学）负责人。

2004年获中国民航总局科技进步二等奖，2006年和2012年分获中国高校第四届、第六届人文社会科学优秀成果二等奖，2011年获宝钢教育优秀教师奖，2002年入选享受国务院政府特殊津贴专家，2005年入选教育部"新世纪优秀人才支持计划"，2006年入选"新世纪百千万人才工程"国家级人选第一、二层次，2016年入选中宣部文化名家暨"四个一批"人才、国家"万人计划"哲学社会科学领军人才，2021年入选教育部长江学者。

序 二

高定国

几年前,我曾邀请秦启庚老师访问中山大学心理学系,介绍他关于心理学在中小学教育中的应用成果。在之后的讨论中,他提到一个现象:心理学专业的学生(特别是师范大学的)入学时分数都是比较高的(我记得我在1987年入读华东师大心理学系时全班的分数在全校都是很高的),心理学专业的学习内容也很丰富有趣,特别是与我们的生活息息相关,所以学生的自我感觉很好。但是,如果他们毕业后进入中小学工作,则情况就很不一样了。中小学特别是初中和高中,不论学生、家长还是学校老师都还是非常看重升学效果的。语文、数学、外语以及理化生史地政课程都是升学考试涉及的,因此是主课,而心理学在中小学里是德育课程的一部分,属于辅课。心理学毕业生的心理落差无疑是很大的。长此以往,必然会影响各类大学特别是师范大学心理学专业的招生与就业。那么,如何解决这个问题呢?

秦启庚老师对这个问题有很多思考。他认为解决的办法就是心理学能切实帮助到学生提升他们的各种认知能力(如注意、记忆、推理),并促进个性和品德和谐发展,同时学生的心理也是健康的。这样,心理学的重要性就提升了。难能可贵的是他还把此付诸实践。过去30多年来,他把实验心理学和认知心理学的实验和测验应用到评估和提升学生的人格、认知、气质、心理健康等方面(我称之为实验教育心理学),并且取得了不错的效果。我们知道,教育中关于一般能力训练最大的问题就是评估、操作的量化问题。秦老师把实验心理学的量化方法和实验操控等引入这种训练之中,是一种创新。秦老师提出,运用心理学实验设备进行的训练可以体现两方面的教育价值：一方面学生由仪器训练达到熟练进而形成迁移，提高相应认知品质和认知能力，如注意、知觉、记忆和思维等认知品质和能力；另一方面通过认知训练促进学生的元认知能力发展（元认知能力是一种非常重要的能力）。正是基于这样的成功实践，上海市教委也于2011年出台了相关政策文件予以支持，并在全市推广。经过10余年的准备，这本凝聚了他一生心血的著作终于出版了。该书介绍全面，可读性和可操作性强，对中小学建设有关工作室、开展有关教学具有很好的指导作用。

认知训练在心理学界已经有了很多年的历史，如今在美国甚至是一个产业，但也存在一些争议。其中主要的争议是认知能力训练的可迁移性问题，即一些认知能力究竟是领域或任务特异性还是一般性的问题。一般来说，一种基本认知能力通过训练会有一定程度的提升。例如，一个大学生在经过差不多两年的训练后，其数字短时记忆成绩从原来的7个提升到了约80个，但当记忆材料变换类型后其成绩急速下降。当然，也有研究获得了肯定性的结果。例如，有研究发现，在进行类比训练后，尽管后续任务在内容上与训练任务差别很大，但前期训练仍然有助于学生解决后续问题，因为学生会对问题的结构进行类比。我相信，本书为心理学在中小学中的应用开了一个头，也为心理学工作者提供了更多可以研究和探讨的问题，如究竟哪些认知能力训练是有效的这样的问题。最后，让我引用秦老师的一句话结束本文：理论要落地，实践要有根；不做理论的奴隶，不套经验的枷锁。

目录 contents

- 001　**第一章　绪论**
- 003　第一节　中小学心理健康教育概况
- 013　第二节　中西方中小学心理健康教育的发展
- 021　第三节　中小学心理健康教育的新思考

- 027　**第二章　教育的心理学化之路**
- 028　第一节　心理学贯穿教育的全过程
- 043　第二节　基础教育中心理学的引领作用

- 053　**第三章　心理学仪器的作用**
- 054　第一节　认知心理仪器对中小学生的教育意义
- 058　第二节　心理学仪器在基础教育中的特殊作用
- 060　第三节　认知训练促进学生学习能力的发展
- 066　第四节　因材施教提供认知检测和相应教育策略

077	第四章	知觉训练和认知发展
078	第一节	反应时训练和认知发展
080	第二节	手指灵活性训练和认知发展
082	第三节	深度知觉训练和认知发展
089	第四节	警戒仪训练和认知发展
093	第五节	动觉训练仪和认知发展
095	第六节	时间知觉训练和认知发展
101	第五章	注意训练和认知发展
102	第一节	注意的特征和功能
105	第二节	注意的品质
113	第三节	注意的认知训练
125	第六章	速示仪对记忆的训练
127	第一节	速示仪的构成和发展
133	第二节	速示仪在中小学教育中的应用
143	第七章	思维和思维训练
144	第一节	思维和思维训练
151	第二节	河内塔训练和认知发展
155	第三节	叶克斯逻辑思维训练和认知发展
159	第四节	迷宫训练和认知发展

目录

165　**第八章　镜画仪和心理旋转**
166　　第一节　镜画仪
169　　第二节　镜画仪训练和心理旋转
173　　第三节　镜画仪在基础教育中的应用

181　**第九章　棒框仪和认知检测**
182　　第一节　认知风格简述
190　　第二节　认知风格的检测
193　　第三节　认知风格的实践应用
197　　第四节　棒框仪在基础教育中的运用

201　**第十章　皮肤电在基础教育中的应用**
203　　第一节　皮肤电测试仪
212　　第二节　皮肤电测试仪在基础教育中的应用

217　**第十一章　中小学生气质测评和行为表现**
218　　第一节　气质简述
222　　第二节　气质调查表
225　　第三节　中小学生气质类型的行为表现

235　**第十二章　认知训练和元认知发展**
236　　第一节　元认知能力是基础教育的终极目标

242　第二节　影响元认知发展的因素
253　第三节　元认知的构成
262　第四节　元认知发展规律和认知仪训练

275　参考文献
279　附录　上海市教育委员会文件
284　后记

第一章
绪论

本章内容提要

◎ 心理健康教育的发轫
◎ 心理健康教育的历史贡献
◎ 心理健康教育与时俱进思考

中国的心理健康教育在20世纪80年代发源于上海的基础教育，在此之前，人们甚至都不知道心理学为何物。覆巢之下焉有完卵？作为心理学系统中的一个子系统，心理健康在中小学领域闻所未闻。1986年，共青团上海市委召开全市基础教育共青团干部会议，会上提出在共青团工作中引进心理咨询的号召。这号召不啻一声春雷，让一些敏锐而又善于思考的教师成为心理健康教育的先行者，其中不乏一些德育工作者。他们甚至顶着压力开始了心理健康教育的探索。要知道此前的几十年，心理学一直被认为是"九分反动、一分无用"的伪科学。历史潮流浩浩荡荡，心理健康教育终成燎原之火。心理学开始走进千家万户，心理咨询逐渐被德育重视。有的学校德育领导开始对传统的品德教育进行反思，不再简单地将学生行为问题归为品德问题。例如，某中学几个同学放学后相约在学校打篮球，在激烈的运动中，一位同学崴了脚，其他几位同学搀扶着送其上医院就诊，但这样无法及时送医。这时，有一位同学发现人行道的行道树边有一辆没有上锁的自行车，便商量先借用这辆自行车送同学到医院，再把自行车送回来，于是扶受伤同学坐上自行车，另外的同学推车。可是推了没多远，车主奔过来抓住学生并报了警。原来车主在商店购物忘了锁车，及至买好东西，发现自行车不见了，正着急，远远看见几个学生把自己的自行车推走了，于是认定这些学生是小偷。学生到派出所接受了警察的询问后，警方通知学校把学生领回去并进行道德教育。现在看来此事与学生道德品质无涉，是学生好心做事但考虑不周的认知问题，应该进行心理学方面的分析和辅导以提高其认知能力。此事幸好得到学校领导很好的处理。面对大量发生在中小学生中的形形色色的问题，很多有经验的老师能从爱护学生角度出发很好地处理。虽然老师们在有意无意地运用心理学的理论和方法，但没有人能认为自己是心理学的自觉。当年很多优秀的教育工作者的先进事迹中充分体现了心理学思想，但谁都不知道那就是心理学。这正是由心理学乃一切学科的领头羊性质所决定的，换句话说，是由心理学无处没有、无事没有、无人没有的属性所决定的。可见，心理学的介入，使很多让德育老师挠头的学生行为问题能在心理学中找到解决的办法。

第一节　中小学心理健康教育概况

一、中小学心理健康概述

（一）心理健康的含义

心理健康是个体"知、情、意"三者的心理品质与内外环境融洽程度的反映，它不仅反映个体心理过程（例如，注意、知觉、记忆、思维等认知品质，情绪情感的主观体验，目标行为的意志品质，等等），同时反映在社会适应、人际关系、道德品质、个性特征等社会评价上，也可认为个体能够保持正常或良好的水平，而且自我内部（自我意识、自我控制、自我体验等）以及自我与现实环境之间保持和谐一致的良好状态。

心理健康不仅指没有疾病、没有痛楚，更是指一种积极的、能够使个体不断进步的心理状态，比如可以持续地学习、持续地进步，能够良好地适应各种不同环境中的社会关系，能够有比较正确的自我认知，能够直面各种困难和挫折并正确应对，使自己战胜困难、战胜挫折，能够认识到自己的不足之处，能接纳自己的不足并不断战胜和弥补不足。此外，心理健康还须具有灵活性和弹性，在压力环境中能够调适自己的身心状态，去适应环境以达到身心两者和谐统一的理想状态。

心理学界认为评价心理健康应包括四方面的状态：

1. 符合正常的健康状态。这里的健康状态，既指身体生理的健康，即有无影响生活、学习和工作的疾患；又指心理的健康，即以有无心理疾病、心理功能是否良好为判断指标，表现为各项心理品质，也就是认知过程、情绪情感、意志特征都处于协调状态的程度。

2. 符合正常的平均状态。从统计学角度反映正常和异常之间的变化，处于正态分布中间范围者则为正常状态。例如，智商处于正态分布的中位数为100，正态分布的两端，偏离100说明智商高或低，智商大于130说明智力优秀，智商小于70说明智力落后。

3. 符合正常的理想状态。以此理想状态来评价个体的各种外部表现出来的行为，而不是对其行为进行主观描述，如成就感、愉悦感、幸福感、满足状态等等，并表现为进取心的抱负水平。

4. 符合正常的适应状态。这里的正常适应是指适应于环境变化的动态适应，能用适宜的技巧来应对现实中的紧张状态。例如，能发挥自己的能力，有效工作和学习，适应周围各种变化的环境，在各种各样的人际交往中彼此友好谦让，和谐相处。

（二）心理健康的标准

所谓心理健康的标准是社会适应性标准的具体化。从个体心理发展水平及其功能的角度看，多数人所共同具有的状态则为心理健康的评价标准。虽然国内外尚无一个绝对权威的统一标准，而且不同的心理学理论流派各有其侧重，但在建立标准时所参考的依据有其相似性，例如人本主义首创者马斯洛（Abraham H. Maslow）认为心理健康者应该符合十条标准：有足够的自我安全感；能充分地了解自己，并对自己的能力作出适当的评价；生活的理想切合实际；不脱离周围现实环境；能保持人格的完整与和谐；善于从经验中学习；能保持良好的人际关系；能适度地发泄情绪和控制情绪；在不违背集体要求的前提下，能有限度地发挥个性；在不违背社会规范的前提下，能恰当地满足个人的要求。

结合中国文化，心理学家张春兴所建立的心理健康五项标准被国人普遍运用。如果再综合国内心理学工作者建立的标准，那么下列八个方面可作为参照标准：

1. 能认识自己，具有悦纳自己的态度。即人们常说的"我从哪儿来，往哪儿去""我是一个怎样的人"，能正确评价自己的长短优劣，并能接受自己的行为追求。

2. 能接受他人，人际关系和谐融洽。美国哈佛大学教育学院教授霍华德·加德纳（Howard Gardner）的多元智力理论认为良好的人际交往、人际沟通是心理健康的重要标志。

3. 正视现实，接受现实，能适应不同环境。当个体无法改变、逃避身处的环境时就要努力地接受现实并努力适应环境。《晏子使楚》中"橘生淮南则为橘，生于淮北则为枳，叶徒相似，其实味不同，所以然者何？水土异也"说的就是这个道理。

4. 热爱生活，乐于工作和学习。心理健康的重要标志是处事积极，在困境中也能积极面对，热爱工作，热爱学习，具有乐观主义的社会态度和价值观。

5. 能协调和控制自己的情绪，心境稳定。俗话说"人生不如意十之八九"，个体要具备在逆境中成长的能力，要能控制住沮丧情绪，保持理性稳定的情绪状态。

6. 人格完整和谐。人们常听到这样一句话——"性格决定命运，态度决定一切",这里的性格就是指人格。无论是卡特尔人格测试(16PF)还是矢田部-吉尔福德性格测验(Y-G),都将人格分为积极与消极、稳定与不稳定、内向与外向,心理健康的标志是具有积极稳定和谐的人格结构。

7. 智力正常。人们常常把智力理解为智商,似乎智商越高越聪明,加德纳把智力细化为七个(后增加成八个)组成部分正说明智商高低与心理健康是复杂的相关关系,这对"一俊遮百丑"的应试教育不啻一个警示。

8. 心理和行为表现与年龄相符。心理健康应与年龄和性别相符,既不应是"大事不会做,小事不肯做"的"妈宝",也不该是忸怩作态的"伪娘",同时也不应该是拔苗助长式不切实际的天才教育下的"仲永"。

现在,世界进入了高速发展的 21 世纪,这是知识人才竞争的时代。因此,时代的发展对我们的人才提出了更高的要求和标准。美国学者约翰·奈斯比特(John Naisbitt)提出"未来社会的成功,竞争的关键在于高技术与高情商的平衡"。研究表明,国际上综合国力的竞争更趋白热化,作为一个具有良好心理素质和精神健康的人,至少应该包括九方面的要求:

一是虚心,诚实,富于正义感;

二是热爱学习,勤奋工作,紧张而有条不紊;

三是宽厚待人,无贵无贱,无亲无疏,和睦相处;

四是在顺境中保持清醒头脑,在逆境中保持冷静头脑,心平气和,泰然处之;

五是失败不气馁,挫折不退缩,善于汲取经验教训,不断努力;

六是有坚强的意志和毅力，善于克服困难，勇于战胜困难；

七是有自知之明，能正确直面自己的错误和不足，乐于接受批评、建议和忠告；

八是遇事不慌乱，能经得起任何不幸和突然的打击，永远保持乐观开朗的心态；

九是顺其自然，不以物喜，不以己悲，不去强求更不要不择手段地去攫取。

（三）推进心理健康教育

普及心理健康教育是一个国家社会文明进步的标志之一，也是提高全国各族人民心理健康的有效措施。从社会的角度看，各种心理健康问题的检出率不仅很高，而且呈现不断增长的趋势，例如1979年，时任美国总统卡特的夫人指出，美国有15%的人一生都需要精神方面的照顾，25%的人有轻度或中度的精神问题。中国学者的调查表明，当前中小学生中存在心理问题和心理障碍的比例也相当高。党和国家对此都予以高度的关注与重视。全国人大常委会更是为此制定了心理健康教育的章程：在中华人民共和国境内开展维护和增进公民心理健康、预防和治疗精神障碍、促进精神障碍患者康复的活动……用人单位应当创造有益于职工身心健康的工作环境，关注职工的心理健康；对处于职业发展特定时期或者在特殊岗位工作的职工，应当有针对性地开展心理健康教育。

（四）中小学心理健康教育的含义

中小学心理健康教育是根据中小学生生理和心理发展的规律，运用心理学的教育方式培养中小学生良好的心理素质，促进中小学生整体素质全面提高的教育。中小学心理健康教育是素质教育的重要组成部分，是实施面向21世纪教育振兴行动计划，落实跨世纪素质教育工程，培养跨世纪高质量人才的重要环节。同时，切实有效地对中小学生进行心理健康教育也是现代教育的必然要求和广大学校教育工作者所面临的一项共同的紧迫任务。

二、中小学心理健康教育的目标与功能

（一）中小学心理健康教育的目标

总目标是：提高中小学生的心理素质，充分开发其潜在能力，培养中小学生乐观向上的心理品质，促进学生人格的健全发展。

具体地说：使中小学生不断正确认识自我，增强调控自我、承受挫折、适应环境的能力，培养学生健全的人格和良好的个性心理品质，对少数有心理行为问题和心理障碍的学生给予科学的心理咨询和辅导，以使他们尽快摆脱障碍，调节自我，形成健康的心理品质。

由于我国中小学心理健康教育起步较晚，很多地方、许多人对心理健康教育的认识还存在一定的不平衡和偏差，甚至还存在一些认识上的错误，所以，心理健康教育还存在宣传教育的社会责任。

（二）中小学心理健康教育的功能

中小学心理健康教育的功能主要有以下诸方面：

1. 全面推进中小学素质教育。素质教育是以全面提高学生素质为主要目标的教育。学生素质可分为生理素质、心理素质和社会文化素质三个方面，其中心理素质在中小学生素质整体构成中具有基础和核心的作用，它基于三方面的原因：

首先，心理素质是社会文化素质赖以形成的基础和中介，离开心理素质的中介作用，社会文化不可能转化为人的素质。

其次，心理素质制约和促进整体素质的发展，心理素质甚至对中

小学生的发展起到决定性作用,如认知品质(注意、记忆、思维、表象等)对学生学习绩效的影响。

最后,心理素质对身体健康起到重要的影响作用,且对个性的完善起到推动作用。

2. 增强基础教育德育工作的针对性、有效性、丰富性和生动性。德育的最终目标是培养学生优秀的思想品德。学生成长过程中,正确的思维方法、积极的社会态度、遵守社会的规范性、良好的道德品质等心理素质构成了德育工作的核心。美国的哈维格斯特(R. J. Havighurst)认为,儿童期发展的主要任务就包括了发展道德性及价值判断的标准、发展人格的独立性等。在以往的德育工作中,特别是经历过极"左"时期,德育存在形式化、简单化、表面化倾向,学生很多心理上的问题被误认为思想品德问题,容易使德育变成枯燥的说教,从而降低了德育工作的效能。心理学的德育工作的方法灵活多样、生动活泼,容易使学生产生心理上的共鸣体验,进而大大提高了德育工作效能。心理健康教育为德育效能开发提供了良好的途径。切实有效的心理健康教育使中小学生提升了自信,坚定了意志,强化了愿望。自信、意志和愿望是学生潜能开发的三大必要条件。

3. 提高中小学生积极的情绪水平,促进学生快乐情感体验。情绪情感像一面镜子,你对它笑,它就对你笑;你对它哭,它就对你哭:它真实地反映出你喜怒哀乐的内心体验。情绪情感有着积极和消极的两极性,积极的情绪情感对学生的行为具有增力的作用,消极的情绪情感对学生的行为产生减力作用。适宜的心理健康教育能调动学生的积极体验,进而产生促进学习的助力作用,同时对消极的情绪给予及时的疏导化解以促进心理健康。中小学生成长过程的不同阶段会出现不可避免的心理冲突，心理学家埃里克森（E. H. Erikson）将个体一生的发展分为八个阶段，这些阶段普遍存在于不同的文化中，但是各个阶段能否顺利度过则是由社会环境决定的。每个阶段都由一对冲突或两极对立组成并形成该阶段主要的心理危机。危机不是灾难，而是个体发展中的重要转折点。危机得到积极解决，人格便得以积极发展，反之，阻碍人格积极发展，自我力量被削弱。个体从出生到死亡的生命全程划分为相互交错更迭的不同的发展阶段，中小学生年龄阶段认知水平较低，容易出现各种心理问题，特别是消极情绪，此时更需要心理健康教育助力学生成长过程，避免学生迷失人生方向。

4.减少和避免各种不利因素对中小学生心理健康的消极影响。个体的发展受诸多因素的影响和制约，特别是中小学生的成长受各种环境的影响更大。除遗传因素外，社会文化因素、家庭教育因素、学校教育因素、人际环境因素等等，每个因素每时每刻都在影响着他们的成长。中国历史上就有"孟母三迁"的传说。孟子的母亲为了让儿子有个好的成长环境，从与殡葬行业为邻到与菜市场为邻，最后搬到学校旁，印证了古人说的"入苍则苍，入黄则黄"的道理。现在的孩子，家庭环境优渥，父母学历层次很高，大学研究生也已不足为奇，但这样的家长很多是"有知识而无文化"，对孩子抱着不切实际的期望，给孩子徒增压力，致使孩子长期处于焦虑等不良情绪之中。心理健康教育则通过科学的心理辅导对家长进行引导，对学生进行鼓励，提高学生的心理健康水平。例如，某小学五年级女学生，整个暑假在外地旅游，把暑期作业丢到爪哇国去了，开学第一天老师对学生进行了测验，女孩得了全班第一名，但班主任老师不分青红皂白，要求她必须补齐全部暑期作业才能上课。女孩即使通宵也难以完成，于是干脆不去学校了，父母亲听从班主任要求，严厉斥责也无济于事，混合双打也没有用。女孩认为自己虽忘了作业但仍能考第一名，说明自己聪明，没必要补做暑期作业。长时间不上学，家长也着急，以为孩子出现心理问题，找到心理学专家与孩子沟通。专家首先肯定了孩子的聪明，随即指出聪明是一回事，建立正确的规则是另一回事，而社会规则是每个人无论年龄、性别、聪明程度都必须遵守的，使孩子建立规则意识。然后建议小家伙去找班主任老师承认错误并保证以后不再犯错，同时请求不咎既往允许她上学。其实这样的年龄正是建立规则行为的阶段，老师虽然没错但太过刻板，作业仅仅是诱因，双方进入了消极情绪的死胡同。当双方意识到问题症结所在，矛盾迎刃而解。

5. 培养身心健康、具有社会责任感的健全人格。当学校、家庭都在向孩子灌输"知识改变命运"的时候却忽视了"性格决定命运"这个更为重要且关系孩子一生幸福的健全人格教育。名牌大学"培养精致的利己主义者"的社会诟病不绝于耳，莘莘学子寒窗苦读考上了北大清华，心理上却出现了"空心人"的无助无力无奈感，更有甚者，极少数大学生沦为杀人罪犯，如北大吴谢宇弑母案。为什么会出现如此大逆不道的行为？除其本身的问题之外，不能不说家庭教育、学校教育也存在着重分数轻人格教育的缺陷。之所以出现这种令人痛心的事件，说明我们的教育缺少社会道德和社会责任的教育，这正是基础教育应花大力气进行的人格教育的重要内容。

6. 培养中小学生的创新精神和社会实践能力。培养学生创新科研和社会实践能力必须从娃娃抓起，这也是基础教育必须重视的教育内容，更是将来学生走上社会的核心竞争力，但是在实际操作时出现了一些与之相悖的不尽人意处，甚至出现两种错误现象：一是父母或老师越俎代庖，弄虚作假。例如，成人为了让孩子的研究获奖并以此达到学业加分的目的，到了不择手段的程度。有报道披露，某小学生的科研项目"结直肠癌基因敲除"获奖，一看就知道该项目不可能是一个小学生所能研究的，正如曝光文章所说即使是博士研究也需两年时间。原来是孩子的家长的研究课题被安到了子女头上，这不仅仅是弄虚作假败坏风气，而且在孩子幼小心灵里种下了不择手段瞒上欺下的有害种子。又如某地进行的八十多份"创新研究"的论文在答辩环节发现从选题到研究过程都存在明显的捉刀代笔问题。另一种现象则是教师刻板的心理，用成人思维扼杀学生的异想天开、天马行空。例如有一个小学生对座钟很感兴趣，想了解其内部结构，于是小心翼翼地把座钟一点一点拆了开来，但用尽了九牛二虎之力，把拆散的零件重新拼装后发现左右两根发条装反了，导致钟面的指针反向转，怎么办？他急中生智，用白纸板做了钟面并将原本12在上6在下、3在右9在左的格局进行互换。这种行为在一般成人眼里是犯了大错，要予以惩罚，这样便会扼杀孩子的创造力。可喜的是其母亲是个动手能力很强的小学教师，发现之后，非但没有批评，还表扬了儿子的动手能力和弥补错误的办法，孩子惶恐之心放下，从此对自己的动手能力更自信，不怕失败，长大成年后，各种技巧性活动信手拈来。

中小学心理健康教育除了上述列举的功能，尚有更多涉及的范围和领域，这里不一一列举。总之，中小学心理健康教育是教育者运用心理科学的方法对教育对象心理的各个层面施加积极的影响，以促进其心理发展与适应，维护其心理健康的教育实践活动。其教育的最终目标是培育中小学生良好积极的性格品质，开发其智力潜能，增强其心理适应能力，激发其内在动力，维护其心理健康，帮助其养成良好的行为习惯。

第二节 中西方中小学心理健康教育的发展

一、发轫于美国的学校心理学服务

心理健康教育是教育心理学的一个分支学科，而中小学心理健康教育则是心理健康教育的核心部分。中小学心理健康教育的研究对象是中小学教育教学中的各种心理学问题，主要包括学生的学习、情绪、社会适应等诸方面的问题。在学习方面，关注影响和制约学生学习困难的各种因素及改善、优化这些因素的途径和方法；在情绪方面，关注学生存在的情绪障碍及其影响情绪的原因、消除情绪障碍的途径和方法；在社会适应方面，关注学生社会化过程中诸如人际交往障碍等方面问题和提高其社会化水平的途径和方法。

个体从呱呱坠地到进入学校直至完成学业走上社会的成长过程，受到社会文化、家庭、学校、地域环境的多方面影响。因此，在研究学生的心理健康教育的思想方法时，必须把适应社会文化传统、研究家庭教育的科学化、研究学校素质教育的方法和优化社会地域文化环境等纳入中小学心理健康的整个系统之中。

中小学心理健康教育除了广义的心理健康教育的属性外，另有其特有的年龄阶段的属性特点，即对从学龄前教育至高中（包括中职）毕业这个阶段的学生心理特点的研究和实践、教育和辅导，从而为基础教育阶段的心理学服务。

（一）西方中小学心理健康教育的演变

西方国家将基础教育中的心理学服务称为学校心理学服务，更多地突显其服务功能而较少体现教育功能和承担教育的责任，这与世界心理学发展的特点密切相关，即心理学服务的滞后性、被动性，其特点是更多关注于问题出现后的服务，即反应性服务，而非关注防患于未然的预防性服务，即前摄性服务。

学校心理健康教育的发展，可以追溯到19世纪90年代。1896年，卫特默（L. Witmer）在美国宾夕法尼亚大学试点第一个儿童心理诊所并开展对学习障碍儿童的研究，从此拉开了心理学为有需要的问题儿童服务的帷幕。卫特默引领美国的心理学开拓了一个全新的领域，接着在学校开设的心理诊所有如雨后春笋，遍地开花。1907年卫特默还创办了美国第一本临床心理学杂志。鉴于其开创性的贡献，卫特默被尊为"学校心理学之父"。

这个时期，学校心理学的主要服务重心在于智力的测评，并涌现了以比奈－西蒙智力量表（1905年）为代表的大量儿童智力筛查工具。而儿童心理学家格塞尔（Gesell）更是受聘于康涅狄格州，为该州有需要的儿童作智力测试，并为特殊儿童有的放矢的分班特殊教育提供科学依据。1909年，曾被精神疾病困扰多年的比尔斯（C. W. Beers）领导了一场声势浩大的"心理健康运动"，它标志了学校心理学被心理健康所取代。各种心理诊所也扩大了工作服务的范围，开始关注儿童的心理健康，其中一个重要标志，即学校聘请专业心理学工作者在学校里从事专业服务，为存在各种问题的儿童提供切实的帮助。

20世纪50年代，美国新成立的心理学会接纳学校心理学为其19个分支专业委员会之一，这标志着美国学校心理学的正式诞生，说明学校心理学的专业性、特殊性、独特性和重要性得到了心理学界的公认，而且从此使之有了专业的全国性组织，为以后的学科发展开辟了广阔前景。伴随专业的认同，学校心理学工作者获得了开业的资格，它进一步激发了学校、教师、家长对心理学服务的强烈需求。心理学工作者单在宾夕法尼亚州,从1941年至1943年两年内,就为14656人实施了个别智力测验,为20445个个体进行了智力落后、智力超常、情绪失调、言语损伤及聋、哑、盲、肢残的筛查和测评。从此,学校心理学在美国得到了极大的发展。

（二）西方学校心理学的现状

1954年8月,纽约西点军校的塞耶会议成了美国学校心理学发展的转折点。会议确定了学校心理学工作者的作用、资格和培训要求,使其服务的科学性、专业性、独特性有了评价体系。会议确定了五方面的服务作用:

第一,评定和解释学生的智力、社会化程度、情绪的水平和状态。

第二,帮助筛查特殊儿童,协调教育专业人员开发个别化教程和提供因材施教的途径及方法。

第三,致力于研究促进儿童的生活、学习、社会适应的教育教学。

第四,鼓励和支持开展对学校心理学中问题的科学研究,发现服务中出现的问题并将其上升为课题研究,从中找到科学规律。

第五,对学生所处的教育环境予以评估,并找出改善和解决其问题的各种可行方案。

与此同时,美国心理学界采取一系列促进学校心理学发展的举措,使之驶入了飞速发展的快车道。20世纪60年代,美国心理学会创办了两份相关的专业杂志《学校心理学》和《学校的心理学》,供学校心理学专业人员交流分享和研究探索之用。在全美大学中培养学校心理学研究生的课程大幅增加,至60年代中后期,建立相应专业达90多个,在专业人才的培养上认可并形成了学校心理学的博士课程,同时经美国职业心理学审查，允许学校心理学像临床心理学、咨询心理学等一样成为具有持照开业资格的专业心理学学科。

随着社会的进步和科技的发展，人们对心理学的需求越来越多，学校心理学顺势而为，于1969年在圣路易会议上成立了全美学校心理学工作协会，这个协会的成立给全美学校心理学从业人员以极大鼓舞，也更明确了协会为自己规定的四大专业任务：

积极推动并激发中小学对学校心理学的兴趣；

明确并规定学校心理学从业者的职业标准；

规定了保障学校心理学理论研究和实践操作的工作条件；

建立为全体儿童和青少年的心理健康和教育服务的系统体系。

之后的1981年，在奥林匹亚会议上，学校心理学家们对其长期的发展进行了前瞻性的展望和研究，并清醒地认识到学校心理学的发展所面临的两大挑战：

第一个挑战反映在服务的手段方面，即心理评估、心理诊断、心理咨询和心理治疗的技术需要不断完善和改进，以提高心理学服务的质量和有效性。最突出的问题是如何平衡心理评估工具得到的结果的局限性（不管是类型论解释还是特质论解释）和被测人格的独特性两者的关系，从而更好地为求助对象服务，因为再好的测评工具都不可成为唯一性，它只能将被测者进行一定类别的归类，这就不可避免地与个性的独特性相悖。

第二个挑战反映在服务的内容和组织上，即如何有效地协调服务对象的内外环境系统，合力为儿童和青少年学生的心理健康提供服务以促进其符合科学的全面发展。每个孩子的问题都不会是某个孤立因素造成的，而是多因素交互作用的结果。例如，某学生学习困难就可能是复杂因素所致：从内环境来看，既有可能是遗传因素，也有可能是怀孕环境因素，还有可能是分娩环境因素，甚至是这些因素交互作用的关系；后天环境因素就更多了，社会文化环境、社区文化环境、家庭教育教养环境、学校教育环境、人际交往环境等等，而每一环境中又有很多很多的因素，在所有这些因素中找到制约和影响学生学业困难的原因，显然是极为困难的，这就对心理工作者的能力提出了巨大的挑战。例如，有一个刚入小学的孩子出现很多问题，如上课时在教室乱走、作业想做就做不想做就不做，即使是测验也是如此，老师让家长去找医生看，心理医生进行一系列检查，判定为"多动症"。如果仅就孩子的行为表现判定为多动症也没有错，但如果细细深入了解就很难定之为多动症。因为有一些心理学因素没有排除，即父母忙于自己的发展，把孩子交给老人抚养，老人溺爱有加，没有培养其应有的遵守规则的认知和行为，再加上孩子生于8月31日，是班上最小的学生，这些因素的叠加使之没有规则意识，为所欲为。随着孩子年龄增长和家庭、学校的共同教育，问题迎刃而解。

纵观以美国为代表的西方心理健康教育，其如今已成燎原之火，其发展也是历经百年风雨，逐渐成长。国外的发展史为中国中小学心理健康教育的发展提供了借鉴和帮助，使其顺应发展的潮流迅速发展壮大，当然，如何将国外的学校心理学本土化为中国特色的中小学心理健康教育服务，则是一个需要不断研究和创新的重要课题，本书提供的认知训练仪和认知检测仪的运用正是为中小学心理健康教育提供了一个独特而创新的视角。

二、中小学心理健康教育在中国的发展

美国基础教育中的学校心理学起源于为存在各种类型的病理性问

题的儿童提供服务，并逐渐扩大为给更多有各种问题的孩子服务，称之为"心理咨询"。再后来，随着专业理论的发展，学术机构的完善，则统一称之为学校心理学，并科学严格地建立了服务的规范规定，而"心理健康教育"的名称则出现在20世纪80年代末。与国外相比，中国的基础教育心理学起步要晚得多。由于众所周知的原因，中国的心理学发展历经坎坷，甚至曾被定为伪科学，直至20世纪70年代末才得到官方的正式"平反"（至今仍有个别学校领导认为心理学是伪科学）。所以中小学心理健康教育出现时间较晚，直至20世纪80年代末90年代初，在教育管理机构，特别是教育科学研究单位才出现了一批学者开始对中小学生心理咨询进行了一定范围、一定程度上的探索，一部分中小学德育工作者敏感地探索并运用心理学的知识来解决学生的行为问题，例如，有这么一个案例：某高三学生高考失利后借读于某省重点学校，由于他不是正式在册学生，所以被安排坐在最后，课间也很少与同学交往，老师所授内容常常听不懂，于是上课时经常伏案而睡，老师也不予理睬，也没有同学提醒。更有甚者，他会在课堂上突然发出怪叫声，有时还会自说自话和发出莫名其妙的笑声。老师认为他破坏课堂纪律，罚其站立甚至叫他出去。显然，这个案例中学生的课堂错误不是品德问题，这是特定情境中的不当行为。辅导时首先了解为什么学生在课堂上发出怪声，让他明白其问题后面的内在原因，并让他自己反思问题的错误，通过辅导引导他找到与同学相处和学习的方法。学生改变了态度，问题得到很好的解决，最后他完成了复读，考上了大学。

正是教育科研机构一部分学校心理学理论先行者对德育问题的心理学思考、一部分中小学德育领导和教师的心理学实践探索，两者结合所产生的"化学反应"成了中小学心理健康教育的指路明灯，特别是以吴增强先生等为代表的理论研究者和以冯永熙先生等为代表的实践工作者的结合，使中国的中小学心理健康教育走了一条源于西方而高于西方的本土化的道路。

中国的中小学心理健康教育有着下列多方面的特点：

（一）着眼于为所有中小学生服务而非局限于为少数有问题的学生服务

西方学校心理学的基础是为学校中存在各式各样问题的学生提供服务，这与心理学的发展一脉相承。在20世纪90年代之前，无论哪一学派的心理学理论在服务实践中都存在滞后性、被动性、为少数有问题者服务的消极特性。滞后性反映在心理学服务中也称反应性服务，精神分析学派的服务、咨询、治疗都出现在问题之后，反映为为少数病患服务的特点；19世纪末卫特默在美国宾夕法尼亚大学所建立的第一个儿童心理诊所和建立的美国第一本临床心理学杂志都致力于为已有的问题儿童提供服务，这种模式都无法将服务置于问题之未然。

被动性是指设立专业的咨询治疗服务门诊等待问题求助者的登门求治。这没有也不可能主动寻找需要心理帮助者。

为少数有问题对象提供服务的模式导致更多的存在着隐性病患的人无法被主动发现，从而无法为其心理问题提供及时主动的帮助，容易忽视轻微心理问题，延误治疗时机。

这些不足造成学校心理学只能是消极地为少数人服务。这种现象直到20世纪90年代塞里格曼（Martin E. P. Seligman）的"积极心理学"诞生才开始得到解决。

（二）将心理健康教育融入德育

中国的学校心理学、心理健康教育始终在德育的框架内前进，这应该是中国基础教育心理学的一大特色。这既有历史的原因也有现实的考量。从历史来看，中国心理健康滥觞于20世纪80年代，当时心理学尚未被社会认同，遑论心理健康教育，当年所有的心理健康教育都是在德育的名义下战战兢兢地跋涉前进，可以说如果没有德育为庇佑，心理健康教育举步维艰的过程中还有更多更大的困难，所以，说德育是心理健康教育的母体或上位学科，两者之间是属种关系也不为过。中小学生的问题更多以行为偏差的形式出现，解决这类问题仅仅就事论事很难触及心理层面的认知缺陷，而透过偏差行为找到心理的问题，就能从根本上改变其认知。例如，有一位初二学生，入小初一（六年级）时的成绩处于全班前列，人很聪明，缺点是顽皮，大错不犯小错不断。班主任是位退休教师，工作方法比较简单，学生一出现错误就罚站、罚出课堂，小家伙巴不得将自己撵出教室。班主任还联合家长严加管教，孩子软硬不吃，坚决不做作业，成绩每况愈下。五个学期的叛逆致使成绩已成全班倒数第一。班主任和家长都将孩子的叛逆视为品德问题，而学校聘请的心理学专家在了解详情后，仅一次辅导孩子就有了认知改变的愿望；经多次辅导，不仅不再与父母为敌，还在学习上努力追赶，及至初三已上升到中等水平，最后中考进入了一所区重点中学。这一案例说明德育中心理学的价值。

（三）心理健康教育的课程化建设涵盖不同年龄阶段学生心理发展的特点

心理健康教育的课程建设十分必要，它可以使心理学老师的教学有统一的依据，但它与语数外理化生音体美又有所不同。如果说基础教育的大部分学科建设是以学生的认知发展特别是思维发展为依据的话，心理健康教育的课程则应该是根据学生心理发展的阶段和社会化水平来建设，两者相辅相成，相得益彰。例如，有一个重点中学的心理健康课，对象是高二学生，教学主旨是"美的教育"。全区所有学校的心理老师前来观摩。看上去这堂课老师作了充分准备，课堂气氛很好，学生回答十分踊跃。课后，前来考核的心理学专家找到老师告知此课没有成功，原因是老师课前准备时没有考虑高二学生的心理发展和社会化水平，把"美"简单理解为外貌长相而没引至"美"的多种多样的诠释（美是千古之谜），课堂上学生的踊跃是低水平的热闹而已。直至结束也没有针对该年龄段学生的心理发展特点和社会化水平开展教育。与之相比，同样是对高二学生开设的心理健康课，在另一重点中学就比较成功。课堂上老师先让每个学生做棒框仪检测，做完后将全班同学的检测结果按认知风格排列投影在屏幕上，让学生自己去寻找"玄机"，很快，同学找到"排列的两端正好是班上语文和数学最好的同学"。这个排列成为学生的困惑，此时老师审时度势推出认知风格的教学命题。这就是一堂好课，学生的参与也符合其认知年龄特点和社会化水平，然后由此引出教学目标。

第三节　中小学心理健康教育的新思考

就像一个硬币有两面，在中小学引入以美国为代表的西方学校心理学服务体系的基础上，中国率先在上海的中小学校领域进行了探索。西方价值体系下的心理咨询、心理治疗、心理辅导等各种服务模式都以各不相同的方式被移植到了基础教育领域，使我国的学校心理健康教育有了参照，这是硬币的一个方面。

与此同时，以美国为代表的西方国家学校心理学聚焦于存在诸如智力落后、注意力缺陷、自闭症、多动症等各种问题的孩子的心理关注，而缺少对所有孩子普遍的心理健康教育的服务理念，这也就使中小学心理健康教育始终处于滞后、被动、消极的服务状态，这是硬币的另一个方面。

19世纪德国哲学家、心理学家、科学教育学之奠基者赫尔巴特（J. F. Herbart）指出"教育必须要走心理学化道路"，从而使得教育科学具有了自然科学的属性。

正是对照西方学校心理学的尴尬和赫尔巴特的教育心理学化的理论观念，上海中小学心理辅导协会诞生并开始了中国特色的学校心理学的服务模式，这种模式是在借鉴西方学校心理学基础上的本土化，这种本土化服务模式体现多方面的特征。

一、厘清心理治疗、心理咨询、心理辅导三种心理服务模式

心理治疗和心理辅导是心理学服务体系下的两种不同的服务模式，前者要求具有更多的医学背景为主导的心理治疗师，很显然，中小学没有那么多的医学资源；后者也同样没有大量的具有心理学专业背景的教师资源。因为众所周知的原因，过去中小学没有从事心理学专业的教师，即使有个别的心理学专业毕业者也无一例外改行做了其他学科的教师，所以，在我国中小学采取驻校心理专业服务或区域专业心理服务的西方模式显然是行不通的。为了满足越来越多的学生、教师、家长对心理学的需求，上海市教委依托华东师大率先培训了一批老师作为中小学心理辅导的老师以缓解中小学缺乏心理学老师的窘境，继而由社会办学机构办起了心理咨询师培训，其培训的学员被称为心理咨询师，于是就此有了医学心理治疗、社会心理咨询和针对教育的心

理辅导三种心理学服务模式。本书根据学校所需，采用心理辅导模式予以论述。

但是，心理辅导的服务存在两大困难，一是心理辅导的学科归属，二是心理辅导的学科建设。

（一）心理辅导与德育的逻辑关系

由于中小学没有心理学这门专业学科，但学校却又陆续设置了心理健康教学和心理辅导服务，其学科属性就成了心理学专职老师关心的问题，特别是德育和心理学的关系。

德育教育中小学生遵守社会道德规范，培养其树立正确的世界观、人生观和价值观，要求学生做一个符合社会要求的好人；心理学则注重学生心理发展的阶段性特点，施以相应的教育辅导，使之成为"知、情、意"合一，具有积极人格的社会成员。从这两者关系来看，做好人是社会对每个人的基本要求，心理学应该是在做好人基础上的不断追求和发展。事实上，德育的宏观性与心理学的具体性，两者是互为表里、互相倚重的关系。

（二）心理学为德育提供科学依据

德育对学生的评价多为经验性和描述性的，因此难免带有一些主观性，而心理学则可以通过一定的测量测验结果来评价，能相对避免一些主观因素，例如心理学家柯尔伯格（L. Kohlberg）用预设的两难问题"海因茨偷药"获取被试的道德发展水平。这个故事是这样的：美国一位忠厚的黑人海因茨，有一位相濡以沫的妻子。海因茨靠打工获得的收入养家，他的太太得了一种极罕见的疾病。当地镇上一个医生拥有祖传偏方，但他乘人之危，漫天要价。海因茨没钱买药，就无法救太太；要救太太，就必须买药。走投无路的海因茨趁月黑风高的夜晚翻墙进入医生家里去偷药，结果被抓了。故事到此，问学生一个道德问题："海因茨偷药对不对？为什么？"被试的不同回答都有预设的道德水平评价（三个水平六个阶段），这样获取被试的道德发展的水平和阶段就比较科学客观。

另外心理学也可以通过人格测评获取人格特质，这也与德育有所区别。这样可区分是人格上的特征问题还是道德行为的问题，从而对学生作出相对客观的评价，而这种检测可以在心理仪器等设备上获得。

可见，德育和心理健康教育既有相同之处也各有相异，相同之处是两者都关注学生的道德情操、道德规范的教育，相异之处是德育精于思辨和逻辑的教育形式，心理健康教育则擅长可测评可量化的实证教育形式。两者融合在一起不失为中国特色的教育方略。

二、将学校心理学为少数特殊学生服务扩大为为学校全域服务

始于西方、发展于西方的学校心理学始终把服务对象聚焦于少数有各种各样问题的学生，所以更注重于医学治疗的服务模式，这种医学模式将问题学生从学生全域中剥离出来，这也是百年心理学发展的特点。中国心理学服务从一开始就着眼全域，这既是中国学校心理学的特色，也是20世纪90年代由美国心理学家塞里格曼（Martin E. P. Seligman）引领的积极心理学所开创的心理服务的理念，这个积极理念包括积极的情感体验（如幸福感、满足感、幽默、愉悦、欢乐、希望、好奇心、谦虚、审慎等），积极的人格特征（如自尊、创造、努力、宽恕、勇敢、坚持、热情、善良、博爱、正直、感恩、虔诚、自制、领导能力、合作能力等），积极的社会制约系统（包括积极的工作制度、和谐的人际环境、积极的家庭环境、积极促进个人成长等）。

塞里格曼首创的积极心理学认为心理学应该具有三方面的使命：

1. 治疗人的心理疾患

在学校环境中对各种类型的心理患者作出科学的鉴定并施之以适应的治疗。其中,运用认知训练仪可有效提高患者的认知能力,例如,对于随班就读的多动、自闭、行为障碍等各种疾患学生,可以充分应用注意力训练仪对其进行针对性训练。

2. 帮助普通人生活得更幸福

在基础教育领域中,心理学必须着眼于为所有学生服务,但客观上有如十个手指有长有短一样的道理,同一个教室里的同学也各不相同,就像《论语·子路、曾皙、冉有、公西华侍坐》生动表现了孔子与学生子路、曾皙、冉有、公西华的不同个性:孔子表现的循循善诱、和蔼可亲的师长风度,子路的鲁莽坦率、自视甚高的性格,曾皙的淡泊潇洒、不落凡尘的个性,冉有谦逊谨慎的为人,公西华的超凡脱俗、谦谦君子秉性。正是因为人与人之间的这种差异,所以要强调"因材施教"的教学原则。

因材施教必须建立在知人的基础之上,那就需要以个性测试对每位学生作出心理学的评价。例如上海某高中对新生全员进行了"学习适应性""人格""心理健康"测评,为其建立第一份心理档案,并从中筛选出重点对象,给予针对性辅导。三个学期后二测,毕业前再测,以此对学生三年高中学习生涯进行发展性评价。

3. 发现并培养具有非凡才能的人

不可否认,在人群中有极少数超然卓绝的天才,但每一位孩子的家长都希望自己的孩子是天才,在根本不知就里的情况下把孩子当作天才予以培养,这种拔苗助长式的教育培养方式不仅不能让孩子成长为父母期望之材,相反对孩子造成不可弥补的伤害,无数伤仲永式的教育结果，很多类似吴谢宇弑母、马加爵杀同学的悲剧都告诉我们什么才是最重要的教育。

当然，如何发现和鉴定天才并因材施教，就需要心理学的介入，这种介入包括两个方面：

首先是提供科学的鉴定。科学正确的鉴定可以避免人才的埋没或不切实际的拔苗助长。

其次是提供科学适合的教育。即使是天才，也存在"人才不同，能各有异"的表现，这就需要科学评价基础上的因材施教，而心理学则能胜任并具备这样的选拔评价功能。

第二章
教育的心理学化之路

本章内容提要

◎心理学应该贯穿教育的全过程
◎心理学在基础教育中的引领作用

19世纪科学教育学的奠基人、德国教育学家赫尔巴特（J. F. Herbart）提出了"教育必须要走心理学化道路"的教育观，使教育学从描述性特征的学科蜕变为实证性的学科。

第一节　心理学贯穿教育的全过程

心理学不仅是教育的起点，也是教育的终点，心理学能动地贯穿于教育的全过程。说其是教育的起点，是因为随着婴儿降临世界的第一声啼哭，其生理、心理不再依附母体而成为独立的生命个体，并进入接受教育影响的社会化进程。说心理学是教育的终点，不仅因为心理是生理的命运共同体，伴随人们一生的社会化过程，而且社会化过程中每个发展阶段所接受的相应教育都建立在科学心理学的引领基础之上。有人说心理学是当今世界的领头羊学科，正说明在个体社会化进程中心理学无疑起着决定性的作用，它不仅揭示了社会化过程教育规律，而且引领决定了社会化过程中教育的价值取向。

一、社会化和心理学的关系

社会化（socialization）是个体在特定的社会文化环境中，学习和掌握知识、技能、语言、规范、价值观等社会行为方式和人格特征，适应社会并积极作用于社会、创造新文化的过程。通过社会化，个体学习社会中的标准、规范、价值和所期望的行为。个体的社会化是一种持续终生的经验，换言之，人的一生就是社会化的一生。

个体终其一生的社会化过程始终在两个因素的交互作用下演进，第一个因素是遗传因素，或称先天因素，这是相对稳定的因素；第二个因素是环境因素，也称后天因素，这是一个动态的因而也是极其复杂的因素。这两个因素对个体社会化的影响既非各不相关的平行关系，也不是简单的交叉关系，而是交互作用的关系。

（一）遗传对个体社会化的影响

所谓遗传是指亲代（亲生的父母）将自己的生物特征传递给子代的生物学过程。当父体的生殖细胞（精子）穿透母体的生殖细胞（卵子）的细胞壁，进入卵细胞胞体后，这个卵细胞就成为一个受精卵。一个精子携带父体 23 条染色体，一个卵子携带母体 23 条染色体，这样，一个受精卵就有 23 对（46 条）染色体。

每个染色体都包含了许多基因，这些基因中携带着亲代可遗传的生物特征的信息，当受精卵着床母体子宫渐成胎儿后，胎儿来自父亲的染色体中携带着父亲的遗传信息，来自母亲的染色体中携带母亲的遗传信息。遗传是一个在很短时间里一次完成的生物信息的传递过程。父母传递和子女继承所反映的是生物学意义上的特征，这个生物学特征具有几个属性：一是特定特种，即作为人类的父母，其生育的必定是人而非其他动物。二是特定人种，即同一人种子女亦必同一人种，如父母不是同一人种，子女在遗传特征上兼具父母特征，即人们常说的"混血儿"。三是子女的生物特征有的属于家族，有的属于父母，例如有的孩子像舅舅，有的孩子像父亲或母亲。四是子女的生物特征有的是属子代个体的，表现出子女的特殊性，例如不像父母也不像姐弟，这种不相似在科学上被称为"变异性"。

而遗传的生物学特征在表现上会出现很大的不同。有些特征会明显地表现出来，有的用简单的科学技术就能鉴定出来，前者如肤色、容貌，后者如血型等。但在个体继承到的生物学特征中，有的并不明显表现出来，也很难探测到，有的往往要等到个体成长到一定年龄阶段才会较明显表现出来，有的甚至完全可以取决于环境中的特定刺激。

由此可见，遗传的影响力是很难简单给予预测和评定的，那些"父母是数学家或音乐家，子女也是数学家或音乐家"的说法显然是不正确的。那么，遗传到底有多大的影响力呢？虽然迄今为止尚不能对此作出确切的回答，但还是有些基本的共识。第一个共识，遗传必须在一定的环境条件下才能产生影响作用。第二，遗传特征对个体发展影响的研究至今仅能估计其中"不利的"影响而非特别有利的影响，更不能预言一般正常范围内的程度差异的影响。并非每一个成年人所具有的生物学特征都能够传递给其子女，反之，子女也并非全盘接受继承父母的影响，因而无法估计能否产生可以预见的积极影响，更无法预料正常范围内的程度差异。

尽管这样，从教育的视角来评价遗传的影响力，可以有几个基本观点：

1. 遗传是个体社会化发展的起源

遗传既是个体生理发展的基础，也是心理发展的基础，没有这个基础或遗传存在严重缺陷，就会对个体生理和心理的发展造成不可弥补的影响，进而对其一生的社会化进程产生消极影响。

2. 遗传规定和制约个体发展的范围和程度

遗传的制约程度和范围至今仍是一个不可估计的谜团，但有一点是我们知道的，即只要人类的能力还在发展，遗传就依然为我们提供着发展的可能性，换言之，人们终其一生都不可能达到遗传提供的发展范围的尽头，所以个体在社会化过程中具有极大的发展潜力。

3. 遗传获得的生物学特征与个体实际表现并非简单对应

特定的遗传特征既有可能表现得很充分，也有可能表现得很微弱，甚至没有得到表现，很难预测，最终受制于个体的生活环境的影响。

（二）环境对个体社会化的影响

这里所指的环境是除先天之外的所有影响环境，一般包括文化环境、家庭环境、学校教育环境。

1. 文化环境对个体社会化的影响

文化是除政治、经济、军事外的一种观念形态、精神活动的产物。文化是一个复杂的总体，它表现为一定时期人们的知识、艺术、宗教、信仰、道德、习俗、心理等传统。也可理解为，文化是影响所有社会人总体行为的态度、类型、价值观和准则，是人们在其生存环境中所遵循的集体精神的程序编制。文化是人类群体而非个体的特征；文化是一种观念形态，是精神活动的产物；文化具有相对的独立性和稳定性；文化是在自身的扬弃中不断发展的。任何社会成员的一生都是在文化制约下社会化的一生。但是每个年龄阶段的社会化对文化的要求和选择是不尽相同的，其中最为重要的时期则是人生的早期，也即人们常说的"关键期"。

文化环境对个体社会化的影响可直接表现在三个方面：一是通过文化传承，使个体了解前人传递的生活经验；二是向个体传递该民族该群体的行为价值准则；三是为个体顺利地与他人或群体建立社会联系发挥纽带作用。而要建立和形成这三方面的影响必须通过适宜的途径，这些途径包括：民族、地域、习俗、时尚的途径，大众、传播媒介的宣传途径，家庭、学校、伙伴群体的教育途径。

2. 家庭环境对个体社会化的影响

如果说文化是影响个体社会化的宏观环境，那么，家庭则是个体社会化过程中的最具体的微观环境。家庭环境影响之大是其他环境难以与之相匹的。家庭在个体社会化的过程中具有启蒙性、终生性、真实性和情感性等几个显著的特点。

第一是家庭对个体影响具有启蒙性特点。家庭是人生的摇篮和起点，个体一生的社会化始于这个环境之中。家长是孩子的启蒙老师，家庭教育对孩子的智力发展、身体的成长、道德观念和价值观念的形成、行为习惯的养成都起到奠基作用。

第二是家庭对个体影响具有终生性特点。很多人认为家庭对孩子的影响是通过早期教育进行的，而忽视了终其一生的影响。这里的终生影响表现为两个方面，一是有目的地通过言传身教进行的影响，二是代代相承相袭的家风传承，例如杏林世家、教师世家、工匠世家等。

第三是家庭对个体影响具有真实性特点。家长既扮演着孩子父母长辈的角色，同时又扮演着社会某组织成员的角色，两种角色的要求会有明显的不同，例如对孩子温柔关怀，面对单位同事或下属扮演与身份相符的角色，前者完全真情实感而后者戴有特定的人格面具。

第四是家庭对个体影响具有情感性特点。家长出于对子女的爱，在对其施加教育影响时注入了满腔的爱，这种情感增强了教育的影响力，这种情感往往是非理性的，甚至会陷入溺爱、偏袒等误区。

3. 学校教育环境对个体社会化的影响

社会文化对个体社会化的影响纷繁复杂，无处不在且带有自然性，家庭对个体社会化影响则具有自发性。学校则不然，它是按社会生活的要求，选择文化中的精髓部分，精心组织后施加于学生的社会化过程，这是有组织、有目的、有系统的影响活动过程，因此，它在社会化诸因素中占据了主导地位。

在人人接受学校教育的现代社会中，接受学校教育已成每个人社会化过程中不可或缺的重要环节。学校教育可根据教育对象的年龄特点、认知水平，按当前社会要求对教育对象实施有计划有步骤的教育影响，使之掌握文化科学知识，具有初步的认识和解决实际问题的能力，树立正确的人生观、世界观、价值观，成为合格的社会成员。

学校通过"教学内容""教师角色""学校风尚""同伴交往"诸因素对教育对象的社会化施加积极影响。

教学内容是学校对学生施加教育影响的中介，它是实现教育目的的基本保证。教学内容是对社会文化精粹的选择，一经选定则是相对稳定的。

教师角色是对教育对象进行社会化影响的专业工作者。教师不仅要传授知识技能，更要以自己的魅力为教育对象树立人格榜样。韩愈的《师说》开宗明义"师者，所以传道受业解惑也"，儒家经典《大学》指出"大学之道，在明明德，在亲民，在止于至善"，无不说明教师在学生成长道路上的地位和作用。

学校风尚，简称校风，它是学校文化环境的重要组成部分，是学校集体通过长期培养和继承而形成的、学校全体成员共同具有的富有特色的稳定的校园风气和精神面貌，以及学校成员普遍表现出来的言行举止。校风能给每位学校成员以一种独特的身份感并由此而产生相应的自豪感和责任感。

人际交往对个体社会化过程意义重大，同伴由于年龄一致、身心发展水平相近，所以使每位成员得到归属感。同伴群体约定俗成形成的行为规范是成员间相互期望的行为的基础，是一种公认的约束力量。在交往中，符合规范的交往会得到交往对象的肯定及其群体的接纳和认同，进而使个人产生心理上的归属感；反之则会被交往对象排斥及被其群体拒绝或惩罚，进而使其心理上产生"偏离的恐惧"。

强烈的归属感和交往需要是促进学生的社会化得到健康发展的重要因素。人本主义心理学家马斯洛更是将该需要定位于人之五大需要之一，人无归属交往则不能成为社会人，20世纪初印度卡玛拉狼孩证明剥夺了人际交往的环境，一个人必定无法成为社会人。

二、社会化过程中的心理学地位

（一）社会化的评价标准

个体社会化的程度和水平可以从不同的角度来评价，但最根本、最核心的评价标准则是心理学的标准，也即将人类社会普遍适用的心理学指标作为评价标准来分析和解释每一位社会成员的社会化程度。当然，不同学派不同的心理学家所建立的评价体系和评价标准不尽相同，这里介绍埃里克森（E. H. Erikson）形成于20世纪60年代的心理社会发展八阶段理论。

埃里克森出生于德国法兰克福，1927年到奥地利维也纳一所学校工作，其间结识了弗洛伊德并拜师弗洛伊德的女儿安娜·弗洛伊德（Anna Freud），1933年到达美国并逐步建立了"自我心理学"（ego psychology）的新精神分析的学术体系。

埃里克森在接受弗洛伊德的"三部人格结构"学说的同时接受了美国自我心理学之父海因兹·哈特曼（Heinz Hartmann）的影响，对弗洛伊德理论体系作了重大修正和扩展。他指出，自我和本我是同时存在的两种心理机能，自我独立于本我，自我和本我是同时发生发展的，自我并非是从本我中分化出来的，自我和本我都是从先天的禀赋（未分化的基质）中分化而出的。自我是自立的，它具有适应性功能，它并非一定要在与本我、超我的冲突中成长，因此，可以把知觉、记忆、思维、语言和创造力发展都视作自我的适应功能。

无论是精神分析理论、行为主义理论、人本主义理论还是认知学派理论都建立起一系列的心理健康标准，而这些标准正是衡量个体社会化水平的参照。

（二）人格发展的八阶段理论

埃里克森认为，人从出生到死亡是一个完整的社会化过程，这个过程一共经历八个阶段，前五个阶段在时间上与弗洛伊德的阶段划分是一致的，后三个阶段则是埃里克森所独创。正是这具有独创性的三个阶段使之成为完整的社会化过程。这就形成了心理社会发展阶段理论，以区别于弗洛伊德的性心理发展阶段理论。

埃里克森认为，这八个社会化阶段的顺序是不变的，也不可跳跃，但它在不同的社会文化中普遍存在，因为这个顺序是由人类相同的遗传因素所决定的。前面的发展阶段能否顺利度过并进入下一个阶段则取决于社会环境的影响大小。不同的文化可能使各个阶段的出现在时间上有早晚的差异，但无一例外的是都必须按顺序经历各个阶段。

埃里克森指出，每一个阶段都是由一对冲突（conflict）或两极对立组成并形成一种危机（crisis），这个危机如能积极地被解决，个体就能增强自我，人格能够得到健全的发展，并能形成对环境的适应。然而，这个冲突的解决如果是消极的，则会削弱自我，会造成不健全人格的发展，阻碍个人对环境的适应。重要的是，前一阶段危机的或积极或消极的解决能直接影响后一阶段的危机解决，产生多米诺骨牌效应。每一个社会人，在其社会化过程中必须综合每一次危机的积极和消极两方面，接受积极促进健康成长，化解消极提高直面困境的能力。

1. 基本信任对基本不信任的心理冲突

这个阶段从出生到 1 岁左右，相当于弗洛伊德的"口唇期"。

此阶段儿童降生不久，很软弱，非常依赖成人，需要成人的照顾庇护。如果成人尤其是母亲能给予充分的爱抚和有规律的照料，以满足孩子的基本需要，就能使婴儿对周围的人产生基本的信任感和安全感。相反，如果婴儿的基本需要得不到满足，那么就会滋生不信任感和不安全感。

在儿童社会化过程中，这种基本信任感和安全感是形成其健全人格的基础，也是社会化过程中各个阶段的第一块多米诺骨牌。埃里克森认为，这个阶段危机的积极解决能在儿童的人格中形成一种良好的品质，即"希望品质（virtue of hope）"，这是自我的一种功能，它能不断增强个体的自我，演进成实现愿望的坚定信念。

2. 自主对羞怯疑虑的心理冲突

这个阶段是 1—3 岁，相当于弗洛伊德的"肛门期"。

此阶段儿童社会化的基本任务是发展自主性。

这个时期影响儿童社会化的主要是父母亲及其他家人。父母对这个时期孩子的养育，一方面根据社会的要求对孩子的行为要有一定的约束、限制和操控；但另一方面又要给孩子一定的自由，不能伤害他的自主性。父母对孩子的自主性必须要有足够的智慧和耐心，例如，这个年龄的孩子正是蹒跚学步的时候，在自主行走过程中，难免会不小心摔倒而哭闹，这时如果大人迫不及待地把他抱起来，看似爱护孩子，其实是在伤害孩子，孩子的自主性行为就此被扼杀。相反，如果对孩子的哭闹不予理睬，静观其变，其结果是孩子慢慢地尝试着自己爬起来站起来，一个自主性行为形成了。如果自主行为被父母过分地限制，家长甚至用过多的批评和惩罚来限制、干涉孩子的行为，那么孩子就会感到羞怯并对自己的能力产生疑虑，这样孩子的自主性发展就会受挫。

这一阶段危机的积极解决，是自主超过羞怯和疑虑，如是，就会在儿童的人格中形成一种优秀的特质，即意志品质（virtue of will），意志品质得到良好的发展，那么羞怯与疑虑在社会化过程中在人格中的占比则下降。埃里克森指出意志品质是自主心理的一种功能，这种功能可以使个体的乐观、灵活和幸福等积极心理得到发展。

3. 主动对内疚的心理冲突

这个阶段为4—6岁，相对应于弗洛伊德的"性器期"。

这时期儿童即我们所说的学龄前儿童，其社会化过程中的主要心理冲突是主动性和内疚的矛盾。

通过前面两个阶段的发展，儿童对自己开始有了基本的认识，例如我是男孩不是女孩，我要听老师的话，我要把自己喜欢的玩具和小朋友分享，逐渐探索什么是大人允许的，哪些是不被允许的。这时父母和老师能肯定和鼓励儿童的主动行为和思维想象力，儿童的主动性品质就可得以发展；如果父母或老师经常否定儿童的主动行为和大胆想象，儿童就会缺乏主动性行为，并出现退缩性行为，儿童富于创造性的想象力被扼杀，对自己不符合成人要求的行为感到内疚。这样的儿童生活在别人为其安排的狭隘的圈子里，其行为逐渐趋于保守，不能主动与人交往。

完成这一阶段社会化发展的标志是其心理冲突的积极解决，即主动超过内疚并发展成为人格中的良好品质，这个品质就是目的性品质（virtue of purpose）。埃里克森认为，目的就是去面对和追求有价值的目标的勇气。

由于这个时期伴随儿童的主要活动是游戏，所以也称游戏期。游戏充满儿童整个社会化过程，生活游戏、运动游戏、角色游戏等，特别是角色游戏中，儿童喜欢扮演各种角色（父母、医生、售货员）模仿成人的生活工作状态。正是游戏活动增强了他们与外部世界的联系，使其心理得以发展，社会化程度得以提高。

4. 勤奋对自卑的心理冲突

这个阶段在6—11岁，与弗洛伊德所划分的"潜伏期"相对应。

这个年龄段的孩子也称学龄儿童或小学儿童，其社会化过程中的主要心理冲突是勤奋和自卑的矛盾。他们的社会化过程不仅受父母的影响，更受学校教师和同学、同伴的影响，甚至也开始受社会环境的影响，所有的影响汇集到学习活动之中。

埃里克森指出，儿童在这个社会化阶段最重要的是体验以稳定的注意和孜孜不倦的勤奋来完成学习的乐趣，如能在学习活动中对学习产生兴趣并获得快乐，儿童可从中形成勤奋感。如果不能形成勤奋这个积极的人格品质，那么儿童对自己长大后能否成为一个对社会有用的人缺乏信心，进而形成自卑感。

在勤奋与自卑的冲突博弈中，如果能完成危机的积极解决，即勤奋超过自卑，就能促使其良好人格的形成，这个良好的人格品质就是能力品质（virtue of competence）。埃里克森认为，能力就是不为儿童期自卑所损害的在完成任务中运用自如的聪明才智。反之，如果自卑超过了勤奋，那么这个阶段的孩子其人格的发展就存在着一种潜在的危险，这就是过分地关注他人对自己的评价，卑微地生活在他人的目光里，压抑着自己个性的发展，久而久之，形成一种消极人格。

5. 同一性对迷乱性的心理冲突

这是人生社会化发展的一个极其重要的阶段，是人生观、价值观、世界观开始形成的阶段，这个阶段是12—20岁，对应于弗洛伊德的"生殖期"。

到了这个年龄阶段的个体，开始思考其已经掌握的各种各样的信息，这些信息来自父母、学校、同伴乃至社会传媒，既有正面的积极的信息也有负面的消极的信息，他们运用自己拥有的认知能力来确定社会化过程中的行为策略。如果能够从众多已知的信息中选择有利于促进自己社会化发展的方略，那么就获得了自我同一性（ego identity）的心理品质。

"自我同一性"是青少年学生心理健康的重要标志，也是其积极人格的核心品质，同一性的形成标志其步入成年的开始，也说明其社会化进程翻开了至关重要的篇章。

这个阶段的青少年如果不能获得自我同一性，就会出现迷乱性心理，形成角色混乱（role confusion）的消极特征。迷乱性是指个体不能正确选择与环境相适应的社会角色，无法发现自己，既不清楚自己是一个怎样的人，也不明白自己想做一个怎样的人。这种迷乱性心理无法与社会主流价值相融合，因而也就成了社会不予肯定的角色，继而被社会反对，不能被社会接纳。

这一阶段心理危机的冲突如能得到积极的解决，青少年便获得了积极的同一性发展。该阶段的同一性发展的好坏对个体一生发展意义重大，如果用一棵树的生长比喻，这个阶段正是树干成形并将开枝散叶的重要时期，此树最终能否成材、能否长成参天大树，这个阶段在一定程度上起着决定性作用。随着同一性的发展，青少年就能形成一种极为重要的人格品质，即忠诚品质（virtue of fidelity）。埃里克森认为，忠诚品质就是"不管在价值体系中是否存在矛盾或者什么性质的矛盾，仍然忠于自己内心誓言的能力"。

心理学家马西亚（J. E. Marcia）在埃里克森理论基础上进行了更具体详细的阐述，提出了同一性和迷乱性冲突的几种可能的结果：

第一种冲突的结果是同一性的实现。这是个体社会化的积极结果，即忠诚品质得到了发展，对其价值的选择和人生目标的探索并付诸行动都有积极的意义。

第二种冲突的结果是同一性的延迟。这是个体社会化过程中不断探索、彷徨、反省的现象，这种情况下个体行为伴有非自主的关注和时有出现的广泛性焦虑，而且不能坚定地驱动自己的行为。

第三种冲突的结果是同一性的混乱。这在个体社会化过程中表现为缺乏方向感，而且心理缺乏追求积极同一性的内在动力和动机冲突。

第四种冲突的结果是同一性的拒斥。这是个体社会化过程中表现出来的行为的盲目冲动性，自认为心目中有追求的价值和目标并有着相应的实际行动。正是这样的盲目和不成熟，导致积极同一性的拒绝排斥。

在个体一生的发展中，同一性与迷乱性冲突阶段占有极为重要的地位。一方面历时较长，从 11 岁左右到 20 岁上下，跨时长达 10 年，一个典型的发展是身体发展迅速，无论是身高还是体重都发展迅猛；另一方面，心理的发展也十分迅速，表现为心理需要剧增、心理空间扩大，渴望由自己来安排自己的行为以满足日益丰富的心理需求，但由于认知能力毕竟有限，尚难以完全形成正确的并符合家长、老师期望的行为，导致与其矛盾冲突激增。因此，该时期也被命名为"叛逆期"

或"逆反期"。

6. 亲密对孤独的心理冲突

这个阶段大致在 20—24 岁，属成年早期。这阶段是个体从初涉社会到逐渐融入社会的时期。这个阶段的青年人踏入社会寻觅具有共同理想、共同价值观乃至共同兴趣爱好的志同道合者，同时关心、寻觅心灵契合的异性朋友。这个阶段是弗洛伊德理论所未涉及的社会化阶段。埃里克森认为，只有建立了牢固的自我同一性的人才有可能与他人产生归属相爱的人际关系，并在人际交往中表现出积极性和主动性。之所以产生如此认知和行为，是因为他们知道，唯有这样才能把自己的同一性和他人的同一性融合在一起，并在此过程中修正自己的同一性需求中的不足，吸收对方同一性之长处，而要达到这个目标就需要宽容、让步乃至一定程度上的牺牲。

埃里克森指出，这个阶段的心理危机冲突的积极解决，个体的社会化过程中亲密超过了孤独，在其人格中形成了良好的心理品质，即爱的人格品质（virtue of love）。埃里克森认为"爱是一种永远抑制由遗传导致的对立而永久的相互献身精神"。反之，在这一阶段的危机冲突中如果没有能够建立起自我的同一性认知，导致危机的消极解决，也即孤独超过亲密，个体则会时时忧虑担心与他人建立亲密人际交往而使自己丧失自我。这种消极解决危机冲突的后果是在其人格中注入了消极孤独的心理特质，外显的行为表现为离群索居，不与他人交往，不敢与他人建立亲密的人际关系，无论是生活、学习或是工作中都不敢、不愿、不会与人合作。在科学技术日新月异的当下，群体合作已成社会进步的主旋律，如果形成了孤独的消极人格，日后必然影响、阻碍个体学习、工作的进步和发展。

7. 繁衍对停滞的心理冲突

这个阶段的对应年龄是 25—65 岁，是成年期，也是一生社会化过程中为社会为家庭作出奉献的最重要时期。

到了成年阶段，个体的心智已趋成熟，体魄发展健硕，并已担当起了社会、家庭的重任。此时的成人从开始建立家庭和自己的事业，到经营家庭和事业；为了家庭幸福和事业有成，必须直面困难，接受挑战。此时的心理危机冲突是繁衍生息还是停滞不前的矛盾。这里的停滞是指关注经营家庭养育，停下脚步不再进取拼搏，其社会化过程则会形成"自私"的消极人格品质。如果个体能够形成积极的自我同一性，正确协调家庭和事业的关系，调整前进目标，其社会化过程就能形成"关心"（virtue of care）的人格品质。

个体一生，"繁衍对停滞"危机阶段是历时最长、生命价值最高的社会化阶段。该阶段的人生历程，一方面，家庭责任重大，夫妻关系、子女养育、父母赡养、朋友交往，无一不需努力经营，都要耗费大量精力。另一方面，社会角色担当、事业发展空间、人生目标规划使其战战兢兢、如履薄冰，不容丝毫懈怠。当人生度过这个阶段，就进入暮年，退出各种社会角色。危机的积极解决，让个体不仅能生活在充实和幸福之中，而且能把这个阶段战胜危机获得的经验传递给子孙后代，使后代从家族传承中获得积极的人格影响。

8. 自我整合对绝望的心理冲突

自我整合也被理解为圆满。

这个阶段对应的年龄从 65 岁左右开始至生命的结束，是成年的晚期，一般认为这是人生社会化的最后旅程。这个时期的个体退出了为组织效力的年龄，开始颐养天年，是回忆既往时光的阶段。在这个阶段的社会化过程中主要的心理危机冲突是人生总结的结果是圆满还是绝望。如果前面七个阶段危机都能顺利度过并由此获得了积极的结果，获得充实幸福的生活，那么此时的老年人回忆人生所经历的点点滴滴及对社会的贡献，感觉不枉人生、此生无憾，怀着幸福、充实、完满的生命态度直面人生黄昏时期，不惧生死，笑侃既往，优雅老去。但是，如果前面的七个心理危机没有顺利度过，或遇到各种坎坷挫折，留下了形形色色的消极阴影，那么在这个阶段回忆过去的一生时就会不时体验到失落和绝望，这时的老年人总是怨天尤人地回忆自己一生中事事处处的不幸和失败体验，人到黄昏心有不甘却又无可奈何花落去，所以他们的晚年生活质量较低，甚至生活在无尊严的心理环境之中。

这个阶段危机的积极解决，圆满超过绝望，就会在老人的人格中展现出良好的品质特征即睿智品质（virtue of wisdom）。埃里克森认为睿智的老人能以超然的态度对待晚年生活，坦然面对生老病死。

由于人均寿命得到了大幅度的提高，社会的老龄化问题日显突出，这个年龄阶段研究价值越来越高。应助力老年人获得晚年积极幸福感，降低消极绝望感，充分利用老年人知识经验、人生阅历和家国情怀为社会为家庭奉献余热，促进社会的和谐进步。特别在主干家庭中，老人的价值观、人生观、世界观对其孙辈青少年心理品质的形成和发展产生着重大影响，老人积极乐观开朗的性格特征必定使孙辈受到潜移默化的影响，从而在其人格之树中注入乐观开朗积极的个性特征。

第二节　基础教育中心理学的引领作用

多年前某中学要招聘一位心理学专职教师，应聘者中有华东师大心理学本科生和硕士研究生，有上师大硕士研究生，清一色的名校生、高学历，然而面试结果让面试官大失所望。所为者何？原来面试官问了所有应聘者一个问题：你认为心理学在学校中应该是什么样的角色？你如何扮演好心理学教师这个角色？每位应聘者都做足了准备，"胸有成竹"，回答都出奇地一致，概括为"一定做好语数外物化生等各学科老师的辅助性工作"。

在基础教育中，心理学到底应该起什么样的作用？是辅助性作用还是指导性作用？这反映出对心理学科学性的认知迥异。对此，面试官问：你们的老师在心理学第一门课程"心理学导论"中是如何向你们介绍心理学这门学科的特性的？应聘者面面相觑，十分尴尬。面试官说，你们入学伊始，老师一定会对你们说"心理学是当今社会的领头羊学科"。何谓领头羊？就是对一切社会领域学习的指导和引领。

对这两种作用的认识，看似无关紧要，实质不然，在学校它是青少年学生身心健康、人格健全，即先哲所言"大学之道，在明明德，在亲民，在止于至善"，还是"两耳不闻窗外事，一心只读圣贤书"的价值分水岭，也是心理学在学校教育中的角色地位的分水岭。

若是认为心理学在基础教育中承担的是辅助性作用，那么它只能根据学校应试教育教学的需要，为之提供被动的服务。当围绕应试教育这根指挥棒运转时，心理学的服务就显得被动和滞后。这是当今基础教育中心理学在认知上存在的误区，而这种认知更是源于一部分高校心理学教授自身的错误认知（这里不作详述）。

一、心理学在社会发展中的地位

（一）人类历史中的心理学地位

人类历史的发展史也是一部心理学的发展史。在社会资源的不断发展中，人是永远处于顶端的第一位的，而人的认知的发展更是其他资源的需要和发展的决定因素。

人类社会随着人的发展，对资源的需求不断增加。从最原始的两要素，即人和物开始。此时就是简单的人和物的关系，无论狩猎、捕鱼还是种植，都是为人的生存需求而存在。

随着人的需求的增加，出现了资源的第三要素——土地，即人、土地和资金。

后来又出了新的要素——管理。于是人类社会进入四要素阶段，即人、土地、资金和管理。

在科技进步中人类已不满足于固守一方土，于是又出现了第五个要素——技术，即人、资金、物资、设备和技术。

再后来又出现了对时间的资源认识，于是形成了资源的六要素时期。

现代社会科学技术飞速发展，出现了第七个要素——信息。信息化、智能化使社会的发展日新月异。

从原始社会到今日高科技社会，社会要素在不断增加，但有一要素永远是第一位的要素，这就是人的要素。

（二）人类社会越发展，人的要素越重要

天下之大，关系之复杂，归根结底可以简化为两种关系，即人与事（物）的关系、人与人的关系。在这所有的关系中人是决定要素。社会发展至今，信息爆炸，智能化替代了人的工作，因此，人们普遍认为人的作用越来越小，果真如此吗？结论恰恰相反，科技越发达，人的要素越重要。

1. 人能创造新世界新科技

社会发展至今，能上天能入海，哪一样高端技术不是由人来创造的？人类想象中的"可上九天揽月，可下五洋捉鳖"今天已在人的手中实现。从人拉肩扛到机械化到自动化到今天的机器人作业，哪一个发展和进步不是由人来发明和创造的？所以人是社会发展、科技进步的决定要素。一句话：人能成事，人能成大事！

2. 人，永不可被替代

科技的发展能解放大量的生产力，过去百人千人万人才能完成的任务如今也许交给机器人就能完成，似乎人已不再被需要。其实，人的作用永不可能被替代，相反，高科技时代人的作用越发重要，因为高科技环境下，人不仅需要能力，更需要责任，再聪明的科技都是由人来发明来创造，再聪明的机器人依然需要人来管理和操纵。例如看似不用进行操作的高铁驾驶员绝非是可有可无的摆设，一旦设备出现故障必须由人来处理。人能成事、能成大事的同时也能坏事、坏大事，所以，人永远不可能被完全替代。

（三）心理是人的社会化水平的标准

心理是衡量个体社会化水平的标尺，这里的心理不仅包括人所反映于外的行为，而且包括内在的品质，即心理过程和心理倾向。心理过程指人的认知品质，即人们常说的"知情意"过程。心理倾向指人类行为模式中刺激和行为之间的所有内在品质因素，常被称为内动力。这些心理过程、心理倾向共同组成了个体的心理特征，这种心理特征简称心理或心理品质。

我们评价一个人的社会化水平高低优劣的标准就是这些心理品质的综合水平。一个人社会化水平高说明其心理品质优秀，反之，亦然。所以社会发展水平越高，科技越发达，对人的心理的要求也越高。所以，人永远是第一位的社会要素。

二、心理学化是基础教育的必由之路

（一）教育需要心理学

1. 教育是育人的教育

教育的双方（教师和学生）都是人，不了解人，何以为教？知人才能善任，因材才能施教。《论语·先进》充分反映了孔子的因材施教，文中孔子对子路和冉有同一问题的回答完全不同，公西华问先生为什么，孔子的回答充分反映了他的因材施教思想。原文如下：

子路问："闻斯行诸？"子曰："有父兄在，如之何其闻斯行之？"冉有问："闻斯行诸？"子曰："闻斯行之。"公西华曰："由也问闻斯行诸，子曰，有父兄在。求也问闻斯行诸，子曰，闻斯行之。赤也惑，敢问。"子曰："求也退，故进之；由也兼人，故退之。"（大意为，子路问孔子："听到鼓励的话就应该行动起来吗？"孔子说："你有父亲兄长在，你怎么可以听到就马上行动呢？"冉有也来问同样的话，孔子说听到应该马上去行动。公西华问为什么您对子路和冉有的回答完全不一样，孔子回答道，冉有为人懦弱卑恭，所以要鼓励他的勇气；子路武勇过人，所以我要让他谦让。）

教育是让学生对老师所教终身不忘，教师以其人格力量使学生心悦诚服地接受教育。陶行知先生用四颗糖对学生进行生动的教育，堪称教育经典。这里不妨重温一下：一天，陶先生看到一男生用泥块砸班上同学，陶先生立即制止，然后命令学生放学后到他的校长室。放学后，陶先生回到校长室，只见早已到办公室门口的学生紧张地等待挨训。孰知陶先生笑嘻嘻地掏出一颗糖来送给他，说这是奖给你的，因为你按时来到这里,而我却迟到了。男生惊疑地接过糖果,随后陶先生又掏出第二颗糖果放到他手上,说这是奖励你的,因为我不让你打人时,你立刻就住手了,这说明你很尊重我,我应该奖励你。随后,陶先生又取出第三颗糖给学生说,我了解到你是因为那男生欺负女同学而砸他,说明你正直善良,而且勇气可嘉,所以要奖励你。男生感动不已,流泪说我错了,不能用这种错误方法来帮助受欺负的女同学。陶行知笑着掏出第四颗糖说,因为你已正确认识自己的错误,我再奖你一颗糖,我的糖发完了,我们的谈话也结束了。

这样的教育,教的是心灵!教得学生灵魂受到震撼!这个孩子后面的发展是不言而喻的。不论是孔子的因人因材的教育方法,还是陶行知的因人因事生动活泼的教育,都说明心理学能指导并提高教育的有效性。

2. 教学是因材的教育

因材施教既是根据学生的才质(也即人格)实施的教育,也是根据教学材料实施针对性教育的教学方法。特级教师钱梦龙先生有一次应邀参加外地举办的教育研讨会,与会者十分敬佩钱先生的教学方法,冒昧邀请钱先生上一次示范课,钱先生一口答应。时值休息日,学校不上课,只有操场上有一些来自各个年级、参差不齐的学生在自发地进行各种活动,还有在琴房唱歌、弹琴、跳舞的学生。面对这些初中各年级的学生,主办方十分尴尬地告诉钱先生实际情况,可钱先生一口允诺,只是请主办方事先将初一初二初三学生分在不同教室,在上课前他要与之分别作一简单沟通。钱先生对初一同学说:"等会我要给你们上一节初二教材中茅以升先生的《中国石拱桥》,我知道你们都很聪明，一定能超前学好这篇课文，对不对？"同学们齐声回答"对！"随后走进初三学生的教室，对他们说："等会我要上一堂《中国石拱桥》的课，我知道你们在初二时已经学过，而且学得很好，所以等会上课时希望你们协助老师做师弟师妹们的小老师。"同学们齐声应允。最后钱先生进了初二学生教室，对学生说："等会我将给大家上一节你们马上要学的课文《中国石拱桥》，你们是主力军，相信你们一定会学得很好，是不是？"学生齐声答道"是！"然后钱先生对主办方说可以上课了。

一节课下来，各地与会的听课教师居然没人发现教室里坐着的是跨三个年级的学生。

这就是心理学引领下的"因人""因材"的教育教学！

（二）心理学化是基础教育的必由之路

赫尔巴特被称为"现代教育学之父"和"教育科学之父"，他对教育学发展的最大贡献是使教育建立在了心理学和哲学的基础上，这也是他晚年更进一步提出教育必须走心理学化之路的根本原因。

1. 教育心理学化对社会的要求

一个国家、地区教育的发展并不是以学校的规模大小、数量多少为标志，也不是以升学率的高低为衡量标准，而应该以教育的覆盖率为标志，即社会需要各级各类的学校为所有人提供接受教育的专门场所，做到"有教无类"。心理学就能为之作出专业的指导，引导社会各种办学机构为各类人才提供与之匹配的学校教育机构。例如，2001年，由时任上海市市长徐匡迪先生倡议，政府和社会协力建立起一所久隆模范中学。这是建立在徐先生的"不让一个学生因家长下岗贫困而失学"

的理念上，徐市长振臂一呼，大家云集响应，从此生活贫困的学生不再失学，这所社会力量资助的公办学校每年以百分之百的升学率获得社会赞誉。

2. 教育心理学化对学校的要求

学校为学生提供学习的专门场所，其办学宗旨是通过教学达到育人之目的。怎么育人？育怎样的人？它的评价标准是什么？这就需要心理学来承担这个重任。心理学的评价必须建立在科学的基础上。有些学校为建立所谓的品牌，搞各种标新立异的特色而违背了心理学的科学性，最终不了了之。例如有一所初级中学搞了个"走班制"特色教育，即学生可以到同一年级任何班级上课。本意是想提高学生擅长又有兴趣的学科的学习能力，结果搞得一团糟，又不想放弃，求助于专家。专家告诉校长："你的没有心理学引领的走班制是不科学的、盲目的，你无法解决一个两难问题：若让学生随便走，孩子不可能客观评价自己的学习能力（或高估或低估），其结果必然乱套；若以学习成绩分班，就落入应试教育的窠臼。问题在于没有建立科学的走班标准，这个科学标准应该是建立在学生学习心理品质基础上的标准。"就这样，走班制只能从头再来，从长计议。这正说明教育必须经得起科学检验，这科学就是心理学。

3. 教育心理学化对教师的要求

教师是最具个性化的职业。所谓个性化就是黑格尔所说的独特的"这一个"。我们都有这样的体会：同一个教学内容，不同的老师上课的过程和效果都不相同。教师的教学个性常常被称为教学风格。笔者曾与两位专家一起去某初级中学听了英语、数学和历史三位老师的课，前两位老师都运用电子教学设施，不再使用板书，第三位老师用一支粉笔边讲边画边介绍，讲到哪里画到哪里，画到哪里介绍到哪里。在课后的评课中，两位专家对前两位老师娴熟地运用现代化工具进行教学予以了高度评价，但笔者对第三位老师的教学方式方法给予了高度赞扬，并着重说明"我们听课评课不是看谁运用现代化手段多，而是看教学手段与教学目标的匹配性和效果，最后达成统一的认识"。人们说学生常常因为喜欢某位老师而爱屋及乌地喜欢这门学科，为什么？就是因为心理上的认同感。

如今应试教育的弊端之一就是教师职业的去个性化，强调高度的统一，甚至连备课教学过程都要统一，显然缺乏了科学心理学的引领。

4. 教育心理学化对学生的要求

现代教育体制受教育经济学的影响，采用的是班级授课制，它是一位老师几十位学生进行同一要求的教学，这种教学最大的优点是利益最大化。但它很难照顾到学生之间的差异，尤其是学生认知方式上的差异往往被忽视。而学生的学习风格会形成学科的兴趣选择，最典型的是文理偏科现象。这种偏科现象不仅造成应试能力达不到要求，更重要的是久而久之会产生更多的弊病，甚至会造成心理上的焦虑、自卑等一系列问题。所以学生应该通过心理学家的专业测评了解自身的认知特点，以找到相应的学习方法和途径。

5. 教育心理学化对家长的要求

英国某位思想家曾经说过，家长最大的错误就在于希望孩子为自己脸上争光。在我国应试教育和教育内卷化尚难得到根本性改变的现实中，家长与孩子建立一个什么样的心理关系显得尤为重要。家长在应试教育的现实面前作何选择才能让孩子痛并快乐地学习？是选择向舐犊之情投降，还是选择手执利器强迫？其实都是错误的。最科学的方法就是家长和孩子共同成长。这是建立在心理学化上的新型家庭关系。只有营造宽松愉悦、和谐进步的家庭心理关系，才能使孩子更好地进行自主的学习并朝自己的目标努力。

基础教育心理学化是社会、学校、家庭、教师和学生的必由之路！

第三章
心理学仪器的作用

本章内容提要

◎ 培养中小学生科学心理学的认知基础
◎ 在基础教育中的特殊作用
（一）发现具有特殊能力的人才
（二）筛查各种问题学生并为之提供康复训练
◎ 为所有学生提高认知能力提供科学训练
◎ 为因材施教提供检测并提供相应策略

第一节　认知心理仪器对中小学生的教育意义

整个基础教育科学心理学研究的第二部分内容从基础教育中认知训练仪和认知检测仪与提高学生能力的关系入手，旨在回答四方面的心理学问题，并将大学心理学专业用于实验和研究的心理学仪器移植于中小学生学习训练之中，以期提高其学习能力，从而在根本上提高中小学生的心理健康水平。

问题一：中小学生的大量心理行为问题并非缘于生理因素影响而是来自外部刺激，例如焦虑、自卑、抑郁、攻击、破坏乃至伤人、自伤等行为，这些问题的刺激源大多与学习压力及由此衍生的各种人际关系密切相关。如果能提高其学习能力，则可大幅度减少此类问题的发生。

问题二：中小学生的诸如感知、注意、记忆、思维、表象等认知品质对其学习效能产生很大的制约，通过认知品质的训练或认知特征的检测可提高学生认知水平，促进学习能力的提高。学生通过认知训练仪的训练可促进相应认知品质的提高，进而促进学习能力的进步；而通过认知检测可鉴别学生学习中的风格特征和个性差异。

问题三：认知训练包括对知觉、注意、记忆、思维、表象、错觉等影响学习能力的认知品质的训练，有与之对应的心理仪器。认知检测包括认知风格检测的棒框仪、测试情绪的皮肤电测试仪、个性测试仪及学习适应性等测试，为因材施教提供科学依据。

问题四：了解决定认知训练与应试学习能力关系的桥梁——学习迁移的相关知识和迁移的类型及特点。

正是基于上述四大问题的考量，本研究设计了基础教育（包括中职校）心理健康教育中认知训练仪和心理检测仪的配置方案。

上海市教委出台的《上海市中小学心理健康教育中长期发展纲要》中"心理辅导室配置标准"中，设计了认知训练和认知检测两大类心理仪器，不仅是中国基础教育心理健康教育的神来之笔，更是基础教育领域心理学的一次创新，具有里程碑意义。

一、心理健康教育突出心理学的自然科学属性

心理健康教育从娃娃抓起已成社会共识，基础教育中的心理健康教育越来越多地被学校、家庭所重视。很多青少年学生对心理学有很浓厚的兴趣，心向往之。对此，笔者评价为四个字——喜忧参半。

"喜"是因为长期被视为伪科学的心理学，历经拨乱反正和改革开放后，已被广泛认同，不再排斥，街头巷尾、男女老少都能从嘴里蹦出心理学如何如何的话语和谈资，很多人遇到困惑都愿意找心理学工作者排忧解难，进行心理咨询。特别是20世纪末在上海市教委牵头下，华东师大心理学系等专业机构负责举办了由各区专职心理学教师参加的心理辅导员培训班（也称心理咨询师培训班），这是我国心理学发展中一个开创性的事件，这个历时一年半之久、对入学资格和结业要求严格的培训在社会上产生了广泛的影响，也正是这些心理学教师成了中国第一批走上心理咨询师之路的吃螃蟹者。进入21世纪，为迎合社会需要，大量心理咨询师培训机构拔地而起，由于入学门槛低，响应者众，学习心理学、做心理咨询师一时间成了职业时尚。其中，虽然不可避免地存在专业上的不足和教育教学管理上的问题，但不可否认，这些社会培训在一定程度上满足了心理学爱好者们的"心理学饥饿感"。这个席卷全国的社会现象倒过来促使心理学走出高墙深闺，服务于社会实践的发展，成了家喻户晓的学科。求知欲旺盛的青少年学生更是迷恋上了神秘而有趣的心理学，由喜欢而向往，由向往而追求，多年来心理学俨然已成为高考生非常青睐的报考专业。

在"喜"的同时"忧"也同样强烈地存在。

一忧心理学的本质特征被忽视。心理学从哲学中分离出来成为一门自然科学已近150年（以1879年德国莱比锡大学冯特教授创立的心理实验室为标志）。这里顺便介绍一下心理学从哲学中分离出来的历史掌故：在冯特的心理实验室建立后，以哲学家胡塞尔为首的一批青年哲学教师发文呼吁把心理学逐出哲学系并剥夺冯特的哲学教授职位，把心理学教师中的教授职位还给哲学系，使哲学系可以增加教授名额，这件事客观上成就了心理学成为一门独立的具有自然科学属性的学科。从此，实证的研究方法被普遍运用到了心理学的研究之中。发展至今，心理学更是将现代物理学、化学、生物医学、脑科学等自然科学的研究方法、技术手段运用于当代认知心理学研究之中，让实证研究的方法成了当代心理学研究的重要途径。例如对内隐记忆的研究就是通过实验性分离范式下的研究方法，采用无意义字串为实验材料，运用两种鲜明不同的指导语配合信号检测论处理研究内隐记忆的特点来证实内隐记忆的存在及其价值。这种心理学研究的科学属性被热衷于心理学的青少年所忽视，他们甚至对其茫然无知。

二忧心理学被片面理解为就是心理咨询，而心理咨询又被理解为就是逻辑与修辞的结合体（在一定理论指导下的合乎逻辑的说理和动人美丽的语言艺术），心理咨询几成可以涵盖心理学的代名词。我们并不否认心理咨询是心理健康的一个重要组成部分，正确而有的放矢的心理咨询、心理辅导可以有效地缓解乃至消除求助者的心理困扰，但当涉及生理心理交互关系时，心理治疗和心理辅导的边际区别会影响心理问题的解决，这对于向往心理学的青少年来说往往难知就里，甚至会受到误导，陷入认知误区。

从这喜和忧中可以看到，心理学的"强基"教育宣传十分重要，尤其是在青少年心理健康教育过程中，引导他们认识、了解心理学的科学属性是必要的，而心理学的各种认知训练、检测的仪器能起到很好的作用。

二、心理健康教育引入心理仪器的教育内容

根据青少年对未知事物的好奇探究心理，教师可在心理健康教育中设计心理仪器的科普教学内容，在学生的参与中激发其好奇心，培养其学习兴趣，探究其心理原因，思考仪器运用价值。

在某地公安系统的职后培训中引入了认知训练——反应时训练，经过规定时间的训练，在结业典礼的学员发言环节中诸多学员都提到了反应时训练的应用价值是"拔枪的速度明显加快了"，与会局领导大感惊讶，认为这才是理论联系实际的培训。

某高中示范校的心理健康教育课上，呈现在高二同学面前的是四个用于认知检测的仪器——棒框仪，全班同学轮流进行认知风格的测定，当全班同学完成任务后，屏幕上出现了全班同学的排列。在仔细看了全班同学的排列顺序后，有同学突然发现这个排列顺序的两端正是班上数学和语文特别优秀的同学。老师由此引入了认知风格的心理学概念，引导学生建立"认知风格没有好坏之分，但存在对学科的选择"的认知，学生中有些人存在文理偏科现象，其中认知风格的差异就是一个重要的原因。这样的一堂心理健康教育课，不仅使每个同学都积极参与其中，更为重要的是在学生们心中扎下了"心理学和物理、化学一样具有自然科学的属性"的认识。

第二节　心理学仪器在基础教育中的特殊作用

"人材不同，能各有异"是每位老师都明白的教育理念。理念的正确毋庸置疑，但是如何具体地落实到每个青少年身上却是一个让人挠头的问题。最常用的是通过智商（IQ）的测试对学生进行一个智力水平的评估，即在正态分布的智商分布中给予被试一个相应位置，如智商为100则说明被试智力处于中等水平，越大于100说明智力水平越高，越聪明，反之亦然。

但是，随着心理学研究的深入发展，这种单一智商测评的弊端日益显现，比如智力量表所得到的智商是否就是真正的智力是值得怀疑的，特别是用文字作为阅读材料构成的智力测试受到文化的制约，例如，一个目不识丁的文盲也许智商很高，但缺乏足够效度的测量工具。

随着能力研究的深入，多元智力的理论被广泛接受，美国心理学家霍华德·加德纳提出"智力是在某种社会或文化环境的价值标准下，个体用以解决自己遇到的真正的难题或生产及创造出有效产品所需要的能力"。每个人都至少具备语言智力、逻辑数学智力、音乐智力、空间智力、身体运动智力、人际关系智力和内省智力，后来加德纳又增加了自然智力。在这多元的智力中，本书所提供的认知训练仪和认知检测仪能在一些智力品质上作出训练或检测，如知觉训练仪能有效提高空间智力、身体运动智力能力，棒框仪能鉴别认知风格。所以认知训练仪和认知检测仪在一定程度上能够作出专业上的贡献。

一、对超常能力人才进行评估

青少年学生中有一部分人具有一定的超越同龄人的能力，例如有些青少年学生从小具有某项出色的运动技能，但是这种外显的能力是一种经验性的评价，需要得到科学的鉴定，认知训练仪为其提供了科学评估的一种测试的可能，例如简单反应时、选择反应时、肢体反应时等各种反应时测试仪及九孔、划销等动作稳定测试仪。有一些青少年学生很小就展露出对数学的偏好，家长和老师都认为其逻辑思维能力强，但强到什么程度往往只是依经验给予主观性评价，而认知训练仪可以为之提供一个客观的测试结果，例如用叶克斯逻辑测评仪对被试进行推理能力的评价，即对仪器所设计的逻辑关系进行推理以完成工作任务。还可以运用迷宫测试所获得的成就来评价被试对不确定性情境选择的决策能力，天赋异禀的青少年的这种能力往往容易被忽视，或者难以给其可以量化的评价，而认知仪器为此提供了一种可能。

加德纳将智力分为"语言智力""逻辑数学智力""音乐智力""空间智力""身体运动智力""人际关系智力""内省智力""自然智力"，也许现有条件下很多智力品质的评估方法和评估手段尚不尽人意，但将深阁于实验室的一些用于教学实验和科研的心理仪器赋予全新的生命，使其变身为认知测试、认知训练、认知鉴别的工具，被实际运用于基础教育的心理健康教育，不仅是可能的，而且已经被证明是可行的。

二、对各种认知障碍的青少年提供检测和康复性训练

对特殊孩子的检测评价，除了常用的智力筛查等测量工具外鲜有科学的测试工具予以客观的测评，更缺少有针对性的客观科学的训练工具来对各种认知障碍的孩子进行康复性训练，而认知仪器就为某些认知障碍者提供了有价值的训练测评工具。

例如，常被诊断为多动症的特殊儿童，其诊断过程运用自陈量表，量表或由孩子自己完成，或由父母等监护人完成，所以，这样诊断的可信度和有效性必然受到一定的制约和质疑。可以想象，一个不尽正

确的评估，可能会使家长乃至整个家庭笼罩在沉闷的消极气氛之中，对孩子的心理会造成伤害，对其后继的发展产生消极影响。认知检测的心理学仪器为诊断提供了科学客观的可能。多动症的临床主要表现是注意的涣散和注意力的难以集中，这个特征可以在特定的认知仪器上得到客观反映。如果能够在心理学的认知仪器的操作过程中出现和主观自陈量表评价一致的结果，那么就可以对多动症的传统评价提供一个全新的思路和手段。

在众多可供选择的认知仪器中，可以根据对象的不同年龄阶段决定适合的认知训练仪，例如小学阶段特别是中低年级孩子适合用注意稳定性的认知测试仪，如果被试在仪器操作过程中的稳定性上所获得的量值与同龄孩子没有显著差异，则可评价为该被试注意的重要品质——稳定性是正常的，也就说明其不符合多动症的重要条件；如果被试在仪器操作过程中的稳定性上所获量值落后于同龄人水平且存在显著性差异，则说明该被试在注意品质上存在多动症的表现特征。

对确诊的多动症儿童，注意稳定仪等心理学仪器则可以作为康复性训练的辅助性训练仪器。指导患者按规定进行操作训练，并将其每次训练的成绩予以储存，将储存的训练成绩绘成练习曲线，从曲线的分布可了解其注意稳定性的进步状态。

此外，对知觉品质、思维品质、记忆品质、意志品质等相关认知心理品质也可以进行针对性的评价和训练，以促进青少年学生认知能力的发展。

第三节　认知训练促进学生学习能力的发展

在尚难完全改变的应试教育环境下，或无休止地一味顺从做应试的奴隶，或盲目反对全盘否定应试教育并与之对着干，两种各执一端的教育理念和教育方法都是不可取的。那能不能既不屈从应试教育的弊端又能相对自主地适应应试教育的考试要求，使学生痛并快乐地学习呢？也可比喻为戴着应试教育的"镣铐"，跳促进学生健康发展的舞蹈。将认知心理仪器的运用引入中小学心理健康教育的全过程，不失为一种促进学生身心发展、提高学生学习能力的值得探索的途径和方法。

一、提高心理学在基础教育中的有为性

迄今为止的心理健康教育，从教育的内容到教育的形式，与"应试"的目标缺乏一个能直观感受到的联系和纽带，两者之间存在难以言说的一堵墙。谁都知道也都会说心理健康教育的重要性，但事实上它的重要性难以被强化了的升学率心悦诚服地接纳；明明教育各方都知道那些把高考异化到了极致的学校的教育模式对学生存在潜在的伤害，但这类学校依然我行我素，"不管风吹浪打，胜似闲庭信步"，并且有着"包举宇内，席卷天下"之势，堂而皇之地在全国各地成立分校，复制其将学生锻造成考试机器的教育模式。它们秉承高考升学率这个"硬道理"，你拿它们有什么办法！试想这类学校可能把心理健康教育放在教书育人的重要地位吗？与赫尔巴特的"教育必须要走心理学化道路"的理念更是相去甚远。所以心理健康教育常常被束之高阁，教学安排的心理健康教育课常常受到应试学科的冲击和借用的现象也就不足为奇。这里除了应试教育的客观方面原因外，也存在心理学科自身的原因，甚至在心理学界也有学者存在认知误区，将中小学心理学定位于为学科教学提供辅助性工作的学科，并在其对大学生的教育教学中予以宣传，这无疑又扩大了对中小学心理健康教育的负面认知。

心理学能否在基础教育的窘况中"突出重围，杀出一条血路"？即与教育现状既不正面冲突（何况应试教育绝非十恶不赦，它本身有着建立在逻辑基础上的合理性）又能发挥其应有的作用，从把心理学当成学校教育的辅助性工作转变为指导性工作，使心理学回归为领头羊学科。将认知仪器运用于提高学生学习能力是一个值得尝试的教育探索。

在如火如荼的教育改革的呼吁和实践中，必须要形成一个基本的共识——历时弥久的应试教育是一座山，此山既不可能飞越而过，在较长的时期也不可能搬走，那么我们不妨换一个思维方式，即能不能采取"山不过来我过去"的策略呢？认知仪器的介入可能就是联系两者且可预期的纽带和桥梁，从而充分发挥心理学在基础教育领域的有为性。

例如，各种反应时的训练，可使学生的认知反应能力提高，无论简单反应时训练、选择反应时训练还是肢体反应时训练等，都可以提高青少年反应的速度和准确性。而深度知觉仪器的训练则可有效提高学生的速度、方位、距离的知觉能力，迁移到学生的学科（数学、体育、物理等）学习之中，成为其学习能力。各种注意品质的认知训练可以有效提高注意的稳定性和注意的分配能力，而这些认知品质正是学生所必需的学习能力。另外，叶克斯、河内塔、镜画仪等认知仪器的训练则可有效提高思维、记忆、表象等心理品质并形成逻辑思维、各种记忆和心理旋转的能力。

二、激发青少年学生学习心理学的兴趣

陈鹤琴先生的"活教育"理论指出教育方法论的基本原则是"做中教，做中学，做中求进步"，并实现"心理学具体化"教学原则和"大

众化"的教学法。中小学心理健康教育将认知仪器应用于教育教学过程中正是体现了让学生在自己的动手过程中接受心理老师的教学，在老师教的过程中边操作边学习，在操作中逐步提高操作的速度和准确性，从不熟练到逐渐熟练，进而不断提高操作水平，最后迁移成为学习的能力。这种把心理学具体化的直观学习方法，可以通过训练形成不断进步的练习曲线。这看得见的进步曲线进而通过反馈激发学生的认知训练的动机。所以，认知仪器的教学运用可以有效促进学生认知心理品质的发展。

（一）培养学生对科学心理学的兴趣

现行的心理健康教育难以建立心理学是一门具有自然科学属性的学科（也不能否定其社会科学的属性）的认识。通过教师对心理仪器的介绍和教学，学生对仪器的学习和操作以及获得的认知进步，可激发学生浓厚的兴趣。兴趣是青少年学生力求接近、探索心理学的科学性和持续进行训练活动的积极态度倾向，在青少年的心理活动中的作用尤为重要，古人"为伊消得人憔悴"正是兴趣趋势下的无怨无悔的内在动力。当青少年学生对科学心理学产生了兴趣，他们就会对其形成格外的注意，并使自己的注意观察敏锐、记忆牢固、思维活跃并产生积极深刻的情感。正是因为青少年学生的这个训练兴趣不是被强制的，而是出于学生自己强烈的愿望建立和发展起来的自主学习，所以其训练学习的效果也就显而易见。而训练学习中获得的进步更进一步强化青少年学生的浓厚兴趣，如此构成的良性循环，最终转化为学生所有学习（无论是广义的学习还是狭义的应试学习）的实际能力。

（二）满足学生对科学心理学的好奇和探究

何为好奇和探究？好奇是指对自己所不了解的事物觉得新奇而感

兴趣，充满新鲜感，是影响个人成就最为重要的因素之一，也是人类进步的动力。社会的发展、科技的进步，很多发明创造都是为了满足发明家们的好奇之心，同时客观上给人类社会带来技术的进步。好奇是将智力、坚持和对新事物的渴望三者合而为一的认知心理过程。而探究是在活动学习的情境中通过观察了解发现问题、收集数据、形成解释、获得答案的心理过程，也即反复深入地探讨研究过程。英国学者斯图姆（Sophie von Stumm）指出，真正有才华和有趣的人是不可能没有好奇心的。好奇是探究的内在动力，探究是好奇的外部行为，好奇心越强，探究欲越甚。青少年学生的创造创新乃至发明都是建立在好奇探究的基础之上，可以说每个人的童年都是生活在充满着好奇探究的憧憬之中，古今中外为社会发展、科技进步作出惠及人类之贡献的创造发明者无一例外在其年少时都充满好奇之心和百折不挠的探究精神。

必须承认，应试教育有一个突出的弊端，就是对青少年学生的创造创新能力的培养缺乏系统规范、覆盖全域的重视，对孩子的异想天开缺少鼓励，相反以家长和老师的思维习惯、思维定式来评价之，使孩子的好奇心受挫。有这么一个案例真实诠释了这种现象：某小学鼓励学生进行科学研究，该校一位从小喜欢独立思考并常常冒出奇思怪想的三年级小朋友常常在社区宣传栏前驻足停留，认真阅读有关禁毒的宣传资料，于是提出了"让人们远离毒品"的研究课题并组织了一些同学共同进行研究。他组织大家查找资料，从毒品的种植到提炼到销售，从毒品对人的伤害到对家庭、社会的危害，再到提出全社会如何共同与毒品作斗争的建议，并把这个研究做成PPT在社区作了详细介绍，引起了轰动，某儿童杂志为他作了三个版面"人小鬼大"的宣传。

孩子十分自豪，指导老师也十分高兴，这第一次的成功尝试使孩子的科研兴趣大增。这个孩子从小识字量很大，喜欢看各种各样的书籍，知识面很广，某次，他看到了一本大学中文系教材《现代汉语》，被"汉字的演变"内容吸引，于是突发奇想要研究文字的演变并组织了几个要好的小伙伴一起研究。时过很久，问他研究得怎么样了，小家伙气呼呼地说，没劲，不研究了。问其何故，回答说"老师说我胡说八道"，再问为什么说你胡说八道，答曰，老师说研究结论胡说八道。继续问为什么是胡说八道，原来，孩子查阅大量的文字变化，在查阅汉字演变的基础上还查了消亡的古巴比伦的楔形文字、古埃及的象形文字、古印度的哈拉巴铭文，当然主要是我国的文字演变，最后得出了独特的结论——汉字要走图案化道路。问其所以然者何，答曰：走拼音化道路可以让全世界人都能看懂，但是我们以后还要与外星人联系，他们肯定看不懂地球人的拼音文字，但我想外星球上的山川树木房屋应该和地球上的是一样的，所以用图案就可以交流了。出自一个八九岁少年儿童的由好奇引发的研究被扼杀了，更可怕的是这个孩子说了一句"今后再也不搞科研了"，从此循规蹈矩，跟着应试教育唯命是从。案例中的孩子被老师批评为"胡说八道"似乎也不为过，因为老师在大学课程中从未接受过"汉字走图案化道路"。且不论孩子的研究结果对不对，单就其不受藩篱束缚的思维好奇性就应该被肯定和鼓励，这不能不说是应试教育中的一个小小的遗憾。

可见，培养青少年好奇探究的能力是极为重要的教育任务。学生在认知心理仪器的学习过程中比传统心理健康教育产生更多的兴趣，激发更多的好奇和探究的欲望，进而自主地进行训练，这样形成的"兴趣——好奇——探究——能力提高——进一步的兴趣——新的好奇——更多的探究——更高的能力",形成了良性的反馈,结果必然是迁移为各类学科学习的能力。

第四节　因材施教提供认知检测和相应教育策略

一、因材施教和认知方式

"因材施教",出自《论语集注》:"子游能养而或失于敬,子夏能直义而或少温润之色,各因其材之高下与其所失而告之,故不同也。"这是中国古代教育家孔子的教育思想之精粹。《论语》中提到的孔子对子路和冉有的不同教育,就是他为我们展现的因材施教范例。这个教育理念流传至今,成为一代又一代、一个又一个教师的圭臬,而现代教育学更是将因材施教列为教育工作者必须要熟记乃至努力应用于教育教学过程中的职业素养。如今俨然已成各类教师职业入门考试中必须掌握的基本考试内容。

"因材施教"是教学中一项重要的教学方法和教学原则,在教学中根据不同的认知水平、学习能力以及自身素质,教师选择适合每个学生特点的方法来有针对性地教学。教师在教学中开发学生的长处,弥补学生的不足,激发学生学习的兴趣,树立学生学习的信心,从而促进学生的发展。

著名教育家蔡元培先生就因材施教提出:"……总须活用为妙。就是遇有特别天才的,总宜施以特别的教练。在学生方面,也要自省,我于那几科觉得很困难的,须格外用功些,那几科觉得特别喜欢的,也不妨多学些。总之,教授求学,不可以呆板便了。"

蔡元培先生一百年前的这个因材施教观点适用于大多数教育环境中的大多数学生的学习过程,但他忽视了一个制约学生学习过程的人格影响问题。

从理论上说，无论谁都知道因材施教的意义。从实践来看，因材施教又是何其难；现代教育体制下的班级授课制，因材施教更难；集体授课的应试教育，因材施教更是难上加难。

这里就必须了解青少年学生，尤其是高年级学生学习过程中"认知方式"对学习的影响和制约的问题。

何谓认知方式？它与学生的学习有何关系？

认知方式也称认知风格，是指个体习惯性的加工信息的方式。在这个定义中所谓的"加工信息"，是指知觉、注意、记忆、思维等认识活动；所谓"习惯性"的，是指并不意识到的偏好。个体特有的信息加工方式自己并不一定能清晰地观察到，但是可以通过特定的作业表现推论出来并予以证实。这个定义中，最重要的是"习惯性的"，之所以被称为习惯性，是因为它是一种稳定的乃至下意识的行为，由此可见认知方式一般也是相对稳定的认识事物的过程。而学生在学习过程中对学习对象的认识也明显存在其个性化差异化的认知方式。换言之，具有人格特征的认知方式一般是不会改变的，或者说是很难改变的。

一般来说，个人的认知方式特征没有好坏之分，也就是说不同认知方式的人可以取得同样优秀的成就，正是从这个意义上看，没有必要刻意地去改变个人的认知方式。在教育领域，特别是基础教育领域，教师一方面应该努力做到了解每个学生的认知方式，尤其是具有明显特点的认知方式的学生，另一方面应该努力为有异于大部分同学认知方式的学生提供适合其认知特征的教学方法，而非企图改变学生的认知方式。

虽然学生的认知方式没有好坏之分，但存在不同认知方式对学科的不同选择。例如，某学生文学才华杰出而其他学科比较落后，另某某学生数学能力极强而外语落后。他们都很努力想补齐短板学科，但往往事倍功半，其结果就可能被应试教育否定。例如某青年作家能写出优秀的文学作品，但他无法完成基础教育的要求，甚至无法正常地高中毕业。也许这是一个比较极端的个案，可类似的偏科现象并不鲜见。对这样的青少年学生就需要因材施教，研究设计一套符合其认知方式的教学方法，使之完成学习任务。

二、认知方式的种类

认知方式种类很多，但其中三种认知方式对青少年学生学习效能影响比较大也较常见。

（一）场依存性-场独立性型认知方式

这是美国心理学家威特金（H. Witkin）通过实验提出来的一组认知方式，是一个美国军方请威特金进行的研究。实验就是对两组飞行员盲降技能进行比较选拔，威特金设计了三个实验——镶嵌实验、棒框仪实验和斜屋实验，结果是一组飞行员在没有导航的茫茫黑夜无法在规定时间找到合适的降落位置，而另一组飞行员在规定时间内很快找到了安全降落的位置，这个实验验证了前者的认知方式不适合承担飞行员的职责，而后者的认知方式能够承担飞行员的职责。前者被称为场依存性型的认知风格，后者被称为场独立性型的认知风格。

那么什么是场依存性型认知风格？什么是场独立性型认知风格？两者有什么区别？这种区别对基础教育有何启示？

这里"场"是指问题的空间。所谓场依存性型的认知方式是指，当个体面对一个所要认知、了解乃至要解决的问题时，他需要较多环境参照，甚至需完全依赖于该问题周围环境空间中其参照物认知过程体现出的个体的个性风格特点，故也称场依存性型的认知风格。

所谓场独立性型的认知方式是指，当个体面对一个所要认知、了解乃至要解决的问题时，他很少甚至不依赖于该问题空间中的任何线索或背景参照，而是根据认知目标本身的结构和特点来搜索有价值的线索以确定解决问题的方案。

很显然场依存性型认知方式的独立自主性不如场独立性型的认知方式，而场独立性型认知方式在思维的发散性和兼收并蓄上也显然不如场依存性型认知方式灵活。两者风格缘于人格的影响，各有其利，也各有其弊。但这种风格偏好反映在基础教育中，一部分青少年学生却难免困惑——为什么有的学科轻而易举能取得好成绩，而有的学科即使再努力也学不好？且逐渐产生马太效应（好的越好，差的越差），更严重的是这样的学生将因此而产生一系列的心理问题，如自卑、焦虑、抑郁等。

威特金还阐述了场依存性型和场独立性型的认知方式对于教学的几方面的意义：

1. 随着孩子的成长，大多数场依存性型者更偏爱艺术和人文学科，而大多数场独立性型者更偏爱数学和自然科学学科，因为数学和自然科学学科有着比艺术和人文学科更严密的概念体系和内部逻辑结构。

2. 学生在学习同一内容的时候，场依存性型和场独立性型的学习方式也有明显不同。场依存性型认知方式的学生喜欢结构松散、自主参与、自由讨论的学习方式，而场独立性型认知方式的学生更喜欢结构严谨、逻辑严密、步骤严格的学习方式。

3. 由于场依存性型认知方式和场独立性型认知方式所偏爱和习惯

的学习方式不同，所以其所需要的资源支持也是各有不同。场依存性型认知方式者更多地需要老师、家长、同学和朋友的帮助，在学习中遇到问题更喜欢请教别人并希望得到他人的帮助甚至给予系统的讲解，喜欢群体共同学习。而场独立性型认知方式者喜欢独处，不爱与人讨论，更愿意自己寻找各种参考资料，他们的学习过程更多借助参考资料本身，即使向人请教，也只是请对方提供可能的资料或线索，并不要求甚至不喜欢他人给予过多的讲解。教师在教学中明知两种认知方式的差异，但面对全班几十位学生，在兼顾和平衡其不同的学习方式方面存在两大困难，一是如何正确识别学生中认知方式的差异，二是如何为认知差异大的学生提供因材施教的方案而不影响全班教学进度。

4. 教师之间也存在场依存性和场独立性两种类型的差异。场依存性型认知方式的教师教学结构松散，跳跃跨度大，天马行空，喜欢调动气氛让大家参与讨论。场独立性型认知方式的教师授课时往往知识结构严谨，教学内容合乎严密的逻辑，喜欢讲授方法，即使需要学生参与也喜欢提问式而非讨论式。这两种教学方式和教学风格本身没有好坏优劣之分，但存在与听课对象的认知匹配度问题，我们常常听到不同的人对同一个老师有两种截然不同的评价，原因就在于此。

（二）冲动－慎思型认知方式

这是由著名心理学家杰罗姆·卡根（J. Kagan）提出来的一组认知方式。这里所说的冲动型认知方式是指，当个体处于不确定性情境中时，倾向于用自己首先想到的答案来回答问题。慎思型认知方式是指，当个体处于不确定性情境中时，倾向于细细思考所观察到的现象及当前面临的问题，在作出判断和决定前努力把问题的边界尽可能地考虑清楚。为实验这两种认知方式的差异，卡根设计了一个图形匹配的实验。

卡根先让被试看一张单独的动物图片，然后向被试出示一张上面有多张（例如九个或更多）与单独图片差别细微的动物图片，并将与单独图片完全相同的图片混杂其中，要求被试把众多图片中与单独那张完全一样的图片挑选出来（也可设计成从放在一起的图片中寻找完全相同的图片）。整个实验目的是想要获取两个结果，一是完成任务的时间，二是任务完成的准确性。其中时间因素是主要获取的实验结果。

在实验中，有的被试倾向于用自己首先想到的第一个答案来回答问题，不及细想就作出了选择，这类被试完成任务所花时间较短，但错误率也明显要高。而有的被试与此相反，当其面临复杂的不确定性情境中的选择时，往往表现为小心翼翼，在将要确定答案时又会表现出举棋不定的迟疑甚至放弃，再作进一步的思考，结果就是选择的正确率高，但所用时间比较长。

我们称前者为冲动型的认知方式，后者为慎思型的认知方式。这两种认知方式也同样没有好坏之分，但面对不同的任务时就能反映出认知方式与任务的匹配性价值。例如需要详细分析甚至来不得丝毫差错、必须精确计算的任务，显然适合慎思型认知方式者来承担。不太需要细节的粗犷型的任务，或是时间要求比较紧急而技术精细度要求不高的任务，则更适合于冲动型认知方式者承担。

学生的家长和老师往往存在以正确率评判学生学习能力高低的倾向，但很多实验表明，冲动型认知方式和慎思型认知方式似乎各有利弊，之所以会出现对青少年学生以正确率作为评价的更重要的标准而忽视任务过程中的速度这个因素，原因不外乎应试教育对青少年学生评价的重要依据是考分，这对慎思型认知方式的学生学习能力评价的权重较大，社会、学校、家庭普遍存在的"一俊遮百丑"的思维定式更强化了这种评价。冲动型认知方式的任务往往表现在需要时间限制的活动中，这对青少年的社会化发展来说是十分重要的，实践中有很多任务需要反应迅速，速度是第一位的，那么冲动型认知方式者就有着显著的优势。

青少年的学习生涯中，完成学习任务的正确性和所需时间常常构成了矛盾。在青少年学生的成长过程中，我们的教师需要善于观察、了解学生的冲动–慎思的认知倾向并设计能引导学生扬长避短的教学方式。

（三）整体–序列型认知方式

在基础教育领域中，整体–序列型认知方式普遍存在于学生的学习过程中。这是心理学家帕斯克（Gordon Pask）首先提出来的认知方式。他对学生怎样学习作了大量的调查研究，发现学生在使用的假设类型以及建立分类系统的方式上存在差异。

序列型认知方式的学生在学习过程中把精力集中在循序渐进的一步一步的策略上，面临问题时，提出的假设一般比较简单，每个假设只含一个属性，也就是说从一个假设到下一个假设呈直线的路径进行。整体型认知方式的学生在解决问题的策略上更倾向于使用比较复杂的假设，并对每个假设同时设计若干属性，从整体上考虑如何解决问题。打个比方，整体型认知方式首先看到的是整个森林，然后再一棵树一棵树地予以辨别，而序列型认知方式正相反，先一棵树一棵树地识别，然后汇总为对整个森林的认识。

采用整体型认知方式的学生在学习时习惯于首先从整体上研究把握所学材料，如果材料中存在多个不同层次，其阅读注意的范围更倾向于整体把握而不纠缠细节，因为他们信奉"整体大于部分之和"，也不认为局部之和等于整体。整体型认知方式的信念表现在处理信息的行为上往往先根据自己的理解建构总的意义框架，建立大图案，把图案分割成几大组成部分，然后再确定细节内容并予以分门别类，并分析细节的意义和整体意义的关系。典型的整体型认知方式者突出地显示出"领会性学习"的特征。与之相对的序列型的学习方式，在学习时习惯于直线型步步为营地将注意力集中在操作性细节和程序上，然后将一个一个清楚了的细节串联起来，最终完成整体材料的学习。这种认知方式者认为既然整体是由部分连接，那么只要准确把握各个部分，就能把握住整体。典型的序列型认知方式者突出显示着"操作性学习"的特征。

无论整体型还是序列型的认知学习方式都可以取得优秀的成绩，与此同时也可能产生对学习的消极影响。教师需要了解每位学生的认知方式的特点，在给予肯定的同时教育引导其了解另一种认知方式的意义，使两种认知方式在学习中相得益彰。

三、中小学生认知发展特点及因材施教策略

率先正式使用"班级"一词的是欧洲文艺复兴时期的著名教育家埃拉斯莫斯，之后捷克教育家夸美纽斯在其名著《大教学论》中对班级授课制从理论上加以总结和论证，使之在世界教育界确定下来。夸美纽斯提出五大教学原则，即启发、直观、量力、因材施教、循序渐进。此后又经过德国教育家赫尔巴特等学者的补充，进一步完善了教学组织形式。值得一提的是赫尔巴特提出了"教育必须走心理学化道路"，使教育为心理学提供了广阔的天地和用武之地。

但"班级授课制"从出现的第一天起就存在缺点，其中三大缺点在我国应试教育环境中表现得尤为明显：

1. 难以因材施教；

2. 难以形成学生探索精神、创造力和实践能力；

3. 缺少灵活性。

几乎所有的教育家都认识到班级授课制存在上述三方面缺陷并努力予以多方面的研究，包括对心理学的倚重。对这些问题的探究已成为教育界共同的努力。但这里存在着两个两难的矛盾，矛盾一是教育经济和因材施教的矛盾。一个班级人数众多（在中国很多地方的重点学校一个班级动辄七八十人，甚至更多），教师员额是固定的常数，班级学生越多，学校经济收入越多，反之亦然。矛盾二是教学的统一要求（包括升学考试）与学生差异难以调和的矛盾。随着经济实力的强大，教育的第一个矛盾渐趋缓解，上海等发达地区的小班化教育为因材施教提供了更多的空间。

基础教育的教育工作者都知道，在学校里，同龄孩子必须是同一教材、同一进度、同一要求、同一考试的教育体制（特殊教育例外），在"公平"的同时却忽略了学生与学生的差异，孩子越小他们之间的差异越普遍（当前被认定为多动症的孩子越来越多，其中原因不能不说与此差异有关），于是出现了学生学习"好、中、差"的等第评价。随着学生的成长发展，个性的分化带来的认知差异也愈发明显。特别是与认知方式有关的差异给学生的学习成绩往往带来很大的影响。下面就中小学生认知发展特点及因材施教的策略提供一些探讨。

1. 小学生认知方式和因材施教

虽然认知方式比较难以改变，但不同年龄存在着不同的特点。小学阶段学生，尤其是小学低年级学生在人格发展中更多表现在"冲动－慎思"认知方式方面。小学生的人格处于从混沌到逐渐清晰但尚未完成分化的发展时期，与人格发展紧密相关的认知方式也未表现出清晰的分化，也就是说小学生在学习过程中较少出现典型的"冲动－慎思"的认知方式。个性心理学指出"性格是先天和后天的合金"，说明性格是在先天基础上加上更多的环境影响所致，那么我们有理由相信，小学生学习过程中的认知方式是可以通过教育教学影响的。只要家长、老师能给予教育引导，小学生的认知方式就能够得到改善。在受人格影响形成的认知方式的基础上接受另外的认知方式并使两种认知方式形成兼容并包，不仅能够更好地完成学习任务，而且可以促进其积极健全人格的发展。对于不同认知风格的学生，教师可以运用心理仪器来训练小学生在执行任务的时候达到速度和准确性两者的平衡，以促进其认知能力的提高。

2. 初中学生认知方式和因材施教

进入初中阶段，学生身心发展迅速，而发展最大的特点是人格发展的迅速分化，有如小树苗初长成，不仅有树干也有树叶，甚至也常有小鸟栖息。此时的学生在学习过程中有异于过去的只重视速度与准确性的关系，开始考虑解决问题的方法——是从整体到个别的路径考虑还是从个别到整体的路径考虑。久之，就形成了"整体－序列"的认知方式，经历长时间的重复，就逐渐形成思维习惯。但由于人格未定型固化，所以认知方式也未定型固化。在这个年龄阶段，教师和家长既要充分认同学生习惯的认知方式，并肯定该认知方式对学习的价值，同时也要让学生明白与之成颉颃之势的另一种认知方式的意义。这个年龄段学生人格尚未完全定型，认知方式同样尚未定型固化，这就为教师和家长实施因材施教提供了可能。

3. 高中学生认知方式和因材施教

随着学生进入高中学习阶段，其人格已分化并开始逐渐定型，与此同时，他们学习过程中所反映出来的认知方式也随之日渐明显。他们不仅融合了之前的认知方式，而且能够通过学习实践比较对"冲动 – 慎思""整体 – 序列"形成一定程度的偏爱，继而形成适合于自己的认知方式并付诸与其人格相符的认知方式。对高中学生学习影响最大的则是场独立性型和场依存性型认知方式，每位同学在场独立性和场依存性之间的连续带上形成各自的学习方式。

某市一重点高中开设的心理健康教育课，任课老师让全班同学做了认知方式的心理仪器的检测，对全班同学的认知方式的顺序进行了排列，同学们仔细看了排列的结果，得到一致的认识，即排在两端的是班上数学和语文的佼佼者，两端之间连续带上每个同学都处于某一个位置。相对定型的人格特征必然和某种学习的认知方式相匹配，所以在高中学生中常看到文理科偏科严重的学生。当教师尚未了解这个心理学的专业问题时，常常误认为学生努力不够并给予批评，有一定教学经验的老师会认为学生的学习方法不当。学生不了解自己的认知方式的特点，也无法通过自身的努力改变现状，久之，衍生了很多心理问题，如自卑、焦虑等。心理仪器认知检测仪能提供学生偏科的科学检测，使学生正确了解自己的学习特点并寻找适合的教师，而且学生在努力问题上的纠结造成的自我谴责得到释放，心理困扰也就迎刃而解。

总之，认知心理仪器的训练和检测可以为心理健康教育提供一个科学视角，为基础教育提高教育效能提供切实有效的服务。

第四章
知觉训练和认知发展

本章内容提要

◎各种反应时训练介绍
◎反应时训练仪在基础教育中的应用价值
◎手指灵活性训练仪介绍
◎手指灵活性训练仪在基础教育中的应用价值
◎深度知觉训练仪介绍
◎深度知觉仪的操作训练及其在基础教育中的应用价值
◎错觉和错觉的应用价值
◎警戒仪、时间知觉、动觉的训练及其应用

知觉训练包括反应时训练、手指灵活性训练、动作稳定性训练、深度知觉训练、知觉恒常性训练。

第一节　反应时训练和认知发展

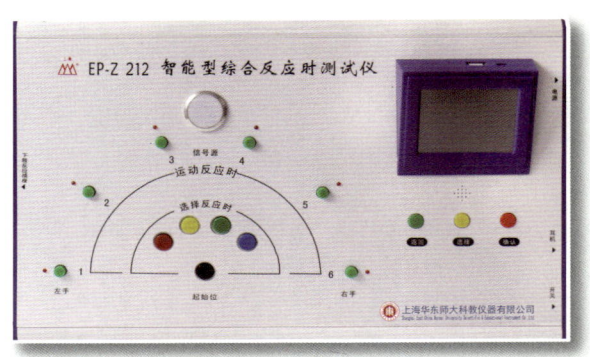

图 4-1　综合反应时测试仪

反应时是心理实验中最常用的因变量之一，其定义是有机体从接受刺激到作出反应所需要的时间。有一次教师在讲解反应时概念时见一学生伏在桌上睡觉，于是拿粉笔头轻轻扔到他的头上，该生马上抬起头，此时老师不失时机地告诉这位同学，从你感受到粉笔头接触脑袋到抬起头来，这个时间差就是一个简单的反应时，全班同学会心一笑。这一笑之中反应时的概念就记住了。荷兰生理学家唐德斯（F. C. Donders）是第一个将反应时引入心理学领域并予以科学测试的科学家，他将反应时用于测量心理活动。本书将应用于基础教育心理健康教育的反应时分为简单反应时和选择反应时。

一、简单反应时

简单反应时也称单一反应时，即给被试呈现一个单一刺激，要求被试对此刺激作出反应，刺激和反应之间的时间差就是简单反应时。在简单反应时训练时，先对学生进行预备训练，让被试知道当刺激出现必须马上作出反应，记录的成绩即简单反应时。

简单反应时训练可以是视觉反应时，也可以是听觉反应时。

在训练视觉反应时时，学生将右手食指（左利手则用左手食指）放于桌面的按钮上，当桌面呈现红灯时学生立刻按下按钮，这是一次视觉反应时。在训练听觉反应时时，将呈现的刺激改为声音，原理相同。一组10次，其平均值为视觉或听觉反应时。公认听觉反应时要优于视觉反应时（听觉简单反应时为120—182毫秒，视觉简单反应时为150—225毫秒），学生通过训练可使反应时得到提高。

二、选择反应时

选择反应时又称辨别反应时，顾名思义是对被试呈现多种刺激，要求被试在多种反应方式中辨别选择符合要求的反应。被记录下来的时间即选择反应时。训练时，学生将大拇指放于等距四种颜色之固定处不能移动，当桌面随机出现某种颜色时，被试立即用手指按拇指前方相对应的按钮，按对按钮被记录下来的时间即一次选择反应时，按错没有成绩，一组10次，平均成绩即选择反应时成绩。学生进行规则预备性训练后进行正式训练。

选择反应时训练的难度明显高于简单反应时。由于选择反应任务难度大、复杂性高，反应时间也更长。

三、反应时训练在心理健康教育中的应用

反应时训练在教育实践中很有价值，举一个实践方面的案例予以介绍：

跨栏世界冠军刘翔的教练孙海平在训练运动员时把起跑时间作为一个重要训练项目，特别是对刘翔的每次训练和比赛状况进行分析时，总会将起跑作一个仔细分析，从而有针对性地进行专项科学训练，提

高起跑反应时。在日益重视体育的基础教育中，反应时训练可以有效提高很多体育项目的成绩。

在各学科练习中有一个考试或练习项目，即选择题（单项是非题和多项选择题），而这正是对学生正确反应的检查，既考验反应时间又考验正确性。

由此可知，反应时训练能有效提高中小学生的学习能力。

第二节　手指灵活性训练和认知发展

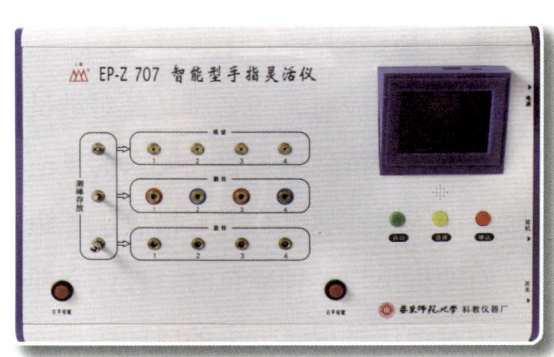

图 4-2　手指灵活仪

手指灵活性是人类生活中的基本技能，更是人们顺利完成相关活动所必需的心理特征。学生手指灵活性训练包括三部分，即手指插拔灵活性训练、手指翻转灵活性训练和手指旋转灵活性训练。

（一）手指插拔灵活性训练

训练开始，学生单手从插针存放处取出插针，按顺序迅速插入右边插孔，俟插针发出"嘀"的提示声，说明第一插孔任务完成，接着马上拔出插针，再相继完成第二、第三插孔训练任务，然后换另外的手进行训练，也完成前述任务，则视为一次操作训练。每次插拔任务完成，成绩贮存于右上方计算机系统。

（二）手指翻转灵活性训练

训练开始，学生左手压住仪器左上角铜触片，右手从存放处拔出磁性插棒，按插棒棒端颜色尽快插入右边训练区相同颜色的孔中，当仪器发出"嘀"的提示声，迅速拔出插棒并将插棒翻转另一端插入下一孔中，依次完成规定时间（一般设置为1分钟）的翻转插入任务，左右手轮流训练。训练结束，训练仪显示训练成绩并存于计算机系统。

（三）手指旋转灵活性训练

点击"旋转能力"按钮，阅读指导语后点击任意位置进入正式训练。

学生左手压住左上角铜触片，右手从存放区旋出螺栓并迅速旋入右边训练区任一训练孔中，听到"嘀"的提示声后马上旋出螺栓并置入邻近训练孔，再旋入到听到声音信号，如此重复至设定训练时间（一般为1分钟）结束，然后换手训练。训练结束，屏幕上呈现训练成绩并存入计算机系统。

（四）手指灵活性训练仪在基础教育中的应用

手指灵活性与中小学生的学习有什么关系呢？关系很大，表现在以下方面：第一，手指灵活性反映的是精细动作的能力，早期的训练，使正处于脑发育阶段的孩子的大脑受充分的刺激而得到积极的发育。第二，手指灵活性的能力对需要精细手指活动能力的学习内容有很大的影响和制约，例如学习钢琴、小提琴等乐器。任何乐器的弹奏都需要手指活动的灵活性和灵敏度，而这种灵活性和灵敏度就需要在不断的训练学习中得以发展和提高。随着素质教育的深入，很多学科越来越被重视，书法、绘画、体育、舞蹈、计算机应用都需要具备手指灵活性的能力，因此，手指灵活性的训练具有很大的教育教学意义。

既然手指灵活性对学生的学习十分重要，那么就需要教师对每一位学生的手指灵活性能力的程度和水平有个基本的认识,并在此基础上为之设计个性化的课程,使每位学生的能力都得到提高。

第三节 深度知觉训练和认知发展

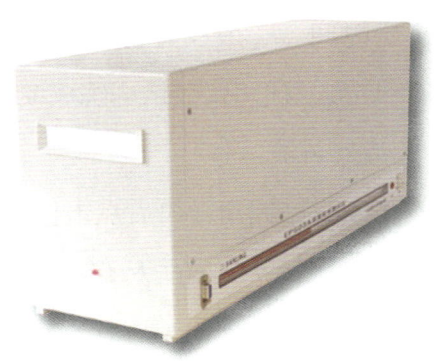

图 4-3 深度知觉仪

在汽车走进千家万户的同时,驾驶员的体检培训考核已成必需的职业岗位要求,其中有一个检测项目就是深度知觉检测,因为深度知觉水平直接关系到驾驶员的安全。

一、深度知觉仪的构造和操作

深度知觉(也称"运动知觉""距离知觉""立体知觉")是空间知觉的重要类型,主要是个体对物体远近或三维特征的知觉。深度知觉仪又称霍瓦-多尔曼(Howard-Dolman)知觉仪,主要用于测量人的深度知觉品质特征。

深度知觉仪是根据赫尔姆霍茨(Hermann von Helmholtz)的三针实验原理制成,所以又称赫尔姆霍茨知觉仪。深度知觉仪是众多知觉训练仪中应用广泛的知觉仪器。

该仪器的外形是一个长方筒,筒内有三根直棒,其中左右两侧的直棒是固定的标准刺激,中间一根可以前后移动的直棒是用于操作的比较刺激。在筒外有一连线，一头与可前后滑动的中间直棒相连，另一头在筒外连着操纵中间直棒前后移动的按钮供学生训练用，连线长2米。操作者通过仪器外一个长方形窗孔观察两根固定的直棒，遥控按键来调节中间可移动直棒，使直棒处于两固定直棒的同一条直线上，形成三点一线。操作者从观测孔中认为可移动棒已移动成和固定棒为三点一线，则视为一次操作完成。仪器外侧标有刻度，告之操作者移动棒的位置与固定棒位置的误差。仪器外刻度越趋近于"0"则说明操作者的深度知觉越好，越偏离"0"说明操作者的深度知觉越差。

二、深度知觉的应用意义

深度知觉有广泛的应用价值，汽车驾驶员的深度知觉水平直接影响行车的安全，很多追尾事故的发生与深度知觉的距离判断错误有关。《心理科学》1996年第二期崔恒富、李俊伟的署名文章《港口门机事故驾驶员与非事故驾驶员身心素质比较》的实验研究中引入了深度知觉仪（还有双手协调仪和棒框仪等仪器），研究结果证明了深度知觉水平与吊机事故存在高度相关。这个研究为单位门机司机人－机匹配的选拔、培训、转岗提供了科学依据。

当我们在欣赏激烈的NBA篮球赛时，常常惊叹运动员的超远距离的三分球技术，是否想过这是深度知觉的正确性？而这正确无误的深度知觉品质正是通过无数次的训练才能铸就。

华东师大何存道教授通过对海员的深度知觉的研究证明了深度知觉品质对海员职业的重要性。实验结果表明，在岗海员的平均误差值显著低于尚未上岗的学员的平均误差值（$P < 0.05$），而不同年龄、工龄之间深度知觉差异并不显著。这就为海员的选拔和训练提供了科学的依据。

三、深度知觉仪在基础教育中的意义

首先我们从很多优秀的行业和个体身上可以看到深度知觉的价值，同时也看到深度知觉的能力可以通过训练加以提高，由此证明中小学生的深度知觉能力也同样可以通过科学的训练得到提高。体育学习中很多项目都与深度知觉能力有密切的关系，例如跨栏、接力的成绩与深度知觉明显相关。在跨栏跑中对每一个栏的距离和跑步数必须形成精准的距离感方能取得好成绩。400米接力对给接棒双方的深度知觉判断要求高，前后双方在速度、距离、传接上都要求严格的深度知觉判断，才能做到恰到好处地传接棒，又如跳高、跳远、体操几乎都需良好的深度知觉作保障。

除了体育，其他学科也或多或少地存在着对深度知觉的要求，如立体几何中存在深度知觉的学习意义等等。

四、深度知觉的训练

深度知觉仪是用于提高中小学生对距离的判断能力的专门训练仪器。对深度知觉的测评有助于学生加深对距离的认知，教师掌握每个学生的深度知觉品质特征，也有利于安排学生在集体活动中扬长避短，充分发挥学生的潜能。深度知觉是空间知觉中的重要类型，为增强学生对深度知觉的了解，还可引入方位知觉、大小知觉等仪器，其中知觉恒常性也是被经常应用于实践的心理仪器。知觉恒常性也称大小恒常性训练，它是由两个相同的测试板组成一对，一个由主试掌握，主试将固定高度的板中央的白色三角形调到一定大小，被训练者在规定的距离外目测主试所调白色三角形的大小，然后将自己身边的面板上的白色三角形调到与对方所设三角形大小相同。将调整后的大小与对面面板白色三角形比较，其中误差即大小知觉的恒常性。

五、知觉中的特殊现象——错觉

错觉是知觉的特殊形式,是在客观事物作用于感官时产生的对客观事物主观上的扭曲,它有别于幻觉(幻觉是缺乏相应客观刺激时的感知体验)。当错觉产生时,客观事物的长度、方向、位置、运动、弯曲等特征受到扭曲而被错误地知觉。错觉的产生既有客观原因,也有主观原因。错觉具有很大的实践价值,对中小学生的学习有很大的影响,特别是数学、物理等学科,对学生解决面对的问题具有重要意义。错觉有着很多种类,一般认为有"几何图形错觉""时间错觉""运动错觉""空间错觉"等几类;根据产生错觉的感受器分,错觉包括视错觉、听错觉、味错觉、视听错觉、运动错觉。

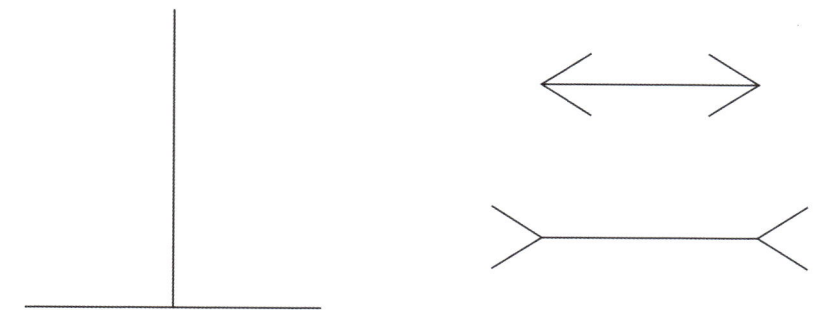

图 4-4 左:横竖错觉 右:缪勒-莱尔错觉

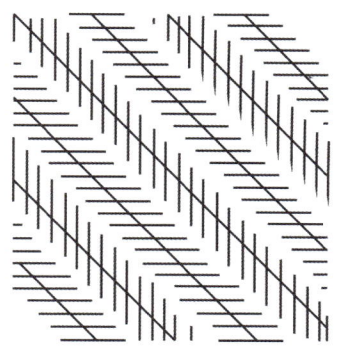

图 4-5 松奈错觉

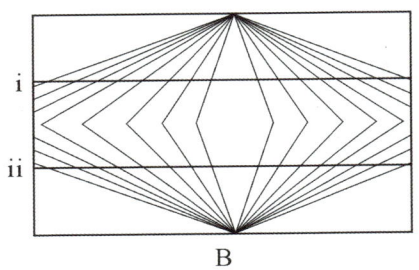

图 4-6 冯特错觉

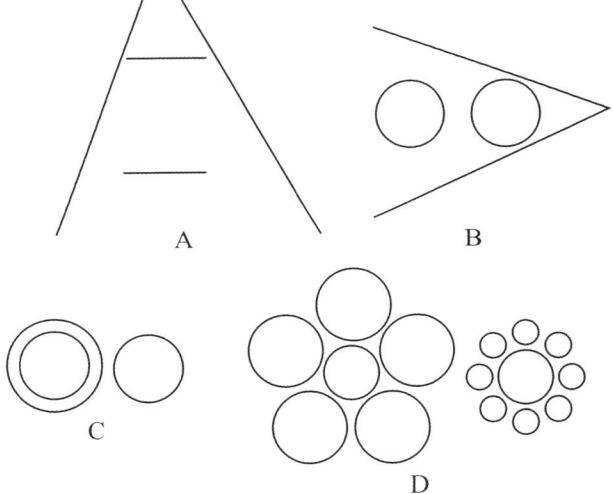

图 4-7 上：庞邹错觉 下：德勃夫错觉

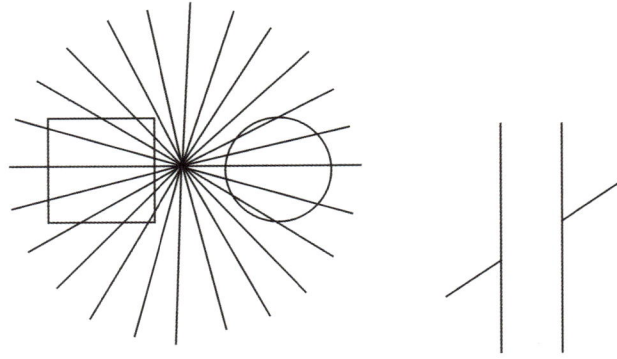

图 4-8 左：奥尔比逊错觉 右：波根多夫错觉

大小错觉是指大小或长短一样的物体，看起来似乎存在大小或长短的不同，常见的大小错觉有多种。

（1）线条横竖错觉（horizontal-vertical illusion）。两条线段长度相等，一条垂直于另一条的中点，这时的垂直线段看起来比水平线段长一些的错觉现象。研究发现要在主观上使水平线与垂直线等长，水平线段要加长 30%，当水平线段长度为 8—50mm 时，这种错觉最为明显。

（2）缪勒-莱尔错觉（Muller-Lyer illusion）。两条等长的线段，因两端箭头方向相反，看起来箭头相对的线段比箭头相背的线段要长得多。实验证明，主观错觉估计两者相差 25%—30%。

（3）庞邹错觉（Ponzo illusion）。庞邹错觉包括庞邹透视错觉和庞邹大小错觉两种。庞邹透视错觉是指等长的两条平行线，因受到两边纵向斜线的影响，看起来上面的线段要比下面的平行线段要长些。庞邹大小错觉是指看同一图中两个同样大小的圆形时，近角顶端的那个看起来显得比离角端远的那个大些。

（4）德勃夫错觉（Delboeuf illusion）。德勃夫错觉是指因对比而诱发的面积大小上的错觉。几个面积相等的圆，在大小不一样的圆作背景的情况下，看起来显得不相等的错觉现象。

（5）贾斯特罗错觉（Jastrow illusion）。两个完全一样的扇形环进行上下排列时，因对比而看上去上面的环小些，而下面的环大些的错觉现象。

（6）月亮错觉（moon illusion）。月亮在接近地平线时看起来比悬于头顶时要大得多的错觉，这是因两者的参照物不同，即将升出地平线的参照物为树木房屋，所以显月亮大，而悬于头顶时的参照物为苍穹，所以月亮显得小。

2. 形状和方向的错觉

（1）松奈错觉（Zollner illusion）。松奈错觉是指当一组平行线被不同方向的斜线所截时，看起来失去了平行线的特征。

（2）冯特错觉（Wundt illusion）。指两条平行线被多个方向的附加线段所截时，看起来失去了平行线的特征，显得向内弯曲。

（3）奥尔比逊错觉（Orbison illusion）。一个正方形和一个圆形，附上相交于一点的数条线条后，正方形看上去并非正方形，圆也并不是圆。

（4）波根多夫错觉（Poggendorf illusion）。当一条直线被两条平行线遮断后，看上去被遮断分割成的两条线段似乎不在一条直线上。

（5）楼梯错觉（staircase illusion）。当你注视初看是正放的楼梯几秒钟后，这正放楼梯似乎又成了倒放的楼梯。

（6）格里德火花错觉（Grid illusion）。当你长时间注视眼前黑底白格图案，会发现白格交叉点上会跳跃性地出现火花。

错觉的实践意义很大，利用错觉可以促进人们的审美认知，如服装设计、广告设计等领域，而在基础教育领域的学科教学中可充分利用错觉提高学生的思维能力。

第四节　警戒仪训练和认知发展

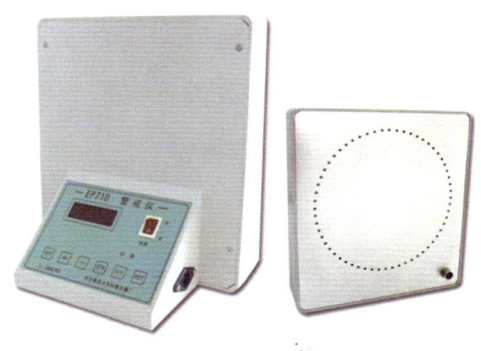

图 4-9　警戒仪

警戒是指个体在一定环境中为觉察特定的、难以预测又较少出现的信号所保持的准备状态，是一种持续性的注意。警戒仪能在预设时间内判定训练者对无规则序列刺激的能力，从而评估训练者练习的进步曲线。警戒仪的应用领域广泛，它不仅适用于中小学生注意力的训练，也适合很多社会应用领域，例如气象、雷达的观测，警察、军人的灵敏度训练。某市公安局对新入职的警察进行培训，其中引入了警戒仪的训练。培训学习结业典礼上，上级领导听取了学员的汇报，其中相当部分的学员在总结汇报时都提到通过心理仪器的训练，自己拔枪的反应速度明显加快了。领导听了汇报十分兴奋，拔枪速度快往往是警察面对穷凶极恶的罪犯时的制敌法宝，也是自我防卫的重要保证。警戒仪训练受到高度好评。

一、警戒仪的构成和操作

警戒仪由两部分组成，一部分是操作面板，另一部分是训练面板，其中的训练面板由 60 个沿圆形边均匀分布的小灯泡构成。训练时，小灯会从起始位沿顺时针方向依次闪亮，在随机的某一时刻，小灯会突然跳空一个而直接点亮隔位，此时训练者立即作出反应并按键，说明训练者已正确判断出这一现象，若在规定时间内（设定 2.5 秒）未能作出反应，则记录错误一次。训练结束后训练者（学生）或指导者（老师）根据事先告知的训练结果的参数设置提取查阅训练成绩。整个警戒仪操作面板由四部分组成：参数设置键、启动测试键、格式选择键、查阅测试结果键。

仪器工作时，小灯能以一定的信号密度和一定的占空比从起始位置沿顺时针方向依次闪亮。计分规则：当出现小灯跳空时，训练者在 2.5 秒内按回答键响应，则记为正确反应，答对次数上自动加 1，如果出现跳空而不能在 2.5 秒内按回答键响应，或在未出现跳空时错误地按了回答键，则记录反应错误，在答错次数上自动加 1。

二、警戒研究的发展过程

1987 年 5 月 28 日 19 点 30 分，19 岁的联邦德国汉堡航空俱乐部的一名业余飞行爱好者马蒂亚斯·鲁斯特，驾驶一架租用的塞斯纳 172 型飞机经过长途飞行在苏联红场降落。此小伙子仅有约 40 小时飞行记录却能突破当时的世界超级大国的防空网，震惊了世界，而苏方就此事追责，致使国防部部长至防空部部长等多名高官下台。

这个故事反映出苏联司职防空系统的军人犯了最低级的警戒失误。这虽然是一个偶然事件，但说明了警戒的重要性。

警戒主要是以监视、检测、搜索等任务形式出现于社会各领域的人-机界面中（如空中交通管理、工业质量控制、自动化作业、核电站中央控制室、机车车辆驾驶等）。当前关于警戒的研究已成工程心理学的重要领域。

早在 1932 年，人们就开始从事视觉检查任务的绩效变化研究，而对警戒研究的强烈兴趣则源自第二次世界大战的军事问题。英国海军司令部要求麦克沃斯（Mackworth）为从事监视任务的人员提高作业效率提出一些实质性的建议，从而开创了警戒的研究。麦氏实验证明，长时间从事监视作业，绩效会下降。此后，人们在实验室情境下研究了大量影响警戒绩效的变量。其中除作业时间外还包括"信号密度""信号规律性""信号显著性"等信号的物理性质、刺激密度和任务类型等。早期的警戒研究表明，强烈的信号更容易被察觉，信号持续的时间越短，警戒的下降越大。只有信号持续时间大约在 2—4 秒时，持续时间才可能是至关重要的，超过这一临界时间，持续时间对警戒作业没有影响。而且信号密度与显著性之间还存在着交互作用，在高刺激密度和高显著性情况下对信号的觉察是低刺激密度的两倍。1999 年，我国心理学家杨治良先生等运用信号检测论对短时作业中警戒绩效的影响因素进行了实验研究，用自制的警戒仪对作业时间、信号密度及信号显著性三个因素进行探讨，结果发现，在一小时内的作业中，警戒绩效不随时间的延长和信号显著性的加强而改变，只有当信号密度变化时警戒绩效才会发生变化，即随着信号密度的增加，被试的辨别力也增强。

警戒研究的趋势，一方面是警戒研究自身的发展和要求，另一方面是来自实际需要的推动，如认知性警戒研究和自动化的可靠性研究。前者为警戒研究自身的发展性研究，后者为社会实践中的警戒研究。

三、警戒仪在中小学教育领域的运用价值

纵观警戒应用研究的领域，尚未有对中小学教育领域的应用性的研究或实践运用，其实警戒在基础教育中也有着广泛的应用价值。由

于警戒仪是用于测量在预设时间内被试对无规则序列光刺激的判断能力并借此观察个体的警戒水平的仪器，所以它同样可以运用于对中小学生警戒能力的评估，更可将其运用于对学生的训练以提高学生相应学习活动的能力。

例如，对通过警戒仪检测发现的反应滞后的学生，可制订针对性的警戒训练并将训练成绩描绘成练习的进步曲线，增强学生的信心，提高其警戒反应的能力。对于老师来说，通过学生警戒测试的结果，可设计因人而异的训练计划，做到有的放矢的系统训练。警戒水平的提高可以让学生的学习更有效，更自主，更自信。

训练警戒能力的另一作用为筛查警戒缺陷的学生和警戒超常的学生，并为之建立特殊教育方案，使他们在专门的教育机构中得到专家系统的训练。最终，让警戒或缺陷或落后的孩子在专门系统训练后警戒水平和能力得以提高；对警戒水平和能力超常的学生设计与其能力相匹配的科学训练方案，激发潜能，使其警戒能力得到进一步开发，为以后胜任专业需要的职业提供助力，如田径运动员、球类运动员以及飞行员等对警戒能力要求较高的职业。

如今随着科技的发展，很多现代化的电教设备进入了中小学的课堂，这减少了教师课堂板书的时间，只要连上电脑打开PPT就开始进入教学，但学生的课堂效率却是需要斟酌思考的一个问题：学生对于这种教学方式的警戒能力是否相同？曾有某初中开了数学、外语和历史三堂公开课，其中数学和外语教师使用电脑PPT，历史教师用传统的一支粉笔进行教学，观摩听课的专家在课后评价时对历史教师的教学给予了充分的肯定，她的一支粉笔充分表现了教学直观性，满足了同学之间的警戒能力的差异。PPT固然节约了书写时间，但忽视了学生警戒能力的差异，所以教师应该探索出最合适的授课方式，即根据学生的警戒水平设计教学，教有法而无定法是切中肯綮的要求。

另外，在如何因时因地因学科之宜地教学上，有对警戒任务进行的研究，其中发现信噪比会影响学生对信号的鉴别能力，即信噪比越低，学生对信号的鉴别能力越弱。在课堂教学中，教师所授学科知识如果太难或太容易，那这些知识对于大多数学生来说只能是噪声，从而大大降低了信噪比，同时也降低了学生对课堂中有效内容的鉴别能力，所以老师在课堂上教授的知识应该对大多数同学都是适宜信号，这样才能提高课堂教学的有效性。

第五节　动觉训练仪和认知发展

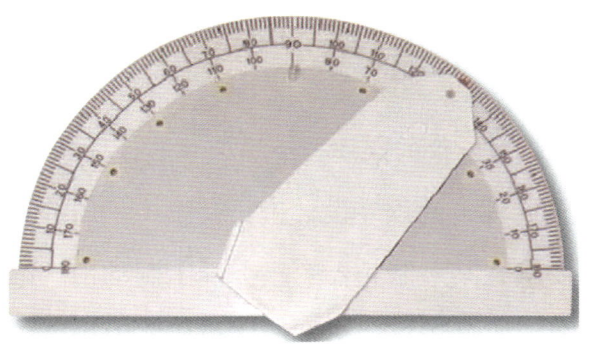

图 4-10　手腕动觉方位辨别仪

动觉是自我辨别身体姿势和身体某一部分运动趋向（如肌肉收缩和拉伸）的内部知觉状态，手腕动觉方位辨别仪是测定个体手位位移时的知觉判断特征以及腕关节活动方位控制能力的认知训练仪。训练时，心理老师任选一个角度作标准刺激，让学生认真体会各关节所处部位后进行复制，以其成绩与标准间的差异多少来判断手腕方位知觉的能力。在心理辅导中可作为手腕认知训练仪器，用于提高学生的动觉认知能力。

一、手腕动觉方位仪的构成

手腕动觉方位辨别认知训练仪由三部分构成：（1）仪器由半圆面板和手腕旋臂机构统一安装在底板上。仪器半圆面板上有0—180度的上下两行（正负）刻度，旋臂托架顺时针或逆时针方向旋转时均可用指针指示出读数。（2）在标尺内缘装有九个套座，0—30度间隔为30度，30—150度间隔为20度，用于插入制动销。（3）手腕旋臂的反面置有活动杆，当在设定的某一转角位上插入制动销时，旋臂转至该转角位时即被制动销所挡而止住，作为手腕重复操作时的旋角参照基准。

挡杆的挡位角度是在小范围内可以摆动的活动杆，在旋臂被挡时应使指针在左旋和右旋时指向同一正确的整数位角度，应用挡杆两侧的限位螺栓予以锁定。

二、手腕动觉方位仪的操作

学生训练按照规范的程序设计进行：第一，训练者戴眼罩遮上眼睛，根据训练要求在某一制止器套座上插上制动销。第二，训练者手腕放在旋臂上，手掌处于旋臂后部的定位座，中指置于前端槽口内。第三，训练者用右手腕按顺时针方向旋动，用左手腕按逆时针方向旋动，直到能旋到制动销为止。要求训练者此时记住自己手腕所处的位置后，手臂复位。第四，心理老师拔去制动销，然后让训练者重新摆动旋臂，力图使其达到先前的制动位置时停住，并告之老师。第五，老师记下旋臂前端红指针所指的刻度值，并与制动位的角度进行比较，通过差异值来辨别训练者手腕的动觉方位认知能力。第六，改变制动销角度，重复上述训练步骤。第七，按上述程序重复做若干次，将结果进行比较，检验训练者动觉认知的练习效果。

表 4-1 动觉训练记录表

标准幅度（度）		20		45		70	
起始位置（度）		0	90	0	90	0	90
复制误差	1						
	2						
	3						
	4						
	5						
平均值							

三、手腕动觉方位仪训练在基础教育中的意义

通过手腕动觉方位的训练可以提高学生空间方位的认知水平和能力，而学生在仪器上获得的练习进步曲线能够通过迁移形成生活和学习的能力。在社会生活中学生获得的手腕动作方位能力对其空间方位的认知和运动中的距离把握有助于学生社会能力的提高，而对于学生在学校的某些学习内容同样具有训练后的迁移价值，学生在跳高、跳远、跨栏及球类的学习中，正确的空间方位认知可以有效地提高学习成绩，例如跳远中正确估计助跑步幅与起跳标志之间距离的认知判断可以有效提高跳远成绩，篮球运动员准确把握投篮距离，那么就能大大提高投篮得分能力。

第六节 时间知觉训练和认知发展

中小学生在时间知觉上出现的差错常常会对学习产生影响，例如

考试时总有一些学生在规定的考试时间内完成不了考卷，是不是时间不够呢？非也！是因为对考题解答时间的分配不合理，也即在某些题目上耗时太多，或者说是学生的时间知觉不准确。如果能正确合理分配时间，那么考试时间是足够的。

何谓时间知觉？时间知觉是人对客观事物的持续性和顺序性的主观反映，也就是说时间是客观的，但每个人对其长短多少的感知是不同的。

时间具有三大特征：不变性、无替代性和无储存性。不变性特征是指时间对所有人是公平的，童叟无欺，没有厚此薄彼，不为尧存不为桀亡，其顺序不变，其先后不变。无替代性说明时间乃千金难买之物，是金钱、地位、权力所不可求得的。无储存性则说明时间不是如货物财宝般可以储存起来，浪费了的时间不可能找回来，今日事今日毕乃是人们共识。

正是对时间这三大特征的重视，我们自古以来就有惜时如金的说法。古人教诲孩子时常说"一寸光阴一寸金，寸金难买寸光阴""流逝之水不复返，光阴一去不复回。今日之事今日做，不让时间白流尽"。明代文嘉作《昨日歌》以示对时间的珍惜："昨日兮昨日，昨日何其少！昨日过去了，今日徒烦恼。世人但知悔昨日，不觉今日又过了。水去汩汩流，花落知多少？成事立业在今朝，莫待明朝悔今朝。"他又有《今日歌》留世："今日复今日，今日何其少。今日又不为，此事何时了？人生百年几今日，今日不为真可惜。若言姑待明朝至，明朝又有明朝事。为君聊赋今日诗，努力请从今日始。"

之所以抄录这么多先人珍惜时间的诗话，正是为了说明时间知觉对我们尤其是青少年学生的重要性。

时间知觉包括"时间分辨（按时间顺序区分各种活动）""时间确认（对当前时间状况的觉知）""持续时间估计（凭经验对客观事物顺序延续的认知）""时间预测（对时间顺序推论并以此认知未来时间）"。时间知觉的认知训练可在时间知觉训练仪上进行。

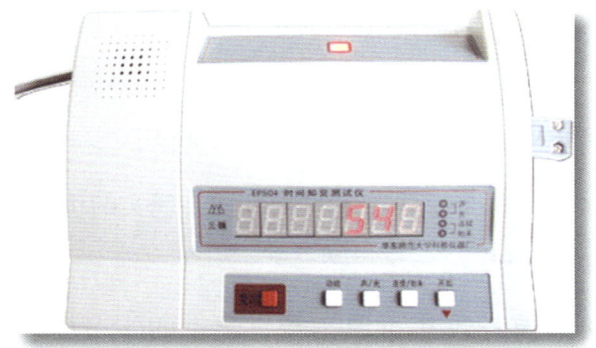

图 4-11　时间知觉训练仪

一、时间知觉训练仪的作用

时间知觉训练能有效地提高中小学生对时间的准确把握，从而使其较好地完成学习任务。

时间知觉训练仪是时间知觉训练的基本仪器，这个仪器可用于多个方面：（1）检验各种因素对时间知觉的影响。（2）检查训练个体（学生）的自我估计在时间估计中的作用。（3）测试个体（学生）在时间知觉上的阈限。（4）检验刺激的不同呈现方式对估计时间的影响。（5）帮助学生学习用复制法研究时间知觉。该仪器的常用刺激分为光刺激和声刺激两种，可用以区别不同感觉器官对时间知觉的影响。训练通常采用复制法进行，即先呈现一个标准时间间隔，然后让学生按标准时间间隔进行复制。

对时间长短的估计，经常会受到生理和心理诸因素的影响，时间知觉训练仪可用于对学生时间知觉的训练，根据训练的要求产生声、光刺激节拍，即以两次光（或声）之间的时间间隔作为刺激变量。它可用调整法测量训练对声、光节拍的估计误差，也可用恒定刺激法训练学生对声、光节奏反应的差别阈限，还可以控制学生按一定节奏进行时间知觉的训练，同时能作为简单的节拍器，发出不同节拍的声光信号。

二、时间知觉训练对学生认知发展的意义

时间知觉的认知训练对学生的学习具有现实的价值和长远的意义。

（一）时间知觉训练的现实价值

时间知觉训练的现实价值是指对学生的学习绩效价值，时间知觉的训练既可提高整体学习绩效，又对某些学科某些活动具有特定的效果。

1. 对整体学习的价值

时间知觉的训练可以提高中小学生对时间资源的认知，进而使其合理有效地使用时间。美国教育心理学家齐莫曼（B. J. Zimmerman）的自主学习心理学指出，一个自主学习能力强的学生在学习的"何时学"的科学问题上表现出时间认知上"时间控制能力强，能定时而有效地进行时间计划和时间管理"。这种自主学习的时间管理的培养和训练在中小学生学习中应重视几个方面：一是时间顺序的培养和训练。例如，学生放学回家是先做作业再玩还是先玩再做作业，就是时间顺序的管理。二是采用一定的科学有效的方法和策略来训练适合学生自己的时间知觉和时间观念，即抓住两头、管好三块、把握四段。"抓住两头"

是指早上起床时间和晚上睡觉时间：早晨起床，人的大脑特别清醒（少了一个前摄抑制），晚上上床入睡前记忆效果很好（少了一个倒摄抑制），这两头不要浪费在无谓的吃穿的计较和手机游戏上。持之以恒养成习惯，就会感受到这种时间训练的效能。"管好三块"是指三个有效学习的时间段：一是早晨起床到出门上学的时间，二是下午放学后到晚餐前的时间，三是晚饭后适当休息后到上床入睡的时间。"把握四段"是指把握好一天中学习的最佳时间段，第一个时间段是清晨6—7点钟，经过一晚上睡眠已消除昨日疲劳的时间。第二个时间段是上午8—11点，这时学生精力旺盛，学习效率很高，接收信息能量大，所以学生在课堂要认真听课，认真做笔记。第三个时间段，是下午3点左右到晚饭前，经过适当午休后，学生的脑疲劳得到了缓解，大脑活动兴奋性逐渐增加。第四个时间段是晚饭后的适当休息帮助消化，此时环境趋于安静，学生精力容易集中，逻辑思维清晰，这时对所学习知识进行系统的整理复习是很有价值的。

上海电视台有一次邀请心理学专家和一部分心理学工作者与小学三、四年级学生一起做一档节目，其中有一个内容是小朋友放学回家后先做作业还是先玩。当主持人问孩子时，有的孩子说先玩，有的孩子说先做作业。那些坐前排的心理学工作者说，先做后做作业都没关系，只要孩子开心快乐就可以了。这个解释完全是错的，错在一是偷换了概念，把做作业和快乐这两个并列概念视为同一概念。二是错在他们并不知道这是一个经典的理论，即艾宾浩斯遗忘曲线。专家对此经典理论作了图文并茂的解释。

学生常常在考试中的时间分配上出现顾此失彼的现象，尤其是比较重要的考试，学生在做试卷时还常常伴有较高的焦虑，这就会影响学生做试卷时的心态，令其思维固着而在某些题目上花时很多，造成顾此失彼。如果学生能学会时间的分配，就不会在某自己不擅长或一时想不到解题方案的内容上纠缠过久，而历经时间知觉训练的学生就有能力合理安排和分配时间。

2. 对特定学科特定活动的价值

学生某些学习和活动对时间的使用很敏感，例如长距离赛跑就需要合理安排时间并以此节奏安排速度的掌握，若只是一股脑发力奔跑，结果会后继乏力而被淘汰。学生参加各种演讲比赛时，时间节奏尤为重要，包括情绪的安排都需要把握时间，就像一部话剧，何时进入高潮，多长时间结束，都要有准确的时间安排。

（二）时间知觉训练的长远意义

很多学生做作业磨磨蹭蹭，这是缺乏时间知觉的表现。及至成了习惯，走上社会，这拖延症就再难解决。当人们把"时间就是生命"当作宣传口号时，就意味着时间对于每个社会人的价值，它是效率，它是稀有资源。只有使自己成为时间的主人，才能提高生命的数量和质量。

第五章
注意训练和认知发展

本章内容提要

◎ 注意的心理学基本理论
◎ 学生注意品质对学习过程的影响
◎ 注意训练仪的结构和操作运用
◎ 注意训练仪在基础教育中的应用

某市某小学心理老师设计提高小学生注意稳定性的训练方法：在乒乓板上放一乒乓球，然后手持乒乓板走规定线路和距离，以此训练学生注意稳定性品质。当专家询问如何对小学生的训练成绩予以精准记录并形成训练进步的曲线这个问题时，心理老师坦率回答无法对此进行量化记录和分析，这不能不说是注意品质训练中的遗憾。

在一次中学老师论文答辩会上，有一位老师的论文是其研究使用了一种具有创新价值的教学方法，该教学方法可以有效提高学生的课堂注意力，由于学生课堂上注意力提高了，所以学习成绩明显提高。这显然是一项很有价值的研究，而且是学科老师运用心理学的原理和方法的有益尝试。专家在提问环节问了三个小问题：第一个，在采用这种教学方法之前学生的注意在何水平上（任何一个注意品质都可以）？第二个，在采用这种教学方法之后学生的注意在何水平上？第三个，前后注意品质的差异有无统计学意义？结果老师一个问题都回答不了，显然，这位老师的教学研究只是一个经验总结而非科学研究（当然必须肯定其付出的努力）。

第一节　注意的特征和功能

注意是指人的心理活动对特定对象的指向和集中。注意是人们一切活动的基础，美国心理学家詹姆斯（Willam James）说："注意是以清晰生动的形式，让数个同时可能的物体或思维序列之一占据心灵……它意味着为了更有效地加工一些刺激，其他的要退缩出来。"

注意最基本的功能是对刺激信息的选择及选择后的关注。学生要进行任何生活、学习、交往活动，都必须选择自己认为重要的信息，排除或屏蔽无关刺激信息的干扰和影响。注意是与意识紧密联系在一起的心理现象,不过它既不同于意识,也不同于感知和思维等认知过程。"注意是意识或心理活动在某个时刻所处的状态,在人的心理活动中处于非常重要而特殊的地位。"(梁宁建《心理学导论》第93页)无论是知觉还是记忆、思维等心理活动过程,都离不开注意的参与。所以,注意是一切认知活动的基础,没有注意一切活动都不可能进行,更不用说完成了,前面知觉训练章如此,后面各章的学习也同样如此。

一、注意的基本特征

注意的定义中已揭示了它的两大特征——指向性和集中性,这两大特征说明了注意具有方向和强度上的特征。

注意的指向性特征是说人的心理活动或意识总是有选择地反映一定的事物,同时罔顾和忽视其他事物对象。例如上课时学生的注意总是指向老师的讲解、动作、板书而忽视周围同学的举止动作。注意的指向性存在着个体差异,这种差异与其已有的知识经验、人生阅历密切相关。

注意的集中性特征是指人的心理活动或意识停留在被选择事物上的强度和紧张度,它使人的心理活动或意识离开无关事物并且抑制无关和多余的活动,保证活动得以顺利进行。人们常说的"聚精会神""心无旁骛"正说明了注意的集中性。注意越集中,对事物的反映越清晰,同时对其他未被注意的事物就越视而不见,与此同时,注意事物的范围变得越发狭小。注意的集中性特征反映了人在意识活动中阻止无关信息进入人脑的特点。例如学生在全身心投入考试时,对从外面进教室的人不会加以注意。

注意的指向性和集中性特征是注意状态的两个方面。注意指向性是集中性的前提,注意集中性是指向性的后续发展,二者紧密相连。

注意不是独立的心理过程,而是一种心理的状态,是伴随一切心理活动共同的心理特征。也就是说注意总是和各种心理品质联系在一起的,例如你在思考什么事情,注意也必然指向和集中于该事情上。另一方面注意总是表现在各种心理活动之中,它是一切心理活动的滥觞并伴随着心理过程进行,总是表现为指向于心理活动所反映的事物。可以想象:如果没有注意,人们哪里可能存在感知、记忆、思维等认知?

注意在学生的学习、生活等一切活动中具有十分重要的作用,学生的学习、生活要获得好的成效,首先要有高质量的注意,因为这是完成学习等活动的必要条件,我们的老师在上课时经常要求学生注意听课,正说明注意对学习的重要性。

二、注意的功能

注意具有很多重要的功能,主要的是选择功能、维持功能和调节监督功能。

(一)选择功能

注意的选择功能,表现为人们的心理活动指向那些有意义的、符合需要的、与当前活动相一致的刺激,避开或抑制那些无意义的、附加的、干扰当前活动的刺激和信息,具有一定的指向性。

在学生的学习环境中存在大量的刺激信息,这些刺激信息有的对学生很重要,有的没有价值。学生在学习和生活中必须选择对其学习有价值的信息,排除与学习无关的刺激信息的干扰。如果没有对学习的注意,学生的心理活动就会出现偏差或游离,那就会直接影响学习的成效。

(二)维持功能

注意具有维持功能,即当对外界信息进入知觉思维等认知心理过程进行加工时，注意能够把已经选择为有意义、需要进一步加工的信息保持在意识之中。如果没有注意的参与，外界通过感觉器官输入的信息就无法转换为持久的形式保持在意识中而很快消失，只有被注意并转换了形式的信息才有可能进入知觉等认知系统。正因注意的这个维持功能，才能将注意对象维持在意识中得到清晰准确的反映，直至完成任务，达到预期目的。

（三）调节监督功能

注意既表现在稳定持续的活动中，也表现在活动的变化上。当人的注意需要从一种活动转移到另一种活动时，注意就表现出重要的调节和监督功能，使人的活动朝向关心的目标，并且根据需要适当分配和适时转移。另外，人在活动中难免会出现偏离目标的偏差，这时就需要监控来调节和修正活动的偏差。学生上课时要提高效率、减少错误就必须集中注意，而注意出现分散或没能及时转移，往往影响学习的效果。

第二节　注意的品质

学生具有良好的注意品质对于学习的作用是不言而喻的，所以了解注意品质的内容、特点和影响因素，有助于运用注意规律，对于提高学习的自主意识具有很大意义。

注意的品质包括注意的广度、注意的稳定性、注意的转移和注意的分配等。

一、注意的广度

注意的广度也称注意的范围，是人在一瞬间意识能觉察和知觉到的对象数量。在视知觉广度的研究中，在1/10秒内，知觉到的刺激物数量可以作为注意广度的指标。心理学实验证明，成人一般能把握8—9个黑色圆点，4—6个无关联的外文字母，3—4个几何图形，3—4个没有逻辑关系的汉字，5—6个有关联的汉字，这个实验说明人的注意广度是有限的。人的注意广度有限，但非固定不变，注意广度存在个别差异，有的人大，有的人小。

（一）影响注意广度大小的因素

注意广度的大小取决于以下方面的因素：

1. 注意对象的特点

注意广度的大小因对象的特点而变化。一般规律是注意对象越集中、排列越规律、相互联系成整体，那么注意的广度越大。比如，对大小相同字母的注意广度要大于大小不等的字母，对颜色相同字母的注意广度要大于不同颜色的字母，对排列整齐的字母的注意广度要大于无规则的离散的字母，对具有内在联系材料的注意广度大于无联系的材料。

2. 注意者个人的特点

（1）个人知识经验对注意广度的影响。人的知识经验越丰富、知识结构越完整，注意的广度越大。美国心理学家蔡斯（Chase）和西蒙（Simon）1973年进行了一个实验，被试分别是国际象棋大师、中级棋手和新手，让他们注意同一盘棋局后复盘，发现大师复盘成绩远远优于新手，也高于中级棋手，中级棋手虽也优于新手但优势不明显。但在没有规则随便放子的时候，三位棋手复盘没有差异，这说明知识经验能够帮助注意者建立注意对象之间的内在联系，从而取得好的成效。学生学习阅读时，由于注意广度小，所以阅读速度缓慢且时有差错；随着能力的提高，阅读速度不断加快，注意的广度也不断扩大，古人说"一目十行"也非虚言。

（2）注意者的活动任务对注意广度的影响。活动任务不同，人的注意广度会发生相应变化。任务多且复杂，消耗的认知资源多，注意的广度就小；反之，活动任务少而简单，需要消耗的认知资源少，注意的广度就要大。

例如，要求学生只阅读一篇散文时，学生的注意广度就大些，如果要求学生在阅读散文的同时，还要挑出文中的错别字，这时学生的注意广度就会小很多。

（3）注意者的认知策略对注意广度的影响。注意的广度还会受到注意策略的影响，注意对象的数量会因为采用策略的不同而有所不同。对数量较少的对象只需要直接的知觉注意；对中等数量的对象，可以采用一些策略，如把注意对象分组进行注意；对数量大的对象，则可采用分组和计数结合的注意。

（二）注意广度的实践意义

注意广度在学生的学习实践中具有重要意义，学生学习中，注意广度越大，越有助于学生在较短时间内把握更多信息，也就能提高学习的效率。例如，计算机操作、看黑板做笔记等就需要较大的注意广度。在教学中，学生阅读速度的提高有赖于阅读时注意广度的扩大。

二、注意的稳定性

注意稳定性是指注意在同一对象或活动上所持续的时间，这是注意在时间上的品质。我们说某人在一段时间内能保持高效率，则可以说此人的注意稳定性好。因此，我们可以用某一时间范围内工作效率的变化来表示注意稳定性水平。注意稳定性在人们的工作、生活中具有重要的意义。学生在课堂上保持45分钟的注意才能有效地完成学习。

能够长时间把注意集中稳定在一定对象或活动上,是工作和学习有效的保证,不过人想要长时间地保持不变的注意是件困难的事情。

注意稳定性有狭义和广义之分。

狭义的注意稳定性指注意保持在同一个对象上的时间长度品质。人在长时间注意同一对象时,其注意会不随意地离开该事物并出现一种周期性的变化,即注意的周期性的加强和减弱,这种现象称作注意的起伏,在各种感受器官都会发生,如汽车在隧道里前行,人的视觉会发现车子一会儿似乎在向前开,过一会又似乎是在往后开。

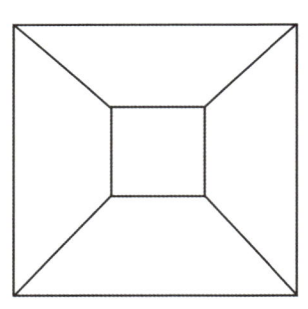 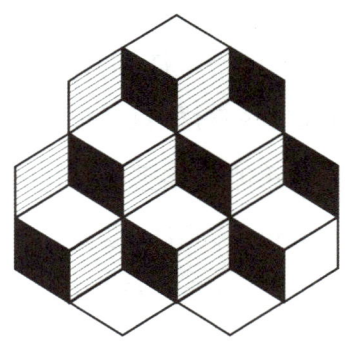

图 5-1　视觉起伏图

这种起伏有规律地周期变化,即使极力保持注意集中,这种变化周期也就 5 秒钟左右。

广义的注意稳定性指注意保持在同一个活动上的时间,也即注意的对象和行动有所变化而注意的总方向和总任务不变。在学生的生活和学习活动中,所涉及的注意品质主要是广义的注意稳定性。例如学生在上课时,虽然一会儿看黑板,一会儿记笔记,还要听老师讲的话,甚至还要跟着老师朗读,似乎在不断地转换注意对象,但都服从于听老师上课的总任务,因此这样的注意始终是稳定的。广义的注意稳定性与注意对象的特点和主体的状态相关。

（一）注意对象本身的特点

在注意任务相同的前提下，刺激物的特征会影响注意的稳定性，例如刺激物的复杂程度和活动状况。注意对象内容复杂多样，注意容易稳定指向对象，反之，注意对象简单、单调而没有变化，就难以形成稳定的注意。人们对活动的事物的注意程度高于静止的事物。据此教师在教学中应尽量设计多样化和活动性强的教育内容和教学形式，以提高学生课堂注意的稳定性。

（二）活动的目的和任务

人们对活动目的和活动任务越明确，那么其注意稳定性程度越高，反之越低。所以教师在教学中首先要使学生明确学习的任务和所要达到的目标，这样才能提高学生学习时注意的稳定性。

学生对所进行的学习活动的意义理解程度也会影响注意的稳定性。对意义理解越深刻，对学习活动的兴趣越浓厚，注意保持时间越持久。教师要让学生明确学习的总任务和阶段性任务，详细诠释每阶段任务的具体实施要求，学生了然于胸就能自主自觉地保持稳定的注意。

（三）注意者本身的主观状态

首先，人们对活动的态度和兴趣，对注意的稳定性有着直接的影响，也是保持注意稳定的必要条件。兴趣会令人神往、废寝忘食、刻苦钻研并从中得到快乐和兴趣。其次，良好的身体状况也是影响人们注意稳定性的重要因素。身体健康使人心情愉悦、精神饱满，这样的身体状况下就容易保持稳定的注意，反之，精神萎靡、过度疲劳、心烦意躁，则不容易集中注意，注意的稳定性就差。最后，个体差异也可以影响注意的稳定性。意志品质坚毅、自我管理能力强的人能保持稳定的注意，反之则难以持久维持稳定的注意。

三、注意的转移

注意的转移是指人根据既有的或一定的目的主动把注意从一个对象转移到另一个对象上，或从一种活动转移到另一种活动上去的过程。注意的转移和注意的分散（也称分心）是两个截然不同的概念。注意转移是个体自觉的行为，是主动的、有目的的、出于当前活动需要的过程，而且注意一旦实现了转移就稳定下来。学生完成了一个学习任务就离开这个学习内容，自觉地将注意转移到下面的学习内容，这就完成了注意的转移。注意的分散则不同，它是一种不自觉的注意变化过程，它会起到干扰当前活动的作用。注意转移和注意的稳定性有关，当个体要同时关注两个对象或进行两种活动时，这时的注意从一个转移到另一个后，又形成了新的注意稳定性。

注意转移的难度和速度受制于多方面的因素：

（一）原先活动的注意强度

人在进行注意转移前所从事的活动吸引力越大，注意的紧张程度越大，那么它的转移难度越大，反之就比较容易完成转移。原先注意对象吸引力越大，或与要转移的活动越没有关系，这样的注意转移越慢越困难。例如，学生刚进行了一场激烈的体育比赛，马上要他转移到课堂学科学习往往比较困难，甚至需要一定时间的缓冲。这对学校教学中学科时间安排有很高价值。

（二）要转移事物的吸引力

如果要注意转移的对象具有很大的吸引力，例如能满足人的需求，或者人对其有着很浓厚的兴趣，这时原有的注意就容易被转移到新活动新事物上来，反之则较难完成注意的转移。当然，如果对新事物的意义和价值理解深刻，那么即使兴趣不浓、需要不大，也同样可以较好地完成注意的转移。

（三）神经系统的灵敏度

人的注意过程是神经活动的过程，因此，注意的转移与其神经活动过程的灵敏度密切相关。大脑皮层兴奋和抑制过程的交替速度、强度也会影响注意转移，兴奋－抑制交替速度快则容易完成注意转移，反之则慢。所以不同神经活动类型的人的注意转移的速度是存在差异的。

注意转移是注意的一个重要品质，它对人的实践活动具有很大的意义，对青少年学生更是意义重大，中小学生每天要学习各门不同学科，例如语文课后经过短暂的十分钟的课间休息就要把注意转移到数学课的学习之中，如果学生不能及时将对语文的注意转移到数学上来，那就势必影响数学的学习，所以学生必须了解学习中注意转移的意义，提高注意转移效率。

四、注意的分配

注意分配是一种时间资源的共享，是指人在同一时间内把注意指向两种或两种以上的对象（活动）上的注意品质，即人所常言的"眼观六路，耳听八方"和"一心二用"。注意的分配在实际生活、工作、学习中非常重要，尤其是进行复杂的活动一定要具有很好的注意分配。教师上课边讲课、边板书、边观察学生的反应，而学生边听课、边记录、边思考等，都需要具有很好的注意分配。可以说，注意分配能力是各行各业掌握技能、学习知识、适应环境的必要条件。

注意的分配能力不是先天具备的，而是后天通过学习和训练获得的，教师上好课、学生学好知识、司机开好车都必须具备注意分配这个基本条件。而这个条件包括两大要素,即"活动熟练程度"和"同时进行的多种活动之间的联系"。

(一)活动熟练程度

注意分配有一个基本的条件,即在同时进行的两种或两种以上的活动中,必须要有一种(或以上)活动达到相当熟练乃至自动化或基本自动化的程度,只有这样,注意对象中已经熟练的活动就无须消耗较多心理资源,而把更多的注意资源集中到不大熟练或比较生疏的活动对象上去,在这基础上方能做到"一心二用""一石二鸟"。但是如果两种活动都很生疏不熟练,那就都需注意力高度集中,注意分配会出现"顾此失彼"的尴尬。例如学生上课时要完全抄写老师的板书,需要手眼注意,如果两者都不熟练,那就会看一眼停下来,做好记录再看一眼,两者难以兼顾。

(二)同时进行的多种活动之间的联系

大凡要能做到注意分配到两种或两种以上的活动上,则需活动之间存在一定的内在联系,这样才有利于注意的分配,否则往往会顾此失彼。例如学生既想理解教师所讲的知识,又与同桌窃窃私语,而这两种活动没有内在联系,所以难以实现注意的分配。汽车司机的前进、倒退、刹车、转弯、看信号的活动开始会顾此失彼,这是因为司机尚未掌握这些活动间的联系,通过训练掌握了这些活动的内在联系,就能做到注意的分配,从而能驾轻就熟地行驶在公路上。

注意品质虽然有一定遗传因素,如教师世家、杏林世家、梨园世家,但更多的注意品质还是后天学习和训练的结果,即使是上述世家也很难厘清遗传和家庭环境浸润的区别。所以青少年学生要努力训练自己学习、生活的专注力,这样才能提高学习的效率。

第三节　注意的认知训练

注意是贯穿认知全过程的基础，注意品质的优秀程度直接影响认知过程，无论是注意的广度、注意的稳定性、注意的转移、注意的分配，都对认知的全过程产生着制约作用。正由于注意的能力主要来源于后天环境的影响，而学习则是最为重要的环境，所以通过科学系统的训练能够提高注意的发展水平。这里对凹槽（也称划销）和九孔动作稳定训练仪、注意力集中训练仪和双手协调注意分配训练仪作介绍。

一、凹槽和九孔动作稳定仪

（一）仪器构造及操作

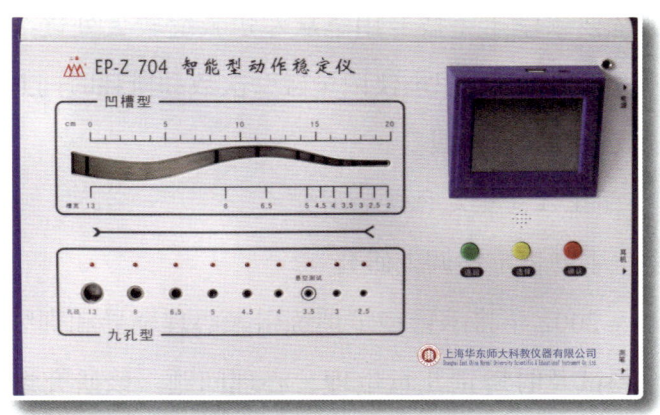

图 5-2　智能型动作稳定仪

凹槽（也称划销）和九孔训练仪是训练注意稳定性的专用仪器。由于这两种训练仪具有相同的训练意义，所以被设计在一个训练仪（EP-Z 704 智能型动作稳定仪）上。

凹槽训练仪狭缝采用 S 型渐变方式扩展了训练难度。九孔训练仪特设专用悬笔训练孔，训练用笔稳定性。

这两种注意训练仪是针对学生动作稳定性的专用训练仪器。在操作训练时,需要动作的力量、方向、幅度和速度等要素密切配合才能完成训练任务。任务完成的质量被储存于数据库。

九孔训练仪要求学生通过手持专用笔进出仪器上按直径大小排列的九个孔眼。凹槽训练仪则用专用划笔稳定地从狭缝左边划向右边。整个作业过程主要用于训练学生在高度专注中手眼配合,训练手部动作的稳定性和瞄准能力。在操作中,学生要保持手臂、手掌和手指稳定地对准九孔洞口和凹槽的狭缝。

在九孔训练中,学生手持专用笔由左侧最大孔依次向右进出孔洞,记录仪同时记录完成进出洞的过程及碰壁错误次数、所耗时间并予以储存,便于调取查看每次训练后的成绩曲线。

凹槽训练要求学生手持专用笔从左边狭缝较大处逐渐划向右边,直至最右边缝隙最小处,记录仪记录碰壁次数和所耗时间并予以储存,方便随时调取查看练习曲线。

(二)小学生注意稳定性实验研究

1. 小学生手臂稳定性调查研究

林素蓉等2002年将手臂稳定训练引入心理辅导和训练,希冀通过手臂稳定性测试及时矫正儿童生理、心理问题。该研究选取了上海交大附属小学二、三年级450名学生中的部分家长作孩子稳定性的问卷调查,结果发现大多数学生比较任性,自控能力薄弱,集中表现为作业拖拉,兴趣虽广却不持久。这个研究从450名小学生手臂稳定性测试入手,探讨提高少年儿童注意稳定性的方法。

测试前,研究者对二、三年级的全体师生进行全面动员,介绍九孔手臂稳定仪,让他们了解调查目的是更好地服务学生,促进学生健康成长。学生六人一组,由六位老师分别对其测试。学生测试开始前,老师先对学生介绍具体要求并予以示范，随后由学生进行预测验使其熟悉操作。正式开始测验，左右手各5次。手臂稳定性测验结束后又对学生进行划销测试：在A4纸上有"AHUYJRHB"等排列不规则的字母1500个，要求学生在十分钟内找出同一个字母并划掉。

结果显示，二、三年级的学生虽然只差一个年级，但手臂稳定水平存在显著差异（$P < 0.001$）。在整个小学阶段，随着年龄的增长，学生生理和心理的稳定性在提高。身心稳定性越高，手臂的稳定性也越高。另外，同一年级的学生手臂稳定性也有差异，右手稳定性普遍高于左手。

2. 运用手臂稳定性提高小学生注意力的实验研究

家长每每抱怨孩子学习时注意力不集中，老师上课也经常要大声要求学生听讲时注意力集中。学生注意力是指向和集中于学习而心无旁骛的能力。学生在学习过程中没有集中注意，就很难高质量地进行学习和其他活动，可以说，注意力是学生完成学习的最重要的条件。那么有没有提高学生的注意力的途径和方法呢？通过认知训练仪训练学生的注意力也许是一个有价值的训练方法。

林素蓉等2003年的研究从动作稳定性这一角度来探讨这个问题。其研究方法是利用手臂稳定仪对小学生进行训练，观察手臂稳定仪能否帮助小学生提高注意力。这个研究分成两部分，即预实验和正式实验。预实验的被试选自上海交大附属小学三年级学生，人数220名。主试先为被试作示范，然后让被试按主试要求试测一两次之后进入测试。被试从左到右按九孔排列大小的顺序进行测试，先右手测试5次，然后左手测试5次。根据测试结果，从中选出手臂稳定性较低、平时注意力不集中、学习存在一定困难的学生60名进行正式实验。将60名学生随机分为实验组和对照组（各 30 名）。在预实验中的手臂稳定性结果中，实验组学生右手臂稳定性平均值为 3.11，对照组平均值为 3.61，两组无显著差异，说明两组学生起始时的手臂稳定性程度基本相当。

正式实验分为学习和测试两部分，在学习周内，每天中午实验组需接受左右手臂稳定性训练，时间为 5 分钟，持续一个学期，对照组不作任何训练。与此同时，实验组召开家长会，要求家长配合实验进行一定的行为训练，即在这一学期实验组家长需要在家中为孩子创造一个良好的学习环境，同时记录孩子在家中完成作业的时间。此外，老师也会不断鼓励实验组学生，当其手臂稳定性达到 7 分以上（含 7 分）时，就予以表扬，并告诉他们，这是你们因为注意力集中所取得的成绩。

学期结束后再对两组学生的手臂稳定性程度进行测试，结果实验组右手稳定性程度平均值为 6.38，对照组平均值为 3.55；实验组的左手稳定性程度平均值为 5.46，对照组平均值为 2.59。经统计检验，两组存在显著性差异。这说明经过科学系统的训练，学生的注意力水平能够得到有效提高。

这一研究的确发现了能够通过手臂稳定性训练提高小学生的注意力和手臂稳定性程度。这个实验虽然存在一定的瑕疵，即没有控制和排除实验组中存在的罗森塔尔效应（期望效应），但在一定程度上显示了学生注意品质可以通过训练得到提高。

二、注意力集中仪

EP-Z 701 智能型注意力集中仪，也称动作稳定仪，可训练、测试注意稳定性、专注力，即对同一对象或同一活动保持注意所能持续的时间，是一种测试注意力集中性、抗干扰和手眼协调能力的专业化仪器，在中小学心理辅导中可用于对中小学生进行注意力训练。

注意力集中仪能记录预定时间内操作者动作失败（脱靶）次数，还能记录操作全过程中在靶时间，同时还可以根据需要设置各种干扰因素，以测定在各种干扰环境下操作者的抗干扰能力。

在中小学心理辅导室中，注意力集中仪既可普遍运用于提高中小学生的注意稳定性和专注力，也可运用于儿童多动症康复训练以及注意力缺陷的矫正。通过训练可以有效提高学生注意水平，从而迁移转化为学生学习、生活中的注意品质。

（一）注意力集中仪的构造和作用

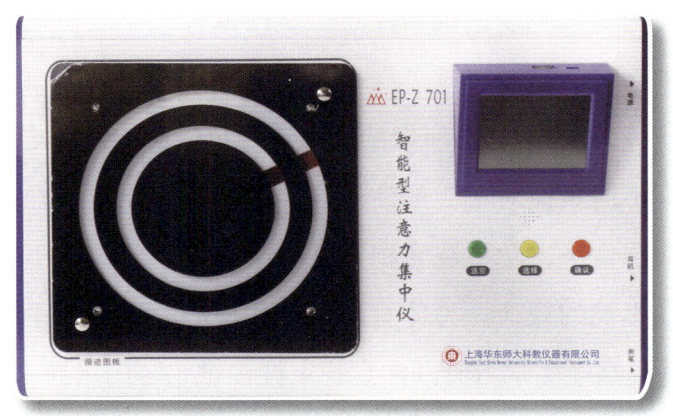

图 5-3　智能型注意力集中仪

注意力集中仪由左侧训练区和右侧显示屏构成。左侧训练区的核心是置于塑料转盘中的红色靶，转盘上覆盖有圆形轨道的有机玻璃面板，使靶体能透过两条同心圆轨道分成形状清晰的两靶块。开机后，红色靶便沿轨道作匀速圆周运动，操作学生手持测笔追踪目标轨迹。在轨道圆周四角均装有变色的 LED 灯作为干扰光源。右侧的显示屏将学生每次注意稳定性训练的成绩予以储存，学生可随时调出查看自己训练成绩的进步状况。

注意力集中仪要求学生用训练专用笔追踪作匀速圆周运动的红色

靶。它要求学生注意力高度集中，认知与动手操作结合，全神贯注地注视并跟踪运动的红色靶轨迹来完成训练。每次训练成绩予以记录储存。整个训练过程中，训练学生需连续记录8轮30秒内追踪红色靶的在靶时间和脱靶次数。在靶时间越长，脱靶次数越少，说明训练学生注意集中程度越高，同时手眼协调能力越强，抗干扰能力也越强。

（二）注意稳定性的相关研究

注意稳定性训练成绩可用于对学生注意稳定性的评估，进而评估注意稳定性迁移为学生成绩的进步状况。在操作训练中，学生在靶时间越长，脱靶次数越少，说明注意稳定性越好，手眼协调能力越强，越能迁移转化为学习能力。

钱建龙等人在2008年所做的不同运动负荷对注意稳定性的影响的实验，研究不同负荷对学生的注意稳定性的影响，目的在于发现不同的运动负荷强度下，学生注意稳定性的变化，以此探求不同负荷对其注意稳定性影响的规律，为体育教学和相应的心理学理论提供实践思考启示，为提高学生学习时的注意稳定性提供一定的指导。

实验中，不同的运动负荷是通过走台阶任务来实现的。让学生由相对安静状态开始，以1分钟25次的固定频率连续上下台阶，在规定时间内完成运动。上下台阶要求每一次上下台阶后，须伸直双腿和躯干直到负荷结束。不同时间运动完成后即刻测其10秒心率。

在该实验研究中，注意力集中仪主要被用于测量被试学生在不同运动负荷下的注意力集中程度，通过对不同运动负荷下被试学生注意力集中程度进行分析发现，运动负荷对注意集中有影响。实验结果对中小学体育教学具有指导意义。安静状态和小中大三种负荷状态对注意集中性有显著影响，其中中等运动负荷和大运动负荷对注意的集中性影响最为显著，大负荷使在靶时间减少而脱靶次数增加。中、小运动负荷更有利于学生注意的稳定。

（三）注意稳定性训练在基础教育中的应用

既然注意的稳定性与中小学生的学习过程有着很大关系，那么我们有理由认为对中小学生进行注意力集中训练可有效提高其注意品质，进而迁移为学生学习能力。当然，在各行各业人员录用时也可将其运用至职业岗位的适应性选择上。

注意力集中仪的相关研究结果表明，在运动学习的过程中，如能将注意力集中在外部而不是内部，那么运动的效果和效率都会得到提高，而且更有利于运动的熟练和自动化。对初学者其效果尤为明显。由此可见，在中小学心理辅导中对学生进行该项训练可有效提高学生学习中的注意品质。对学生具有训练意义的同时，也同样适用于教师，对教师进行注意稳定性的评价考核以督促教师更好地完成教学任务。

能够在规定的学习时间里提高学生注意稳定性对学生的学习至关重要。借助专门仪器的训练，我们既能科学客观地评估学生的注意稳定性，更能通过训练优化学生的注意稳定性。另外，该仪器还能让学生了解自身在注意稳定性上的抗干扰水平，从而师生协力进行专项训练，最终提高和优化注意稳定性这项重要的注意品质。

三、双手协调仪

注意分配是一项重要的注意品质。注意分配是指在同一时间内把注意分配到两种或两种以上的对象或活动上的注意品质，人们常说的"一心二用""眼观六路，耳听八方"讲的就是注意的分配能力。对于同时做好两件事或完成两种活动，战国思想家韩非子是不以为然的，《韩非子·功名》中说："人臣之忧在不得一，故曰：右手画圆，左手画方，不能两成。"事实上一个人同时使用不同的感觉器官进行两项或两项以上活动是完全可能的，这是注意分配的能力使然。例如，我们常看到"某某人左右手同时写不同内容的字"这样的新闻，其实这种"注意分配"的能力在实践中比比皆是。老师边讲课边书写，学生边听课边做笔记都是注意的分配。

双手协调能力是指在完成动作过程中，双手执行不同甚至是相反的操作时相互配合的能力。学生在双手协调任务中，需要将注意同时分配到两手上。社会实践中，从钢琴演奏到司机驾驶都须依靠双手灵活的协调动作方可完成。所以心理上的注意分配能力、行为上的双手协调能力在生活、学习中都起到了十分重要的作用。

（一）双手协调仪构造和作用

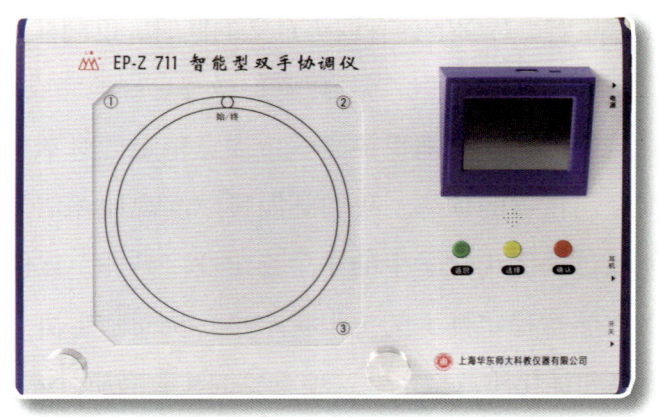

图 5-4　双手协调训练仪

EP-Z 711 智能型双手协调仪也称注意分配训练仪，是一种测试和训练注意分配能力、双手协调能力、手眼协调能力，并进行脑优势开发和职业指导的智能化仪器，对中小学生学习能力的提高更能起到特殊的作用。

该仪器通过记录双手调节动作使亮点完成一圈所用时间以及脱靶

次数来反映操作者的注意分配能力、双手协调能力和手眼协调能力。

仪器左侧是测试训练区，右侧显示屏是显示操作界面、指导语和测试训练数据，操作者阅读操作指导语后按要求进入操作。

双手协调仪要求操作者左右手同时操控不同方位的控制旋钮，努力使运动目标按照预定路径作360度运行。左手作水平方向运行的调节，右手作垂直方向运行的调节。这个运行过程要求视觉对运动轨迹的判断和双手的操作结合起来，形成反射弧。通过对运行数据的分析，就可以判定个体的注意分配能力、双手协调能力、手眼协调能力。在仪器面板上有一个可移动的亮点，仪盘的下方左右两边各有一个控制旋钮。转动其中一个，盘上亮点就会左右移动；转动另一个，亮点就会上下移动。操作者的任务是左右手同时操控不同方位的控制旋钮，力图使亮点尽快地按照预定路径前进，直至抵达360度的尽头。在运行中又要使亮点不能触碰到沟槽的边缘，若碰到边缘，仪器会自动记录错误一次并同时发出蜂鸣声作提示。操作者转动旋钮调整亮点到起始点，当移动亮点进入轨道时开始计时，当亮点走完一圈（360度）进入终点时，计时器发出声音，以示一轮操作完成。

双手协调仪由美国普渡大学安德鲁·马辛（Andrew Marcin）教授设计并且在该校的工业生产过程教学中应用了十多年。它主要用于测试两手之间协调能力和手臂的稳定性，可对装配精准度及双手协调性要求比较高的装配线工作的适用性进行测试。以后经过多次改进成现在的形状。

（二）注意分配测试相关研究

注意的分配在社会实践中具有重要意义，很多心理学家运用该仪器在不同领域进行了理论研究和应用性研究，这里介绍两个专业人士的研究以作参考。

1. 双手协调测试和人格特质相关研究

双手协调操作的速度和准确性与操作者的人格特质有关，因此，探讨影响双手协调能力的人格因素，对组织职业选择和人才选拔具有很重要的实践意义。下面介绍1997年丁秀峰和何蔚关于人格特质与双手协调成绩的关系的研究。

丁秀峰和何蔚以团体测试的形式用卡特尔16种人格因素测验测量人格特质，在实验室条件下，对被试进行双手协调测试。为熟悉操作方法和保持相同的熟练程度，每一位被试在正式实验前一律进行一次操作练习。正式测试以来回两次作业的平均成绩（平均脱靶次数和平均作业时间）作为成绩指标。将双手协调成绩的原始数据处理转换为T分数。全部被试的实验结果可归为四种情况：一是优秀组，即错误量和作业时间均在平均数以下（T＜500）；二是较差组，即错误量和作业时间均在平均数以上（T＞500）；三是稳定组，即错误量在均数以下，作业时间在均数以上；四是速度组，即错误量在均数以上，作业时间在均数以下。方差分析结果表明，四组被试在卡特尔16种人格特质上不存在显著差异。经检验，优秀组被试在C因素（稳定性）和G因素（有恒性）上的得分显著高于较差组被试，说明优秀组被试的情绪稳定性和有恒性方面强于较差组。而优秀组在C因素上实际得分为5.50分，处于中等水平，这个结果与神经质维度上处于中间水平的被试作业成绩具有最优化趋势相照应。根据卡特尔心理健康水平的经验公式，在神经质维度上低中高三种类型被试不存在显著差异。作业优秀组的心理健康水平有高于较差组的趋势。实验结果证明，心理健康程度越正常者越擅长从事需注意分配能力强的工作，这在职业选择和人才选拔上有实践意义。这一结果也证明适度紧张和焦虑最有利于问题解决这个心理学的原理。

2. 双手协调测试和吊车司机安全性研究

1996年，从事港务安全工作几十年的崔恒富先生在对事故人员的分析中发现，事故人员与非事故人员相比可能存在一些心理学上的原因。他在秦启庚先生、高定国先生的指导和协助下进行了针对性研究。

研究分事故组和非事故组各30名，两组都从事吊车驾驶工作，驾龄均在3年以上，均为男性，研究运用Y-G人格量表，引入认知仪器"深度知觉仪"和"双手协调仪"。

研究结果表明事故组和非事故组被试在Y-G测验12个分量表上的得分均未出现显著性差异，说明人格因素在吊车司机中不是发生事故的主要诱因，这一结果告诉主管莅事者，在吊车司机选拔上不必过分强调人格因素。

在认知仪器检测中发现，事故组和非事故组在深度知觉成绩上存在显著差异，提示深度知觉能力是吊车司机发生事故的诱因。在双手协调仪测试结果上，两组也存在显著差异，说明双手协调的注意分配能力是吊车司机发生事故的诱因。这个研究结果提示，在吊车司机的选拔中要重视深度知觉和注意分配等认知能力的专业要求，同时提示可在在岗吊车司机的业务学习中引入上述认知仪器的训练。

（三）注意分配训练在基础教育中的运用

中小学教师都知道学生上课注意品质的重要性，也非常关心、重视提高学生注意的教育研究和教学引导，并运用一些具有实践意义的心理辅导的方法，如前述提及的某小学心理老师用乒乓板上放乒乓球，然后要求学生进行接力的训练方法，以提高小学生注意的稳定性和分配能力。虽然此类游戏化的认知训练难以取得能够量化并能揭示其进步曲线的科学数据，但毕竟达到一定的训练目的，提高了学生的注意分配等认知品质。

在 2011 年上海市教委组织的"中小学心理健康教育中长期发展纲要"专家组对试点学校的调研中发现，初中生在双手协调测试仪上注意分配的成绩与学生日常学习成绩存在内在的相关关系，即日常学习中学习成绩较差的学生，其双手协调测试仪上的脱靶率明显高于学习成绩优秀学生。

针对那些在双手协调任务中表现较差的学生，中小学老师能够通过双手协调测试仪及时发现并给予专项的训练。

双手协调仪对注意分配的训练给中小学心理健康教育带来几点有价值的启示：

在中小学心理健康教育中引入注意分配等认知训练仪进行科学系统的训练，揭示训练的进步曲线并引导迁移到学生的学习过程中，提高学生的学习能力；

对特殊学校中存在或多或少的注意缺陷的学生，给予长期系统性训练，以改善和提高其注意水平；

中小学每一位教师要与心理老师密切配合，及时发现存在包括注意分配能力在内的注意缺陷学生，设计训练规划，提高其认知水平。

第六章
速示仪对记忆的训练

本章内容提要

◎记忆品质对学生学习的价值
◎记忆训练内容和速示仪的操作
◎速示仪训练在基础教育中的应用

记忆力是保证学生学习的最重要的品质，记忆的优劣直接影响学生学习的结果，所以学生、老师、家长都十分重视学生学习中的记忆能力，社会上各式各样的记忆能力培训机构数不胜数。

记忆是人脑对过去经验的保存、再现的心理过程，即感知过的事物、思考过的问题、体验过的情感、练习过的动作等经验在人脑中的保持。记忆发生在感知之后，总是指向过去，相当于信息的编码、储存和提取。记忆作为基本的心理活动过程，与其他心理活动紧密相连，协调人的心理活动功能，对保证人的正常学习、工作和生活起着极其重要的作用。没有记忆，人的心理活动将难以正常发展，永远停留在新生儿水平上。在人的智能系统中，记忆处于重要地位。有了记忆，才能将人的心理活动的过去、现在和未来连接成一个整体，使人的心理活动在时间上得以持续，并使个体最终实现心理的发展、知识经验的积累和人格特征的形成。

中小学生正是记忆迅速发展的阶段，但也有一些家长、老师始终感觉孩子的记忆能力不足，希望能找到提高孩子记忆能力的方法，孩子也希望自己能够有一个记忆力超群的脑瓜子。大家都明白世上没有使人一夜聪明的捷径，"梅花香自苦寒来"才是锻炼包括记忆的学习能力的必经之路。

速示仪不仅能检测人的记忆水平，而且能有效地训练人的各种记忆能力。所以，在中小学生心理健康教育中引入科学系统的记忆训练可提高和优化学生的记忆。

第一节　速示仪的构成和发展

一、检测和训练记忆的仪器——速示仪

（一）速示仪的构成

图 6-1　速示仪

EP-Z 801 智能型速示仪是一种通过短时呈现刺激来测试和训练多种记忆能力和注意广度的心理学专用仪器。它包括六个综合性测试和训练项目，即空间位置记忆广度、数字记忆广度、长时记忆、短时记忆（工作记忆）、瞬时记忆（感觉记忆）、注意广度。

空间位置记忆广度通过空间方位刺激的呈现数量和耗时来衡量和评价；

数字记忆广度通过对一串数字重现的正确性和时间来衡量和评价；

长时记忆通过对字母-数字对偶的记忆能力来衡量和评价；

短时记忆（工作记忆）通过对两组图片进行区别再认来衡量和评价；

瞬时记忆（感觉记忆）通过数字部分报告法的经典测试来衡量和评价；

注意广度通过对瞬间散点数量的估计来衡量和评价。

通过对测试所得数据进行分析，可判断测试者多种记忆能力和注意广度的优劣。这些测试项目除了可以让中小学生了解自己的记忆和

注意的特点外，还能为学生的学习能力进行科学诊断，为学生学习方法提供科学客观的指导，以及为学生提出职业选择的科学建议。通过训练还可以提高学生的注意品质。

速示仪面板左侧为测试区，速示仪测试记忆能力和注意广度所需要的多项刺激，均由底盘左侧显示屏呈现的数字、字符、圆点扩大其注意广度进而提升学习成效图像等信息来实现。显示屏组件配有供测试者使用的观察筒，统一安装在底盘左侧测试区内。测试训练区下方左右两侧分别装有供使用者应答用的"YES"和"NO"两个应答按键。

速示仪面板右侧为显示屏，用于显示操作界面、指导语和测试数据等。屏幕下方有可与显示屏同步播放的微型扬声器。面板右侧立面有耳机插孔，插入耳机时可予聆听。面板右侧立面还分别置有电源插座和电源开关，将电源线插入插座便可使用。

（二）速示仪的发展

速示仪是1859年由德国的沃尔克曼（Volkmann）发明。最早的速示仪，是一个有开口的金属圆盘和一张与开口一样大的图片。金属一端挂着重物，另一端有个手柄。当放开手柄时，图片就会从开口中迅速出现，接着迅速消失。这是类似于照相机的快门遮挡的速示器。1929年中国心理学家周先庚先生设计的四门速示器类似于沃尔克曼的速示仪，区别在于周先生是使用四块挡板作遮挡物。

镜子速示仪是由美国心理学家雷蒙德（Raymond）改进发明的。它是用单向玻璃和两个光源组成，其中一个光源对准刺激物，打开时被试可以看到刺激物；另一个光源则对准空白，通过单向玻璃反射，使光线以相同方向进入被试视野。该仪器一个光源打开时另一个光源立即自动关闭，由此来实现速示。

此后速示仪基本成型，一直到1959年在美国心理学家卡列斯基（Koletsky）等人的创新下成为现今速示仪。

二、速示仪的有关研究

（一）工作记忆训练

工作记忆也称活动记忆、操作记忆，是指人在进行某项工作或活动时连续流动的记忆，是认知心理学领域内的一个概念。工作记忆其实是由若干个短时记忆按时间顺序组合而成的一个连续加工系统，由巴德利和希契（Baddeley&Hitch）首先提出，是指个体在执行认知任务的过程中，暂时贮存与加工信息的能力有限的系统。它用于暂时贮存信息和操纵加工信息，以便完成复杂任务。工作记忆被认为是学习、推理、问题解决和智力活动的重要成分。

巴德利和希契认为，工作记忆包含中央执行系统、视觉-空间初步加工暂存器和语音环路三个成分。中央执行系统是工作记忆的核心成分，主管工作记忆中信息的流动方式，完成对存贮信息的各种执行性加工，如选择性注意和抑制、任务管理、计划、监控以及编码等，但是它是一个容量有限的系统，类似于注意，具有注意的功能，在负责从长时记忆中提取信息的同时又对这些信息进行精细加工和存储。视觉-空间初步加工暂存器主要负责暂时存储视觉空间信息。语音环路负责以声音为基础的信息存贮和控制。中央执行系统对这两部分的活动进行调节和控制，同时还负责信息加工策略的选择和规划。视觉-空间初步加工暂存器也称视觉空间结构簿，它也是一个容量有限的系统，主要以表象形式对视觉和空间信息进行加工，一方面暂时存贮视觉和空间的信息，同时还处理视觉的和空间的映象。语音环路是一个包含着语音信息的容量有限系统，以串行方式加工，通过语音编码对信息进行加工和存贮。语音环路主要用于言语复述，以声音为基础对刺激信息加以存贮和控制，它包括两个成分，即保持语音信息一两秒钟的记忆存贮和对声音的调节和控制过程。实验研究证明，工作记忆平均只有 4 个项目数。个体的工作记忆能力可以通过训练得到提高，而通过工作记忆的训练，个体的阅读能力和智力水平等认知能力都能得到提升。

奥利森（Olesen）和其同事 2004 年对被试进行每天大约 40 分钟、连续 5 个星期的工作记忆任务训练，训练的工作记忆任务包括视觉空间工作记忆任务、数字倒背和字母广度测试。其中视觉空间工作记忆任务在学习阶段序列呈现位置不同的圆点，1000 毫秒的延时过后，探测阶段出现一个标记着数字的圆点，阿拉伯数字表示出现的顺序，在图 6-2 中，圆圈中的数字是 3，即表示在学习阶段第三个呈现的圆点。被试需要根据记忆判断学习阶段第三个出现的圆点位置是否与探测阶段圆点的位置一致。

实验结果表明，经过训练的被试，工作记忆广度和瑞文智力测验的水平都得到了显著的提高。这也证明，工作记忆容量是可以通过训练提高的，而且由于工作记忆支持诸多高级认知活动，所以其智力测验分数也会因之提高。

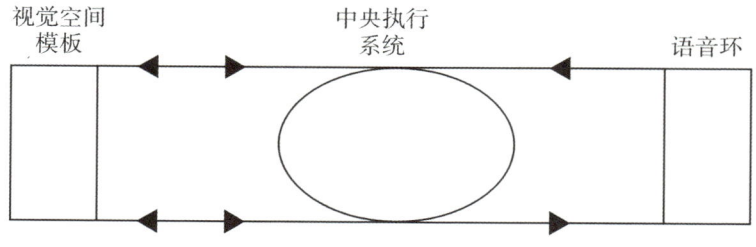

图 6-2　奥利森等人实验

（二）实验案例——短时记忆训练

1. 实验目的

通过短时记忆训练，探究训练前后短时记忆的广度和瑞文智力测验分数的差异。

2. 实验过程

（1）被试

随机选取被试若干，并将被试随机分成实验组和控制组。

（2）实验材料

智能型速示仪和动作稳定仪、瑞文智力测试工具。

（3）实验程序

第一步　训练前，对实验组和控制组进行空间记忆广度测验、注意广度测验和瑞文智力测验，用作实验前后差异性检验。

第二步　训练阶段，实验组和控制组同时接受每天20分钟训练，持续训练一个月。实验组使用智能型速示仪进行空间记忆广度、数字记忆广度、短时记忆、长时记忆和瞬时记忆的训练。控制组使用其他心理仪器"训练"，例如深度知觉仪、动作稳定仪等。

第三步　训练后，同时对实验组和控制组进行空间记忆广度、注意广度和瑞文测验。

3. 仪器操作方法

打开电源，进入开机界面，输入被试相关资料（姓名、性别、学号）并进入测试选项界面。

（1）空间位置记忆广度测试

第一步　点击"空间位置记忆广度"按钮，进入指导语界面，理解后点击触摸屏任意位置进入测试界面。

第二步　被试通过观察筒注视仪器左屏呈现的4×4矩阵方格图片，每张方格图片中会有一个方格位置出现圆点。

第三步　图片呈现时，记住圆点出现的位置次序，图片呈现完毕后，转向右屏，并点击输入所记下的圆点位置和次序。

第四步　重复上述操作，直至测试结束，屏幕出现测试数据界面。

（2）数字记忆广度测试

第一步　点击"数字记忆广度"按钮，进入指导语界面，待理解后点击触摸屏任意位置进入测试界面。

第二步　通过观察筒注视仪器左屏呈现的系列数字。

第三步　数字消失后，点击右屏输入观察到的数字。

第四步　输入完毕按"E"键确认，若发现输入错误按"C"键清除。

第五步　重复上述操作，直至测试结束，屏幕出现测试数据界面。

（3）长时记忆测试

第一步　点击"长时记忆"按钮，进入指导语界面，待理解后点击触摸屏任意位置进入测试界面。

第二步　注视仪器左屏连续呈现的10张图片（图片由三个字母与两个数字对偶组成，呈现两遍），并努力进行记忆。

第三步　按指导语进入下一步，左屏重新呈现对偶中的字母（不呈现数字），点击右屏输入对应的数字。

第四步　输入完毕按"E"键确认，若输入发生错误按"C"键清除。

第五步　重复上述操作，直至测试结束出现测试数据界面。

（4）短时记忆测试

第一步　点击"短时记忆"按钮，进入指导语界面，待理解后点击触摸屏任意位置进入测试界面。

第二步　通过观察筒注视仪器左屏依次呈现的16张图片，并努力进行记忆。

第三步　图片呈现完毕后，呈现新的指导语提示界面。

第四步　理解指导语后，连续呈现 32 张图片，其中若有之前见过的图片，按"YES"键，未曾见过的图片则按"NO"键。

第五步　重复上述操作，直至 32 张图片呈现完毕。

第六步　测试结束出现测试数据界面。

（5）瞬时记忆测试

第一步　点击"瞬时记忆"按钮，进入指导语界面，待理解后点击触摸屏任意位置进入测试界面。

第二步　通过观察筒注视仪器左屏呈现的三行数字，进行记忆。

第三步　数字消失之后，出现"上""中""下"三字之中的一个提示汉字。

第四步　点击右屏输入提示汉字的对应行数字。

第五步　输入完毕按"E"键确认，若输入发生错误按"C"键清除。

第六步　重复上述操作，直至测试结束出现测试数据界面。

（6）注意广度测试

第一步　点击"注意广度"按钮，进入指导语界面，待理解后点击触摸屏任意位置进入测试界面。

第二步　通过观察筒注视仪器左屏呈现的散点，估计散点数量。

第三步　散点消失之后，点击右屏输入散点估计数量。

第四步　输入完毕按"E"键确认，若输入发生错误按"C"键消除。

第五步　重复上述操作，直至测试结束出现测试数据界面。

第二节　速示仪在中小学教育中的应用

家长总是盯着孩子学习，为提高孩子的记忆能力使尽各种招数，参加各种"开发智力"的培训班,买各种益脑、改善记忆的保健品甚至偏方灵药,对名牌机构、名牌大学、科研单位宣传的益脑补品,家长更是趋之若鹜。但是包括记忆在内所有的心理品质的改善和提高都需要用科学的方法,没有任何可以投机取巧的途径。所谓科学的方法一是遵循心理品质本身的规律,二是进行针对性的训练。

一、增强记忆的教育策略

记忆有一个相颉颃的孪生兄弟是遗忘,要记得好记得多,则必须遗忘得少,那就需要了解遗忘的规律,找到科学记忆途径。

(一)掌握遗忘规律,提高学习效率

遗忘是人对识记过的材料不能再认或回忆,或是错误地再认或回忆。遗忘表明了记忆的内容和数量最明显的动态变化,是记忆保持的对立面,保持中的信息丧失就意味着遗忘。

根据遗忘程度,可将遗忘分为不完全遗忘和完全遗忘;根据遗忘的时间,可分为暂时性遗忘和永久性遗忘。无论何种遗忘,遗忘都遵循其内在规律,即"先快后慢"和"不均衡性",这个规律是德国心理学家艾宾浩斯(Hermann Ebbinghaus)通过实验证实的。在实验中艾宾浩斯承担主试和被试两个角色,也就是在自己身上做实验。实验发现了遗忘的规律——"遗忘曲线",也称艾宾浩斯遗忘曲线。艾宾浩斯开创性的研究归为两个重要的发现,一是揭示了人类遗忘的发展进程,二是发现了记忆中保持信息的时间曲线。这两个发现给人们的启示是,在最大遗忘量到来之前及时再刺激,遏制最大遗忘量是十分重要的。

如何运用记忆的策略来增强记忆的效果呢?

1. 合理利用学习材料特点

不同的识记材料会影响记忆效果。一般说来，视觉的图片或图像要比单词容易记；熟练的动作和形象的材料遗忘慢，容易长久保持。研究表明，动作记忆保持最好，形象记忆次之。人们对有意义的材料，例如诗歌等，比对无意义材料的遗忘要慢些。

2. 学习材料的数量

识记材料数量越多，遗忘得越快；识记材料数量越少，遗忘得越慢。研究表明，即使是有意义的材料，当识记数量达到一定程度时，其遗忘进程也会接近无意义识记材料的遗忘曲线。因此，识记时需要根据材料的性质选择合适的学习量才能达到最佳的记忆效果。

3. 学习材料的意义

学习材料对识记者的意义和作用会影响遗忘的进程。人们对无重要意义或不符合自己需要和兴趣的、在生活中处于次要地位的信息遗忘得快，而对与自身关系重大的信息遗忘得慢。

4. 学习材料的序列位置

人们对处于不同序列位置的学习材料的遗忘进程不同，表现为序列位置效应，即材料中的首尾部分容易保持，中间部分容易遗忘。研究表明，最后呈现的材料遗忘最少，最容易回忆，这称为近因效应。最先呈现的材料也较少遗忘，这称为首因效应。中间部分容易遗忘，是受到了前摄抑制和倒摄抑制的共同作用。

5. 学习程度

学习程度是指在学习过程中正确反应所能达到的程度。一般来说，学习程度越高，保持越牢固，遗忘越少，过度学习以150%效果最好。过度学习指学习达到正好已记住后再继续学习一段时间或次数，例如某诗词朗读 10 遍正好能背诵,此时再朗读 5 遍就是过度学习,保持效果最好。但过度学习必须在一定限度内,才能使保持效果上升,如果超过限度,则可能因疲劳或兴趣减退,保持效果不再上升,反而下降。

（二）精致性复述

复述不仅是防止短时记忆中信息衰退而发生遗忘的主要心理机制,也是信息从短时记忆转入长时记忆,实现长期存贮的心理机制。为了不让短时记忆中的信息很快消退,必须进行有意识的复述。复述分为两种:一种是机械性的复述,又称保持性复述,是指不利用已有的知识经验,只对短时记忆中的信息进行简单重复,力图将信息保持在短时记忆中的心理过程;另一种是精致性复述,是指对短时记忆中的信息进行分析,尽量使之与已有的知识经验建立某种联系,并把它们整合到长时记忆中的认知结构里存贮起来。

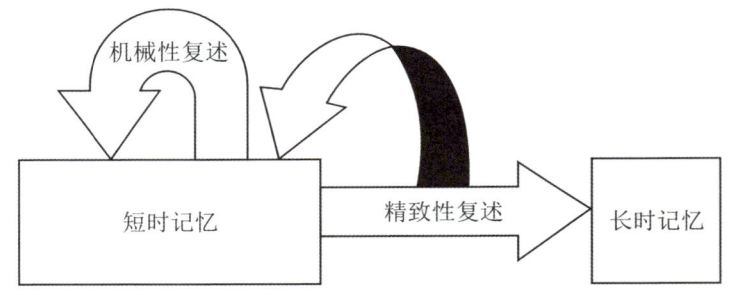

图 6-3　两种复述效果图

长时记忆存贮的信息,绝大部分来自经过精致性复述加工的短时记忆信息。

精致性复述是短时记忆信息保持的重要条件,也是使加工处理了的信息从短时记忆转入长时记忆的重要机制。克雷克（Craik）和沃辛斯（Wathins）报道过一位长跑运动员的案例,他通过把随机数字看成自己经常需要记住的跑步过程中花费的时间,即能回忆出 80 个随机数字。在识记时他把"3、4、9、2、5、6、1、4、9、3、5"记作"3 分 49 秒 2 跑 1 英里,56 分 14 秒跑 10 英里,9 分 35 秒慢跑 2 英里"等,这样就把随机出现的、无意义的数字,通过与长时记忆中存贮的知识经验建立起内在联系,转化成了有意义的、便于记忆的组块,体现了精致性复述的特性。

精致性复述和机械性复述反映了在刺激信息加工水平上的差异,一般而言,对信息进行分析加工以后,使之与个体已有的知识经验建立联系的紧密程度决定了信息在长时记忆中存贮的时间。在精致性复述中,个体主动地对刺激信息进行加工,使刺激信息形成有意义的内在联系,并力图将它们与已有的知识经验联系起来,达到对刺激信息的理解性加工和处理,使信息能整合到长时记忆的认知结构中长期存贮。机械性复述则不能做到这一点,因此经常发生遗忘。在学习过程中,要提高记忆效果,应该遵循精致性复述的规律,努力使学习材料之间构成有意义的联系,并尽量与自己的知识经验相联系,从而达到提高学习效果的目的。

(三)联想

联想是指由一事物想到与之在时间或空间上接近,在外部特征或意义上相似或相反的另一事物的心理过程。客观事物之间都是相互联系、相互制约的,这种联系或制约必然会在人脑中留下印记并反映出来,因此,人脑中存贮的知识经验并不是孤立的,而是相互联系的。当一事物出现时,就会唤起对相关事物的联想。联想是回忆的基础,形成联想并充分加以利用,可以有效地提高记忆效果。根据反映客观事物相互关系的不同,可以把联想分为简单联想和复杂联想两大类型。

1. 简单联想

简单联想是指人脑对客观事物外部关系的联想,例如,接近、类似、对比等关系引起的联想。

（1）接近联想。接近联想是指由对一事物的观念想到与之在时间或空间上接近的另一事物的观念。如由苏州想到杭州是空间上的接近，由闪电想起雷鸣是时间上的接近。时间上的接近有同时性（如夏天和游泳）和继时性（如春天和夏天）。

（2）类似联想。类似联想是指由一种事物想到与之在性质或形式上相似的另一事物。形式、性质或特点相似的事物，容易在人们的经验中形成联想，例如由春天想到生机、花卉，由苍松想到坚韧不拔，由秋天想到丰收。

（3）对比联想。对比联想是指根据事物的性质或特点，由一事物想到与之相反或相排斥的另一事物。例如，由黑夜想到黎明，由美丽想到丑陋，由小想到大等。客观事物之间存在着的相反特点最容易形成对比联系。

2. 复杂联想

复杂联想又称意义联想，它以客观事物之间的因果关系、部分与整体的关系、种属关系以及主次关系等为中介线索形成联想。复杂联想是指由一事物想到与之具有某种内在关系的另一事物的联想，即由事物的原因想到其结果，或由结果想到其原因的过程。例如由滴水成冰联想到严寒、由高产联想到选育良种等。由于客观事物之间的内在关系种类繁多，复杂联想也多种多样。复杂联想是人进行复杂思维活动的表现。

在记忆过程中，如果有意识地在刺激信息之间建立某种联系，形成联想，可以有效提高记忆效果，增加提取信息的线索，有助于回忆。联想越丰富，回忆越容易，越正确。值得指出的是，有时非逻辑的或有悖常理的联想，对强化记忆有独特功效，它体现了一种创造性的思维活动。

（四）记忆策略

心理学研究证实，可以通过记忆策略来增强记忆。

1. 及时复习与及时反馈

根据艾宾浩斯遗忘规律，及时复习与及时反馈是避免遗忘的重要策略。同时，要有反馈地学习，通过反馈，可以及时知道自己的学习状况，知道哪些方面需要再加强练习。及时反馈的学习其实是一种强化。

2. 尝试背诵与复习

尝试背诵是通过练习把学习内容记住以备运用。背诵时应该尝试用自己的话把阅读的内容复述出来，并注意寻找意义、新知识与自己已有知识之间的联系。心理学研究表明，如果采取20%的时间用来阅读，80%的时间尝试进行背诵的方式，就可以获得很好的记忆效果。

3. 整体学习与部分学习相结合

根据材料的性质和篇幅，采用不同的记忆策略。如果学习材料比较短，结构清楚，整体学习要比部分学习的效果好。如果学习材料比较抽象，篇幅长且内容复杂，则部分学习的效果比整体学习好。在部分学习中，需要把内容、章节分为若干部分，可以一部分一部分地学习。在具体学习时，要根据学习材料的内容决定采用哪种学习方法，原则是要最大限度地把意义完整的信息内容组成每一次学习的基本单位。

4. 注意序列位置效应的影响

在学习中，要时刻意识到学习过程中序列位置效应的影响。几乎每个人都有这样的经验，遗忘最多的地方是学习材料的中间部分。因此，要加强对学习材料中间部分内容的记忆。

5. 间隔学习

间隔学习是指学习一段时间休息一下，然后再接着学习。与间隔学习相对的是集中学习，它指学习期间基本没有休息时间的学习策略和方法。心理学研究表明，间隔学习时，人的注意力更集中，精力更充沛，更不容易感到枯燥和疲劳。一般来说，20分钟的间隔学习要比1小时的集中学习效果要好。

6. 多种记忆线索提取

在学习过程中，注意记忆线索的存贮，当回忆时，有记忆线索比没有线索更容易提取信息。因此，当学习新知识、新名称、新概念和新术语时，最好多种感官并用，这样可以在记忆编码时，有目的地记住具有意义的线索，以帮助在需要时通过线索连接顺利地提取信息。

二、速示仪训练在基础教育中的应用

2011年之前，中国基础教育领域心理健康教育发展蓬蓬勃勃，涌现了大量卓有成效的优秀的单位和个人，但同时总免不了让人有些疑惑——大部分中小学的心理咨询室就是一张桌子、两把椅子、一台电脑，不是说心理学是科学，具有自然科学的属性吗？怎么感到所闻和所见差距太大呢？2004年，上海市闸北区人大常委会教科文卫工委领导参观了闸北区教育学院心理实验室并听取心理实验室负责人的汇报，顿觉惊讶："我们原先大都是教师，也都学过心理学、教育学，怎么从没见过如此多的心理学仪器？听了讲解，原来还有这么多科学的仪器为心理学服务，真是大开眼界！"

如今心理咨询室已进入上海各中小学，且改称为更人性化的心理辅导室。不少心理辅导室为了科学地了解学生的心理状况、优化学生的心理品质、提高学生的学习能力，开始引入了专用的心理学仪器，并用之于对学生的认知品质的专项训练。此类心理学仪器不仅应用于心理辅导室中为求助学生进行服务，甚至扩展到了中小学心理健康教育的课堂上。例如，为了让学生对科学心理学有一个全新的认识，同时了解自己的认知风格以及认知风格对学生学科偏好的影响，使学生对偏科现象形成正确认识，华东师大科教仪器科研人员指导某高级中学心理学老师对高二某班学生进行棒框仪的测试，当全班同学的测试结果序列投影出现时，全班同学顿时安静地盯着屏幕，过了一会，几个眼尖反应快的同学脱口而出"排在两端的同学是班上数学学霸和语文学霸"。老师因势利导讲了认知风格研究的来龙去脉及应用意义。一堂课让学生大开眼界。

速示仪可以帮助中小学生训练快速阅读能力。快速阅读训练的目的是使学生在规定的时间里，尽快地读完更多的文字材料，有效地获取所需要的信息。改善学生的阅读习惯，教给学生适当有效的阅读技巧是必要的，这不仅是应对考试的需要，而且有助于学生提升阅读能力，适应当今信息量庞大的社会生活。训练阶段可以使用速示仪快速呈现阅读材料。可以速示一段文字让学生提炼文本关键词和段落大意，也可以速示一行有关联的字词，让学生粗略地看，逐渐提升阅读广度，直至做到眼脑同步反应。经过训练后，可用笔试考核训练成绩。

下面原文摘录教育部首批心理健康教育示范校上海市风华中学心理健康中心特级教师曹凤莲教授领衔的用速示仪对高二学生所作的实验研究：

2014年成立项目组实施的"速示仪实验——记忆力训练与英语快速阅读能力之提高"是开发的实验研究之一，目的在于探究学生在训练前后，其记忆力和英语快速阅读能力的变化。在实验设计中，项目组对实验的地点、环境、时间、被试选择与管理、阅读材料准备等相关变量进行了必要的控制以减少对实验结果的影响。在沙红、胡如笋、苏燕、杨希等老师的大力支持与协助下，实验在规定的周期时间内顺利实施。通过数据分析，初步发现了一些变化。这些变化对学生综合学习能力的影响如何，还有待作进一步的研究。

从曹凤莲教授的前期研究中被试（高二）的英语阶段练习发现，学生的阅读能力有较明显的变化，说明速示仪的训练对提高学生阅读能力是有价值的。

速示仪还可以用于训练小学生速算能力。传统的小学生数学测验都是在学生充裕时间内给学生以规定的若干数学题，做对得分，算错失分。对小学生来说，这种考试方式考查的只是小学生的细心程度而难以反映其真实的计算能力，真正有着计算能力的孩子可能比较粗心，一不小心就可能一个笔误或一个错看导致考砸。因此有必要在数学考试中加入解题速度的考量，我们可以使用速示仪在规定的时间内显示较多题目，不给学生依靠时间延宕来完成解题的机会。

速示仪对基础教育中的中职校教育也同样很有价值，中职学生将直接面向社会，速示仪中的注意分配是学生走入社会各种行业都需要的职业技能。如果需要训练中职学生的注意分配能力，可以使用多台速示仪，模拟工作场景进行训练，其效果将优于单一的注意分配仪的训练。以驾驶员的培训为例，我们可以在学生的左视野外和右视野外设两台速示仪，随机地显示特殊刺激 0.5 秒，要求学生注意到左侧刺激呈现时按 X 键，注意到右侧刺激呈现时按 Y 键，以反应时的平均值作为成绩，这样就可以模拟汽车驾驶时驾驶员观察左右的车辆、行人或后视镜的情景，培养驾驶员学生开车时注意分配的习惯。这样的训练还可以使学生的认知能力得到相应的提升。

第七章
思维和思维训练

本章内容提要

◎ 思维品质对学生学习的意义
◎ 三种思维训练仪（河内塔、叶克斯、迷宫）介绍
◎ 思维训练仪在基础教育中的应用

思维能力与学生学习能力密切相关,所以思维是教师、家长乃至学生自己都极为关心的认知品质。思维可以通过科学训练得到提高。那怎么训练呢?这里对三种与思维训练密切相关的思维训练仪进行详细介绍。

第一节 思维和思维训练

一、思维

(一)思维的含义

思维是人的最为重要的认知活动,是脑借助于言语、表象或动作实现的对客观事物的本质特征概括和间接的反映。思维具有概括性和间接性两大特征。概括性反映的含义:一是反映一类事物的共同特征。例如人们认识了人、猿、猪、羊、牛、鹰等动物,通过思维,舍弃不同于哺乳动物的鹰,就概括出了哺乳动物的共同特征。二是通过思维,能把握客观事物的本质特征和内在联系,并推广到同类事物之中。例如,通过思维的概括性,可以认识四季变化的规律,可以知道春华秋实和不违农时之间的因果关系。思维的概括性使人们能够透过事物的现象,掌握客观事物普遍的或必然的内在联系。

思维的间接性特征说明思维不是反映直接作用于人的感觉器官的客观事物的属性,而是以自身已有的知识经验为基础,对客观事物进行间接的反映,即通过一定的媒介来反映客观事物。

(二)思维的种类

1. 动作思维、形象思维和抽象思维

根据思维的活动性、内容、解决问题的方式,可把思维分成动作思维、形象思维和抽象思维三大类。

（1）动作思维

也称直观动作思维、直觉行动思维，这是通过实际操作解决直观具体问题的思维方式。它是以实际动作为基础解决问题时的思维活动，具有直观性和动作性特点，即思维与动作相连，离开具体动作就不再思维。这种思维在幼儿身上特别明显，也是幼儿的主要思维方式。幼儿只有通过直接的触摸和摆弄正在操作的物体才能进行简单的分析综合。

（2）形象思维

也称具体形象思维，这是凭借事物的具体形象解决问题的思维，其最大特点是具有形象性。形象思维在学龄前儿童身上尤为典型。例如，学龄前儿童在进行加减法运算时通常在头脑中的表象进行，也有的通过扳手指进行运算。成年人也离不开形象思维，尤其是艺术家、作家、工程师、设计师更是离不开形象思维。爱因斯坦说过，"在我的思维结构中，书面的或口头的文字似乎不起任何作用，作为心理思维元素的心理东西是一些记号和有一定明晰程度的意象。它们可以由我随意地再生和组合……这种组合活动似乎是创造性思维的主要形式"。由此可见，在高度分析和综合、抽象和概括的思维活动过程中，也需要形象思维的参与。

（3）抽象思维

也称逻辑思维，是以抽象的概念、判断、推理的形式来反映客观事物的本质特征和内在联系的思维方式。例如，科研论文、数理化定理公理、文学作品的主题提炼等都需要依靠抽象思维，通过严密的逻辑推论和证明完成。抽象思维在概括水平上，分为经验型抽象思维和理论型抽象思维；在抽象思维的形式上，可分为形式逻辑思维和辩证逻辑思维。经验型逻辑思维和形式逻辑思维是抽象逻辑思维的基本形式，即人在思考问题时需要同一律、矛盾律和排中律。理论型逻辑思维和辩证逻辑思维是抽象思维的高级复杂形式，它主要反映客观事物的内在矛盾，符合客观事物的对立统一、量变质变以及辩证否定原理。

2. 直觉思维和分析思维

这是依思维过程清晰程度而分的两种思维方式。

（1）直觉思维是没有经过严密的逻辑分析，直接根据对客观事物的现象及其变化的觉察而作出判断的思维，是一种直接的领悟性思维活动。直觉思维由于没有经过严格的逻辑顺序和正确的推理步骤，因此具有一定的模糊性和偶然性，所以，还需要经过对客观事物的具体分析才能明确其内在的结构。

（2）分析思维又称逻辑思维，是通过归纳推理、演绎推理、类比推理、证明等逻辑推论作出结论的思维。例如，学生在解数学题目时，通过一定步骤推理和证明得到正确答案，运用的就是分析思维。

直觉思维和分析思维相辅相成，相互补充，相互联系。直觉思维以个人熟悉的知识经验为依据，直接作出判断，得出结论，在此之后需要运用分析思维对结论予以验证。

3. 发散思维和辐合思维

根据思维探索答案的方向，可以将思维分为发散思维和辐合思维。

（1）发散思维又称求异思维，是指从已有信息出发，沿不同方向探索思考，并组织自己记忆中的知识经验，产生两种或两种以上答案的思维形式。例如对小说《红楼梦》主题的理解，有人认为是封建社会大厦将倾，独木难支；有人认为是青年男女因追求爱情不得而殉情；有人认为此书为诲淫诲盗的淫书……又如数学中的一题多解，都是发散思维的表征。

发散思维具有流畅性、变通性、灵活性和独特性的特点，了解这些特点，就可考察个体对问题回答的数量、灵活程度及新颖性，从中发现有价值的创造性成分。

（2）辐合思维又称聚合思维或求同思维，是指从已有信息出发，根据自己熟悉的知识经验，遵循逻辑规则获得问题最佳单一答案的思维形式。例如，历史学家根据大量的文史资料归纳出某一个历史事件的明确结论。

辐合思维具有闭合性的特点，所得结果是明确的，具有一定的方向性、条理性，但也往往受到自身知识经验的制约。

4. 常规思维和创造性思维

根据思维的创新程度可将思维分为常规思维和创造性思维。

（1）常规思维也称再造思维，它是运用自己已有的知识经验，按现有的方案和程序，运用习惯了的方法、固定的模式直接解决问题的思维方式。常规思维缺乏独特性、创造性和主动性。最典型的例子是唐代诗人李白到了黄鹤楼诗兴大发，想作诗一首，但他猛然看到崔颢的《黄鹤楼》，顿时感到自己再写也不可超越崔颢，所以只能在柱子上写道"眼前有景道不得，崔颢题诗在上头"，悻悻而去。后到了南京凤凰台写了一首诗，但他的这首诗明显不如崔颢的创造性强。不妨把两诗放在一起，比较一下谁的创造性强。

黄鹤楼

崔　颢

昔人已乘黄鹤去，此地空余黄鹤楼。

黄鹤一去不复返，白云千载空悠悠。

晴川历历汉阳树，芳草萋萋鹦鹉洲。

日暮乡关何处是？烟波江上使人愁。

登金陵凤凰台

李　白

凤凰台上凤凰游，凤去台空江自流。

吴宫花草埋幽径，晋代衣冠成古丘。

三山半落青天外，二水中分白鹭洲。

总为浮云能蔽日，长安不见使人愁。

（2）创造性思维是个体重新组织已有的知识经验，提出前人没有过的新方案或新程序，以新颖、独特的方式，创造出符合客观世界或社会价值的新的思维成果的思维形式。科学研究、文艺创作、创造发明乃至技术革新都是通过创造性思维实现的。

创造性思维与创造性活动往往联系在一起，它既是人类思维的高级活动过程，也与直觉思维、分析思维相结合，常常会出现"灵感"现象。

思维是人们认识过程的核心成分。人之认识过程包括感知觉、表象、记忆、思维和想象。虽然思维离不开感性认识活动，但通过各种思维活动的过程，能够实现对客观事物的理性认识。

二、思维概念

（一）概念的含义

概念是人脑反映客观事物本质特性的思维形式。例如，"哺乳动物"这个概念，反映了各种哺乳动物的本质属性，即母体用母乳喂养下代的动物，不管是虎豹豺狼，还是黑人白人黄种人。任何概念都有其内涵和外延两个方面。概念的内涵是指概念所反映的客观事物的一般属性，即事物的共同特性，是概念的质。概念的外延是概念所包含的事物的总和，即概念适用的范围，是概念的量。例如，"人"这个概念，其内涵是"能够制造和使用劳动工具的哺乳动物"，其外延是指过去、现在、将来生活在世界上的一切人。概念的内涵越大，其外延就越小，概念内涵越小，其外延越大。

（二）概念的种类

1. 具体概念和抽象概念

（1）具体概念。指人脑按客观事物的外部特征或属性形成的概念。例如，幼儿能把各种大小不同的皮球归成一类则说明幼儿能正确归类，若将皮球和苹果放一起，说明幼儿归类错误。

（2）抽象概念。指人脑按客观事物本质特征或本质属性以及内在联系形成的概念。仍以幼儿玩具举例，幼儿将橘子、苹果、菠萝归在一起，将皮球、洋娃娃归在一起，说明幼儿已能按事物本质特性及内在联系进行分类。由此形成的概念则是抽象概念。

2. 合取概念、析取概念和关系概念

（1）合取概念。合取概念是通过相加两个或两个以上维度值来定义的概念，即包含的本质特征必须同时存在并相互连接的概念。例如，"白猫"这个概念就有两个属性特征，即"白颜色"和"猫咪"两个特征属性同时存在而且相互连接，才形成"白猫"这个合取概念。

（2）析取概念。析取概念是指概念包含的客观事物可以同时具备两个要求的属性，也可以只涉及其中之一的概念。例如"模范工人"这个概念，既可以是技艺高超的，也可以是爱岗敬业的。所以析取概念又称选言概念，因为析取概念前后两个概念之间是并列关系。

（3）关系概念。关系概念是指根据客观事物之间的关系而形成的概念。例如上下、高低、阴阳等，都是根据客观事物之间相对关系或内在联系构成的概念。

3. 前科学概念和科学概念

根据概念形成途径，概念可分为前科学概念和科学概念。

（1）前科学概念又称日常概念，是人们在日常生活中通过人际交往的经验积累而形成的概念。日常概念受个人活动范围和知识经验限制，往往难于把握事物的本质属性，概念的内涵往往包含了非本质属性，存在片面性，有些内涵甚至是错误的。但前科学概念对科学概念的形成和掌握有很大意义。若两者一致则有利于科学概念的掌握，当然不一致的话也会误导科学概念的形成。

（2）科学概念又称明确概念，是指经过假设和检验后逐步形成的反映客观事物本质特征及内在联系的概念。例如，学生学习数学、物理、教育学、社会学、心理学等学科的定义、定律、原理等。随着社会科技的飞速发展以及人类对客观事物认识的深入，科学概念的内涵和外延不断完善和丰富。

4. 自然概念和人工概念

（1）自然概念是指在人类历史发展过程中通过选择形成的反映客观事物本质属性的概念。例如自然科学中的声、光、电、分子、原子、中子、质子等概念，社会科学中的国家、民族等概念都属自然概念。

（2）人工概念指在实验室条件下，运用实验方法人为地将客观事物的属性或特征结合起来研究概念形成过程并加以定义的概念。人工概念的研究目的是探索和阐明概念形成的条件和影响因素，以及与自然概念的不同特点。

美国认知心理学家杰罗姆·布鲁纳（Jerome S. Bruner）等人经过长达5年的概念形成实验后认为，概念形成是个体运用策略进行假设检验的过程。布鲁纳认为概念形成是个体利用当前和已有的信息主动提出一些可能的假设，并逐步证实某一假设的过程，在假设形成和经验中都应用了一定的策略。

在中小学生的能力发展中，思维的发展至关重要，它对学生的学习意义重大。学生在学习中解决面临的任何问题都需要思维的参与和支持，所以思维水平的高低、思维策略的选择都在一定程度制约和影响学生解决问题的能力。对中小学生来说，思维能力的开发和提升直接影响其学习解决问题过程中的策略选择。由此可见，教师、家长对孩子的思维进行科学系统的训练是十分重要的。

那么有哪些方法和途径可以对学生思维进行有价值的训练呢？在心理辅导室引入有关思维认知的专项训练不失为一个有效途径。

思维训练的专用仪器有河内塔训练仪、叶克斯逻辑思维训练仪及迷宫训练仪等，它们对于提高逻辑思维都有所裨益。

第二节　河内塔训练和认知发展

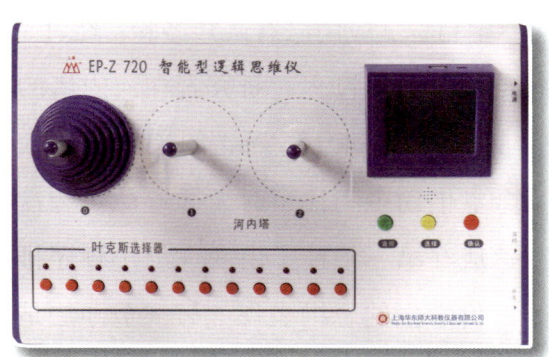

图 7-1　智能型逻辑思维仪

河内塔是测验学生思维活动能力的一种仪器，同时也是训练思维能力的专用仪器，它可以用来考察学生解决问题的思维方向与运用策略的能力。

一、河内塔的由来

河内塔又称汉诺塔。河内塔问题源于一个古老的印度传说。据说开天辟地的神勃拉玛在一个寺庙里留下了三根金刚石的柱子，64个中间有孔的金盘从大到小套在第一根柱子上。底下金盘为最大，往上一个比一个小依次叠上去。庙里的僧侣们不知疲倦地把金盘一个个地从第一根金刚石柱子移往第三根柱子。移动过程中可将中间柱子作为帮助跳板，但每次只能移动一个，而且大盘不能放在小盘上面，包括在借助中间柱子时也不能大盘从小盘上过。但是这个任务是无论如何都不可能完成的，因为根据运行计算，得到移动金盘的次数是18446744073709551615，以每秒钟搬一次计算，则需要5849424117355年时间，而地球至今只有46亿年时间，这是不可能完成的任务。换言之，要把这64个金盘完全移动完成任务，那么世界末日将到来，世间一切都将毁灭殆尽。

虽说故事荒诞不经，但这个河内塔问题却一直流传了下来，被人们熟悉并付诸应用。例如，河内塔问题可用于考察学生的问题解决能力。问题解决是按照一定目标，应用已有认知经验，经过一系列思维操作，使情境中的问题得以解决的过程。研究者在河内塔的基础上进行了改进，以满足实验或训练的要求。这种改进有两种方式，一是移动规则的变化，即搬动金盘借助中间柱子时无须遵循大金盘不能从小金盘上移动，只要最后达成在第三根柱子由底大上小顺序排列即可，此训练可通过完成时间评价学生的思维表现。另一个办法是严格按照规定操作，但减少柱子上的金盘数量，比如金盘数量可根据学生年龄递减，如高中学生可用7个金盘，初中生、小学生逐渐递减，以此训练记录学生完成作业的时间，通过训练达到本人纵向进步曲线，也可横向比较训练成绩所处位置的变化曲线。

二、河内塔的相关研究

（一）河内塔的训练可预测学生学业能力

河内塔对学生的学业能力有一定的预测作用。学者章潇怡和水仁德（2000年）比较了学习困难儿童和正常儿童在河内塔任务中表现的差异性。他们在杭州某三所小学选取了64名六年级学生做被试，其中学习困难儿童和正常儿童各32名。学习困难学生是根据1999—2000学年度第一学期期末成绩总评表，结合班主任意见，从每个班等级评定在及格以及及格以下同学中随机选取2到3名得到的。学习困难儿童的智力均在正常范围下线（瑞文智力测验IQ=70以上），正常学生组是从每个班学业等级评定在中等和中等以上的学生中随机抽取2到3名得到。

为了更加适合儿童进行理解和使用，在实验中，主试改进了河内塔所用的材料。他们使用的材料是三个大小不一样的硬币（五分、一角、一元），以此来代替经典河内塔问题的金盘，以及画有三个圆圈A、B、C的白纸板，以此来替代传统的三根柱子。

实验分为两个阶段，两组被试都要接受这两个阶段的任务。第一个阶段的任务前没有任何提示，第二个阶段的任务前根据被试第一阶段的表现决定是否给予提示。第一阶段，首先要求被试把放在A处的三个硬币按河内塔任务的要求移至C处，主试记录被试开始移动到最终完成所用的时间（T1），并对每一次移动作相应记录，即在记录纸的相应位置上依次记下所移动的硬币代号：1表示五分硬币，2表示一角硬币，3表示一元硬币。然后要求被试把放在C处的三个硬币按要求移至B处，主试同样记录被试开始移动到最终完成所用的时间（T2），每次移动同样作相应记录。第二个阶段的任务是要求把放在B处的三个硬币移动到A处，主试同样记录被试开始移动到最终完成所用的时间（T3）和每一次的移动。这之前，如果被试在第一阶段中已能用最少的步数完成，那就不给予提示；反之，就给予提示。实验结束后，主试再整理每一个任务中所走的步数 R1、R2 和 R3。

在第一阶段中，学习困难儿童组和正常儿童组在第一次任务里所需时间和所走的步数上差异明显（$P < 0.05$），而在第二次任务中，这种差异就消失了（$P > 0.05$），而且学习困难儿童在第二次任务中所需时间及所走步数和第一次相比有明显差异（$P < 0.05$）；正常儿童在这两次任务中所需时间虽有显著差异（$P < 0.05$），但所走的步数差异不明显（$P > 0.05$）。这说明，与正常儿童相比，学习困难儿童在发现和有效运用策略方面存在明显不足，但当困难儿童经过练习，对问题情境比较熟悉后，就会有明显的进步。

河内塔可以预测学生的学业能力。除此之外，我们还可以通过指导和提示学生，使其在河内塔任务中提高自己的问题解决能力，进而提高他们对自己学业的信心。

（二）河内塔的教育应用价值

上面两位学者的实验研究说明了河内塔对学生思维发展的意义。这个意义反映出河内塔训练对开发中小学生学习能力具有较强应用价值，这个价值体现为多方面的意义：

首先，对中小学生的逻辑思维能力的开发具有训练价值。逻辑思维是学生认知发展的核心思维，对中小学生，特别是高中生认识世界，建立正确科学的人生观、世界观和价值观具有特别重要的意义。虽然逻辑知识教学在基础教育中被淡化，但逻辑思维需要融入教与学的过程中，使学生能用逻辑思维来解决问题，提高学科学习能力。而掌握逻辑思维既可以通过教师的教，也可以通过河内塔等心理学仪器进行专业训练来实现。大量研究证明，通过逻辑的训练可以提高自己的认知水平。

其次，对特殊学校学生的智慧开发或康复，河内塔具有切实有效的训练价值。对特殊儿童、学习能力较落后的学生来说，用河内塔的操作可以在一定程度上弥补言语教育之不足，河内塔训练不仅能开发逻辑思维，而且更符合学习困难学生的学习需要，即通过手脑并用达到康复训练的效果。

第三节 叶克斯逻辑思维训练和认知发展

一、叶克斯逻辑思维仪的基本思想

叶克斯逻辑思维仪是以逻辑思维的概念判断推理为基本思想，它可测定被试掌握各种简单和复杂空间位置的概念形成过程及能力，也可了解被试分析问题、概括总结问题和逻辑推理过程的正确性和合乎逻辑规则的科学性，从而达到提高解决问题能力的目的。

叶克斯逻辑思维仪的基本思想是逻辑推理。逻辑推理必须符合逻辑规则。那么什么是推理？推理是由已知的判断，按照事物间的必然联系推出另一个判断的思维过程。

任何推理都由两部分组成，即前提和结论。例如：①为国家利益而死，就比泰山还重。②飞行员王伟是为国家利益而死的。③所以，飞行员王伟的死比泰山还要重。①②两个判断是已知的判断，根据事物间的必然联系，可以根据这两个判断合乎逻辑地推出③这个判断来。这就是推理。已知判断①②叫前提，推出的判断③叫结论。

叶克斯逻辑思维仪建立在逻辑思维基础上，包括概念、判断和推理。概念必须要明确。定义是揭示概念内涵的逻辑方法，在正确定义概念的基础上需要对概念作判断。如果说概念只是"反映"事物的属性，那么判断则是对事物属性的"断定"，即对概念需要作出断定的时候，就要用到判断。例如"中国人民是勤劳勇敢的""语言不是上层建筑""只要明天你来看我,我就不出去了"都是判断,它对"中国人民""语言""明天我是不是出去"分别作出了判断。判断是对句子所表达的思想内容的评价,但是并非所有句子都表达判断,在简单句子中,陈述句一般都是表达判断,而其他句式(疑问、感叹、祈使句)一般并不表达判断。当两个判断按照一定规则发生联系,然后产生第三个判断的过程就是推理。

推理是人们在头脑中对大量的经验材料进行分析加工的过程。在正确观念指导下,推理可以使人们透过现象看到本质,并科学地预见未来。我们不妨看一段《吕氏春秋·察今》的文字:"有道之士,贵以近知远,以今知古,以所见知所不见。故审堂下之阴,而知日月之行,阴阳之变;见瓶水之冰,而知天下之寒,鱼鳖之藏也;尝一脟肉,而知一镬之味,一鼎之调。"这就是说,通达事理的人能够根据近的推知远的,根据现今的推知古代的,根据亲眼看到的推知未曾见到的。例如看到屋檐下阴影的移动就知道太阳、月亮同地球相对位置的变化;见到一瓶水已经结冰了就知道寒冷天到了,鱼鳖都蛰伏起来了;尝一块肉,就可以知道整碗整锅的味道。这就是推理。

推理可以分三大类:第一类称为演绎推理。这是由一般性前提推出个别性结论的推理,前面所举"王伟之死比泰山还重"就是演绎推理。演绎推理主要形式是直言三段论,此外还有假言推理和选言推理。

第二类称为归纳推理。这是由个别性前提推出一般性结论的推理。例如,实行计件工资制,职工甲的生产积极性提高了,乙的生产积极性提高了,丙的生产积极性提高了……所有职工的生产积极性都提高了,没有例外,据此可以归纳出一般性结论:实行计件工资制,调动了广大职工的生产积极性。

第三类是类比推理。这是由个别性前提推出个别性结论的推理，也即从个别到个别的推理。例如，用刻舟求剑而剑不可得的寓言故事，推理说明我国只有与时俱进才能实现强国梦想。

三种推理都有各自的特点和长处，但受文化的制约，西方擅长演绎推理，东方以中国为代表习惯归纳推理，而类比推理是从归纳推理中分化而成的推理。

叶克斯逻辑思维仪正是遵循逻辑规则而设计的对被试进行测试的心理仪器，在中小学心理健康教育中引入叶克斯逻辑思维仪对学生进行有目的的系统训练，相信可以提高学生的思维品质。

二、叶克斯逻辑思维仪的相关研究和应用

（一）叶克斯逻辑思维仪的相关研究

叶克斯逻辑思维仪也称叶克斯选择仪。它由叶克斯（Robert M. Yerkes）于1913年创设。最初的这个选择仪可以同时用来研究人类和动物的概念思维。在1989年的时候，叶克斯的女儿罗伯特为了纪念自己的父亲，将叶克斯选择仪捐给耶鲁大学的皮博迪自然历史博物馆，现在保存在耶鲁大学皮博迪自然历史博物馆中的历史科学仪器收集馆中。虽然这个仪器完全是人工操作的，但是其底部的电路中包括了一个电池，用以控制亮灯和蜂鸣声。叶克斯选择仪分为主试面板和被试面板两部分。主试面板最重要的特征是一排木质的滑动的键，并且每个键都用半圆的黄铜标签从1—12依次标上了号。当把键向后推回的时候，每一个键都会从仪器的末端突出2英寸，这些突出的键便可以像钢琴键一样被按下。一个木质的屏风把主试面板和被试面板隔开（面对主试的有着金属标记的这边就是被试面板）。每一个键都用电线和一个小灯相连，当一个键被按下去的时候，键前面的小灯会发光，而只有按中目标键时，仪器才会发出蜂鸣声，表示找到目标键。在灯亮

的这个最初版本的选择仪中，按键还是使用铰链式的。后来，铰链式的键盘被滑式的键盘取代了，自动化程度更高，操作更方便。

（二）叶克斯逻辑思维仪的应用

崔金才、毕淑珍和李淑萍（1984年）使用叶克斯逻辑思维仪对不同年龄（≥60岁和<59岁）被试的思维概括能力进行了比较。实验共有124名被试，其中老年组58名，非老年组56名。实验中，被试需按主试的要求在叶克斯逻辑思维仪上完成指定的操作。指导语是"我每次向外推出一组电键，其中只有一个键发出响声，您用手挨个儿地按一按，找出这个发声的键。我反复推出几组键，请找出发声键在推出键的位置规律"。主试依序推出10组电键（1、2、3、4、5；6、7、8、9、10；1、3、5、7、9；2、4、6、8、10；1、2、3、6、7；2、3、7、9、10；1、7、8、9、10；3、5、7、9、10；1、3、7、8、9；1、5、6、8、9）。在此10组电键中，每组都是第3个电键发出声音，被试找到规律时，实验终止。被试实验得分在0—80范围内不等，分数越高，说明在叶克斯逻辑思维仪中的表现越好，思维概括能力越强。结果发现，非老年组的思维概括能力显著高于老年组（$P<0.01$）。人的各种心理活动都是大脑机能对客观现实的反映。一般来说，人进入老年期后，脑机能不断衰退，机能发生障碍，思维概括能力下降。

三、叶克斯逻辑思维仪在基础教育中的应用

叶克斯逻辑思维仪运用于基础教育领域，除了应用于教育和心理学的研究，更重要的是运用于心理健康教育和心理辅导之中。通过叶克斯逻辑思维测试仪，可以测评学生的概念形成能力，逻辑推理的正确性。而它的应用是直接面对学生思维能力的训练。对于逻辑概念形成以及抽象思维能力方面较为薄弱的学生，则通过测试制订有的放矢的训练方案，以提高他们的认知能力。

叶克斯逻辑思维仪在中小学具有训练学生逻辑思维的价值,而逻辑思维能力是学生学习的必要条件,也即逻辑思维能力强的学生一般学习能力亦强,反之则弱。所以叶克斯逻辑思维仪对学生逻辑思维的训练显得尤为重要。有研究发现,运用叶克斯逻辑思维仪测量学生的逻辑思维能力,学习困难组学生在该测试上的表现显著差于对照组。因此,可以认为概念形成能力以及抽象思维能力是影响学生学习能力的重要因素。所以在学习困难学生的训练中,加强抽象思维能力训练和概念形成能力训练,可以提高学习困难学生的学习能力。另一方面,叶克斯逻辑思维仪也可用于选拔思维能力突出的学生,对其实施有的放矢的因材施教。

第四节 迷宫训练和认知发展

一、迷宫训练仪构成和背景

(一)迷宫的构成

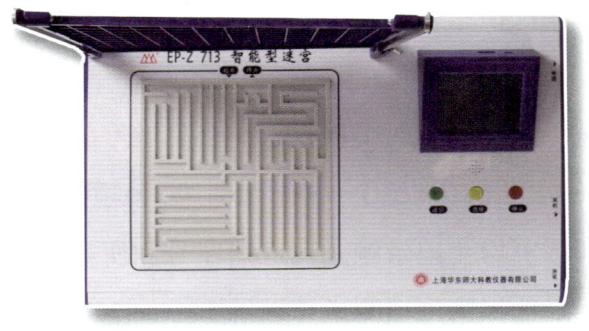

图7-2 智能型迷宫训练仪

迷宫也叫迷津,原是学习空间定向的一种实验仪器。迷宫学习也是研究动作学习常用的一种方法。迷宫在实验动物心理学形成及发展中的作用至关重要。从19世纪末20世纪初开始,迷宫已经成为心理学家测试动物能力时常用的仪器。自从迷宫成为一种实验仪器以来，心理学家利用它进行了大量研究，其中主要的是对动物和人类的学习和记忆过程，特别是空间能力的研究。现在更多地被运用于人们的决策，也被引入了高中阶段学生心理健康教育和心理辅导室。

EP-Z 713 智能型迷宫是一种测试触动觉空间定向能力和空间记忆能力的智能化仪器。触动觉空间定向是指利用触觉和动觉了解事物空间方位特征并转化为视觉再现的能力。空间记忆是指对有关事物的方位和空间特性的记忆。

迷宫测试要求被试在剥夺视觉条件下从起点进入迷宫，并试图走出迷宫。随着练习次数的增加，深入迷宫的距离会越来越长，说明对迷宫路径的空间方位产生了记忆效果。EP-Z 713 迷宫首先使用挡板遮住被试的视线，使其仅能依赖手的触动觉来完成循迹任务。在走迷宫的过程中，要求操作者用测笔从迷宫起点进入，尽可能地沿着唯一通道以最快速度走出盲道纵横的迷宫。这就必须将触动觉的空间定向和触碰盲道的听觉反馈结合起来，形成对迷宫路径布局通畅与否的准确记忆。

迷宫测试（训练）有两个项目，一个是学习曲线，另一个是空间记忆。选择第一项测试（训练）——学习曲线，该项有五轮测试（训练），每轮测试（训练）均会记录触碰盲道的序号和所耗时间，依次可以描绘出学习曲线。选择第二项测试（训练）——空间记忆，该项目只有一轮测试（训练），循迹过程不受触碰盲道次数限制而终止，该迷宫具有测试（训练）程序自动运行、数据实时呈现、统计结果自动处理的智能化特征。

迷宫由迷宫图案板、遮板和底盘三大部件构成。

迷宫图案板，由触笔型结构的迷宫注塑成型，图案板镶嵌在底盘左侧测试区内。迷宫路径包括通路、转折和盲道。底盘上装有可任意转动的遮板，在测试过程中，转下遮板可挡住被试对迷宫的视线。迷宫共设有 20 个盲道，每个盲道按照唯一一条通路的深入位置进行序列编码，序号越大表示深入迷宫的距离越远，离终点位置越近。底盘右侧面有显示屏，用于显示操作界面、指导语和测试数据等。屏幕下方有与显示屏同步播放用的微型扬声器。底盘右侧面还装有耳机插孔，插入耳机可以同步聆听。测试笔置于底盘右侧面下方，使用时按动测试笔尾端，测试笔即可弹出。底盘右侧面上方还分别置有电源插座和电源开关，将电源线插入电源插座即可使用。

（二）迷宫背景

卢布克（Lubbock）在 19 世纪末首先发明迷宫。迷宫有两类，即心理迷宫和实物迷宫。心理迷宫有听觉、视觉迷宫之分。实物迷宫则主要靠触觉和动觉来实现，常用的有触棒迷宫、槽形迷宫和 U 型迷宫。所有迷宫都具有的特征是，有一条起点到终点的正确路径与从此分出的若干盲路。被试的任务在于寻找和掌握这条正确的路径。用达到一定的标准所需的尝试次数、时间或错误次数作为学习的量度。一般情况下，动物和人类的实验常常以三次完全无错作为完成学习标准。迷宫最早是用于研究动物知觉 - 动作学习的仪器。1899 年，斯莫尔（W. S. Small）让白鼠学习一条相当复杂的迷宫通路。通过研究，他认为白鼠迷宫学习所依靠的主要是触觉和动觉记忆。通过迷宫实验来研究人类学习过程始于 1912 年希克思（V. C. Hicks）和卡尔把迷宫应用于人类学习的研究。它是研究一个人在只靠自己的动觉和触觉获得信息的情况下，如何学会在空间中定向。人类迷宫种类很多，有用小棒在槽中走的触棒迷宫，有用手指触摸凸起的路线的手指迷宫，而常见的是触棒迷宫，这是最简单最常用的人类迷宫。

触棒迷宫是在排除视觉条件下，被试用小棒从迷宫起点沿通路移动直至终点。小棒每进入一次盲巷就记录一次错误（常用声音提示）。学习效果以从起点到终点每走完一遍所花时间或所犯错误次数表示。在触棒迷宫学习时，被试要蒙上眼罩以最快速度和最少错误次数到达终点，主要依靠的是触觉和动觉记忆，其进程受到被试对此类学习经验的影响，因此有研究表明盲人由于心理补偿的作用，动觉和触觉比常人敏感，所以他们的迷宫学习成绩要优于正常人。

迷宫学习一般可分四个阶段：一是一般方位辨认；二是掌握迷宫首段、尾段和中间的一、二部分；三是扩大可掌握的部分，直至掌握全部空间图形；四是形成机体对空间图形的自动化操作。练习是迷宫学习的主要手段，练习过程中不断改善以动作方式为目的的重复。

迷宫通过记录错误次数、每次实验所需时间为绘制学习曲线提供相关数据。学习曲线能形象地反映学习的过程，通过学习曲线的绘制可以分析学习的过程。

二、迷宫对决策的意义

对迷宫的研究，目前大多数还是利用触棒迷宫来测量个体的空间记忆能力。迷宫种类很多，但它都有一条从起点到终点的正确途径与分出的若干盲巷。由于个体在学走迷宫过程中始终处于视觉剥夺状态，只能靠触棒与迷宫接触，通过反复尝试和犯错，依靠动觉、触觉和记忆获得并整合信息，在脑海里构造出有关迷宫的大致空间图形，而且还要把这些信息贮存起来，这样才能构造出完整的迷宫结构，并可以在不断尝试中从记忆里提取有关信息以辅助学习过程。所以，迷宫学习涉及许多高级心理过程，诸如计划、思维、记忆及目标定向等等。

学习迷宫对个体的决策能力的提高具有很大的理论价值和现实意义。何谓决策？决策是对不确定情景的选择。在人们的日常生活、工作和学习中，经常会遇到各种各样难以取舍的问题，需要作出最终的选择，这种选择就是决策。

三、迷宫在基础教育中的应用

在心理辅导室的建室方案中，迷宫应用在哪个年龄段的学生合适？这与迷宫的主要思想是决策密切相关。2013年在一次专家研讨会上，有一个九年制学校的专职心理学教师说，她将迷宫运用到小学生的心理活动中，但孩子们没多少时间就弃之不玩了。问题出在哪？专家指出，问题出在心理老师身上，因为她并不明白迷宫所承载的是抽象逻辑思维中的决策，而小学生更多的是形象思维，这显然是不适合的。这也是上海的心理辅导室配置方案将其列入高中阶段的原因。

迷宫可以研究学生在排除视觉条件下，仅依靠自己的动觉、触觉和记忆获得信息，学会在空间中定向的能力。动作技能是指习性的一种操作，它能相当精确执行且不需要有意注意地完成任务。有研究表明，高中学生空间图形认知能力的发展与数学成绩，尤其是与立体几何的关系非常密切。因此，在中学开展与空间图形认知能力相关的课题研究是十分重要的。对空间图形的认知考察包括图形的转化、空间图形的展开以及图形推理等能力的发展。通过触棒迷宫的成绩可以进行学生空间认知能力的评估。

此外，迷宫操作可锻炼学生的耐心和意志品质。由于剥夺了视觉信息，学生触棒迷宫难度陡增，通常需要几十次的练习，这对操作的学生来说不啻耐心和意志的考验。

高中学生通过迷宫训练，提高了决策和选择的元认知能力，这对培养高中学生面对复杂情境下的抉择能力大有裨益。这种决策能力有助于学生多方面的发展。第一，减少对自己的人生规划、职业发展方向选择的盲目性。高中学生面临高考，选择什么专业作为自己发展的方向，很多学生犹豫彷徨，或听由父母、老师做主，或跟风赶时髦，或只考虑今后能多挣钱，等等，而提高了自己决策能力的学生就能够在众多不确定情景中作出符合自己的兴趣爱好和价值观的职业取向。第二，提高了决策选择能力的学生能够形成良好的人际交往圈。高中是人格发展的最重要阶段，选择什么样的同学作为交往对象是其一项重要能力。很多高中学生为了取得好的考试成绩，牺牲人际交往的能力，即使进入了高校，也只能成为"空心人"式高分低能者。第三，异性交往是高中生面临的十分敏感的话题，《诗经》中的"关关雎鸠，在河之洲，窈窕淑女，君子好逑"体现了这个年龄向往与异性交往。与异性同学建立友谊，又要不影响学习，这需要一个智慧的选择，掌握了决策的本领，就能做两利相较取其重的策略选择。

第八章
镜画仪和心理旋转

本章内容提要

◎ 心理旋转的认知理论
◎ 镜画仪的构成和操作训练
◎ 心理旋转的教学实例介绍

第一节 镜画仪

一、镜画仪的构造和使用

（一）镜画仪的构造

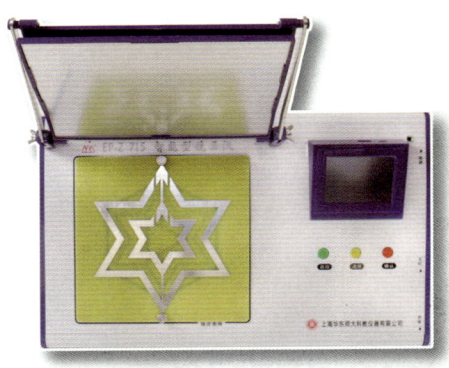

图 8-1 智能型镜画仪

镜画仪由镜画图案板、镜画和遮挡板组件、底盘三大部件组成。

镜画图案板：包括六角星、六边形、三角形 3 块，每块有大小图案各一。

镜画和遮挡板组件：当平面镜竖起来时，操作者就能从镜面中观看到图案板的镜像，而转下遮板可挡住操作者对原图的视线。镜面与遮板可各自绕支架轴任意转动，支架固定在底盘边缘上面。

底盘：底盘上可配装任意一种图案。底盘右侧具有显示屏，用于显示操作界面、指导语和测试数据等。显示屏下面有备用功能操作按键。屏幕下方有与显示屏同步播放用的微型扬声器。底盘右侧面还装有耳机插孔，插入耳机同时可以收听。测试笔置于底盘右侧下方，使用时按动测试笔尾端，测试笔即可弹出。底盘右侧面上还分别置有电源插座和电源开关。

（二）镜画仪的使用

EP-Z 715 智能型镜画仪要求操作者依据镜像用测笔在原图上沿轨

道描绘轨迹图形来实现学习过程。随着练习次数的增加，完成描图一周的时间内脱靶次数也会减少，达到学习与迁移的效果。通过对练习过程中测试数据的分析，就可判断个体的迁移能力、动作技能的学习能力。

在进行镜画仪测试时，首先使用挡板遮蔽操作者对原图案板的直接注视，使其仅仅能够注视由平面镜反射的镜像。然后操作者依镜像用测笔尽可能地沿原图案轨迹描画图案一周。由于镜像和原来的图形相比，上下形成了180度的倒置而左右不变，因此，描画水平线条时眼手的协调动作与自己的习惯是一致的；而描画垂直线条时，与习惯动作正好相反；当斜向描画时，手法要兼顾两者，存在必须改变习惯的要求。

每个完整的测试过程分为6次测试，每次都要求操作者沿图案轨迹走一圈，每圈结束，仪器记录在轨时间和脱靶出错次数。第一圈和第六圈为左手操作，第二至五圈皆为右手操作。左手的两次操作便是右手操作的前后两端的前测和后测，由相关数据即可得出右手练习技能对左手的迁移量，第二至五的四次练习曲线则可反映出操作者练习学习趋势和技能形成的能力。通过镜画仪的反复练习可以引导学生摆脱原有的思维定式，揣摩动作技能形成的相关过程，体会知识迁移的规律。智能型镜画仪具有测试程序自动运行、数据实时呈现、统计结果自动处理的智能化特征。

二、镜画仪的早期实验研究

实验最早出现在亨利（Henri）1898年出版的专著"*Ueber die Raumwahrnehmungen des Tastsinnes*"中。在这本书的触空间知觉部分简略地介绍了镜画实验，但它包含了后来被详细建立的镜画实验的所有基本元素。之后在"*Reuue general sur le sens musculaire*"一文中，亨利更详细地描述了镜画实验，而且这次的实验与之前的镜画实验有所区别，即先前的实验要求被试在两点之间画一条直线，而这次则是先由主试在纸的右边以 45 度角画一条直线，再要求被试画出这条直线的平行线。1905 年，迪尔伯恩（Dearborn）在他的镜画实验中使用了六角星作为描绘的图形，但直到 1910 年，他才发布了对这一实验改进的描述。作为一名教育心理学家，迪尔伯恩认为镜画实验是有价值的，因为它给学生提供了与手部相关的尝试错误学习的一次经历。

塔奇（Starch）在 1910 年的实验中第一次使用了迪尔伯恩设计的六角星图形的镜画仪。它是用来研究儿童获得运动控制过程中所使用的尝试错误的学习方法的。之所以使用镜画仪，是因为通过镜画仪的六角星，可以建立运动与知觉过程间新的协调关系。塔奇认为六角星相比于其他图形有其优点，比如它的不规则给被试带来的迷惑性。首先，被试需要经常转换运动的方向，这点保证了足够大的难度及动作的多样性；其次，六角星的各边都是等长的，这提供了规则性；最后，各边也是足够长的，从而保证了合适的难度，使被试不易产生疲劳感。

塔奇的实验要求被试先用左手画半个六角星，再用右手画 10 个完整的六角星，最后用左手画完原先留下的半个六角星。实验结果被制成图来看每次所需要的时间和出错次数。用左手分别画半个图形的设计是为了排除第一次左手练习的影响。图 8-2 呈现了实验中获得的右手协调过程的典型曲线。图中横轴上每一格是一天，即整个实验进行了连续几天的测试，其中只有两次被干扰，一次是在第一天的第 40 和 41 次记录之间，另一次是在第二天的第 46 次和 47 次记录之间。共计记录了 100 次。上面的曲线表示时间，下面的曲线是错误曲线。两条曲线都表明了一般的学习进程：开始提高得很快，但之后进步趋于缓慢，最后达到各自的限制点。不同之处在于错误曲线似乎比时间曲线先到达最低点。另外，塔奇认为虽然图上没有显示，但在某一学习的平原期似乎就是一些其他的学习方面的快速发展期。图中所对应的实验结果是，右手的正确性提高了92%，时间提高了84%；而左手的正确性提高了81%，时间提高了85%。

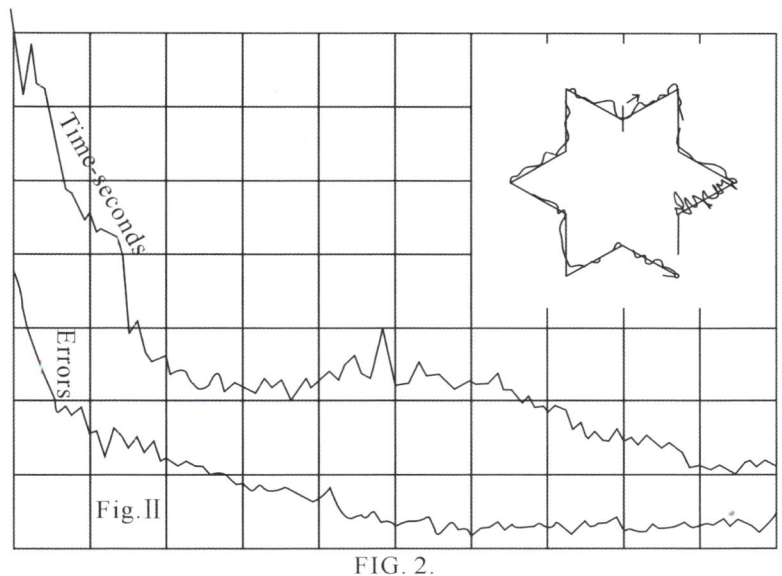

图 8-2　镜画仪学习曲线

塔奇认为，六角星的镜画实验有一些值得称赞之处，它设计足够简单方便，满足对交叉教育和尝试错误学习的研究，并且其结果是可明确测量的。该仪器可以对学习研究中的一些问题进行研究，特别是肌肉协调运动的一般发展、少年儿童和成人适应获得新的运动习惯的比较、交叉教育、练习迁移，以及不同间隔在成绩提高的记录中的效应。

第二节　镜画仪训练和心理旋转

镜画仪的操作是操作者在遮挡条件下，从镜子里看到置于仪器上的图案，再对着镜子作画，形成了180度的心理旋转。可见镜画是在表象的思想基础上形成的具体操作。

一、表象的基本理论

表象是信息编码和表征的主要形式，在人的心理活动中具有独特的作用。认知心理学认为,表象是真实物体的类似物,是真实物的抽象化再现。人将视觉和言语转化为表象存储在记忆中,表象是信息编码的基本形式,人可以对表象进行操作,这种操作类似于对具体事物的操作。基本表象理论得到许多实验研究的支持。

库珀和谢波德(L.A.Cooper&R.N.Shepard)在20世纪70年代,通过心理旋转来说明表象的信息加工过程。实验中,他们以不同倾斜角度的正形象和反形象字母"R"及其镜像共12个字符作为表象实验的材料(如图8-3-1),观察被试确定刺激图形是正形象还是反形象需要的反应时间,以此来说明被试对物体进行二维或三维旋转的心理加工过程。

在实验中,随机地将每个刺激材料呈现给被试,要求被试判断该字符是正向还是反向的,并记录每一次反应时间。实验结果表明:字符从垂直方向旋转的角度越大,判断需要的时间越长;当字符处于垂直0度位置时,不管是正向的还是反向的,判断所需要的时间都比较少;当字符旋转180度,判断需要的时间最多。(见图8-3-2)这说明,被试在判断"R"时需要在大脑中将字符的表象旋转到垂直方向才能作出判断。而试图用其他方法,例如用命题去描述字符的位置是很困难的。这一实验结果充分证明了心理操作可以以表象形式进行,表象是人脑操作和存储信息的一种形式。

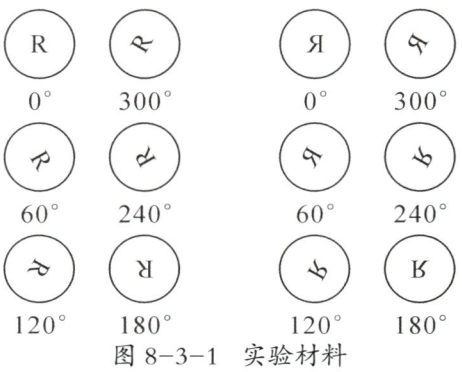

图 8-3-1 实验材料

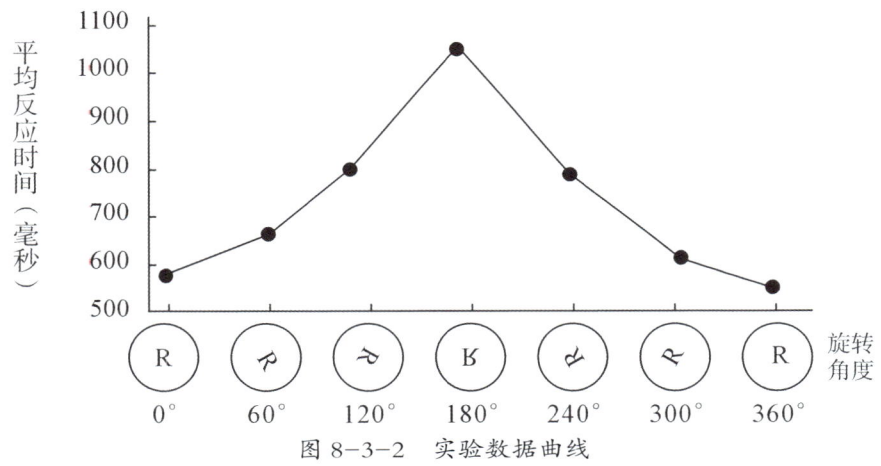

图 8-3-2 实验数据曲线

心理表象旋转实验说明心理旋转具有连续性，表明表象作为信息存储和加工的一种形式，对客体的心理旋转与物理旋转具有类似性。尽管心理旋转实验发现的规律可以解释人的许多心理加工过程，但不能证明表象就是信息存储的唯一形式。心理学的其他实验证明，言语对表象的再现具有启发作用，但表象不能代表言语符号的加工过程。

二、表象和心理旋转的实验研究

（一）遗忘症与镜画仪

一位自从 7 岁因车祸而致癫痫造成遗忘症的患者，深度受损的长时记忆有一部分例外。其中一个就体现在测量感觉运动能力习得的镜画仪测试中。在这个任务中，被试坐在一张桌子前，只能通过一面镜子看到一幅图形和自己的手。图形是两个同心的五角星，任务就是在两个五角星轮廓之间画一条铅笔线。如果铅笔触碰到五角星的轮廓则算作一次失误。这个任务看起来简单，但事实上即使是正常的被试也要经过好几轮试画以后才能准确无误地完成。这位患者在开始的几次尝试中表现出惊人的进步，并且这一技能保持了很长时间，在第三天的测试中，他镜画时的错误仍然稳定在极低的水平。他在习得感觉运动技能上的成功与他完全不记得参加测试的事实形成了鲜明的对比。

(二)学习障碍儿童的研究

学习障碍儿童的言语智商(VIQ)和操作智商(PIQ)呈现不平衡的总体趋势。有学者把 VIQ 明显小于 PIQ 的学习障碍归为言语型学习障碍(Verbal Learning Disabilities,VLD),把 PIQ 明显小于 VIQ 的学习障碍归为非言语型学习障碍(Nonverbal Learning Disabilities,NLD)。据研究,前者常有阅读和拼音障碍,后者常有算术技能障碍,在低龄儿童中存在阅读障碍。

学习的过程包括四个环节,即输入、整合、记忆和输出。其中任何一个环节出现问题都可能导致学习障碍。而在学习的输出环节,学习障碍与手眼协调等视觉-运动因素有关。不同类型的学习障碍在这一环节上的表现可能不同,郭靖等人的实验就运用镜画仪来探究言语型和非言语型两种学习障碍儿童表现的不同。

实验分成两种任务,实验 A 的要求是,拉起遮板,被试面向仪器正坐,在直接观察自己操作的情况下,手腕悬空,完成整个图形的描画,每个被试做 4 次,无时间限制,计算 4 次操作失误次数的平均值。实验 B 的要求是,调整镜子使被试只能在镜中观察图形,完成任务。要求被试在 5 分钟内把图形描画完毕,手腕可放在底座上,每个被试有两次机会,统计各组在时限内完成任务的人次数。被试为 VLD 儿童、NLD 儿童和正常儿童各 20 名。

实验结果显示,在实验 A 中,NLD 组儿童失误次数明显多于正常组儿童($P < 0.05$),VLD 组儿童与正常组儿童之间没有显著差异($P > 0.05$)。实验 B 的检验结果表明能够完成任务的人次数 NLD 组儿童明显少于正常组儿童,VLD 组儿童则与正常组儿童无显著差异。

在实验 A 中,NLD 组儿童出现的失误更多,表明其手眼协调和精细运动功能不足,而VLD组儿童则与正常组儿童差异不大。在实验B中,由于被试在镜中所见只是真正图形的反射,位置和路线刚好是对称的,要求被试不断对输入的视觉信息进行分析调整。NLD组在时限内完成任务的人数明显少于正常组,可见他们的空间推理能力不及正常儿童。实验的结果说明,与VLD相比,视觉-运动障碍主要体现在NLD儿童身上,有关VLD和NLD的产生机制和干预策略必须考虑这一差异。

第三节　镜画仪在基础教育中的应用

一、镜画仪对学生的训练意义

镜画仪是测试和训练技能迁移作用的实验和训练仪器,用于检验学生运动感觉能力和情绪稳定性,也适用于绘图等专业人员的选拔和培训。镜画仪的理论指导是表象和心理旋转,只是镜画仪所折射的图案对训练学生形成了180度心理旋转,它对中学生解决几何等学科中的图形旋转有着重要的学习意义。

镜画仪还可以用于学习障碍学生的辅助性鉴别。由于非言语障碍会歪曲基本的知觉经验,从而影响学习技能的形成,所以我们可以在一所特殊学校,利用镜画仪对有学习障碍的学生进行分类。利用镜画仪实验测试学生视觉-运动的能力以及大脑处理信息与肌肉协调一致的能力,筛选出具有非言语性学习障碍的学生群体,并对他们进行特殊的教育和及时的干预,防止这些障碍对他们的日常生活、社会化共情等产生长期的消极影响。

镜画仪实验和训练还可以培养学生耐心完成任务的品质。在镜画仪训练中,由于被试只能根据镜子来对图形进行描绘,与日常经验背离,所以会引发负面情绪和心理压力。因此,在中小学的教学中,教师可以利用镜画仪来对学生的耐心和意志力进行培养。镜画仪的描绘大多是简单的图形（如五角星、六角星等），教师可以手工自制镜画仪（利用镜子、木板、纸和笔），而后用自制镜画仪进行实验和训练的操作，从而让学生在训练中学会管理好自己的情绪。

在镜画仪任务中，学生不仅可以充当被试进行实验和训练，也可以成为主试，为他人设计镜画任务，因此，这个过程还能培养同学之间的团队合作精神。在中小学生课外兴趣课堂上，首先让学生体验圆、直线、六角星等不同图形的镜画任务，使学生们对镜画仪操作的难度有一定的了解。然后将他们分组，要求各自为对方组设计镜画任务的图形。图形难易可根据学生的认知和知识经验来设计。图形可设计使用直线数、转角数、图形形状等限制。至于构图，即具体的图形组合，可以自由发挥。要求设计的图形尽可能美观，并让对方同学能在较少的错误尝试后完成。这样既培养了学生的审美能力、创新能力，也有助于同学间共情能力的发展——通过对自己在镜画任务上表现的认知，推想对方同学的感受，从而设计出合适的图案和难度，使对方能够较快完成，而并不感到枯燥。任务完成后，教师可以对各组同学的设计予以积极的评价和表扬，这样对学生的合作精神不啻一种很好的激励。

二、镜画仪图案的创新设计的思考

对镜画仪的图案进行创新，使之既能训练学生的镜画能力，又能培养和陶冶克服困难的意志品质。另外，能否突破固有的思维固着和思维定式，让镜画仪能够为提高学生学习能力，解决学习中的困难助力？这里介绍初中几何中必须通过心理旋转方能解决的题目，让学生比较图案旋转前后的解题难度，它对初中同学的数学学习可以有所启迪。

1.

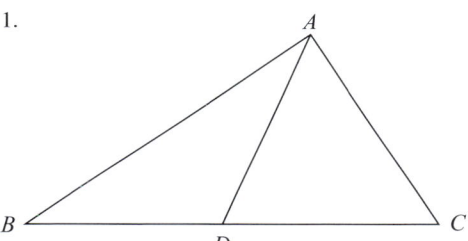 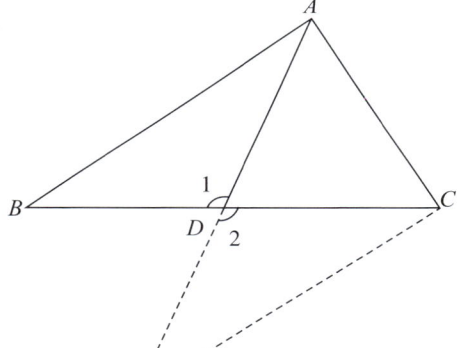

如图，已知在△ABC中，AD为BC边上的中线，
求证：AB+AC > 2AD。
证明：延长AD至E，使AD=ED，连接CE。

在△ABD和△ECD中，$\left.\begin{array}{l}AD=ED\\ \angle 1=\angle 2\\ BD=CD\end{array}\right\} \Rightarrow$ △ABD≌△ECD（SAS）

⇒ 等同于把△ABD绕点D逆时针旋转180°得到△ECD ⇒ AB=EC ⇒ 在△ACE中$\left.\begin{array}{l}AC+EC>AE\\ AE=2AD\end{array}\right\}$
⇒ AB+AC > 2AD。

2.

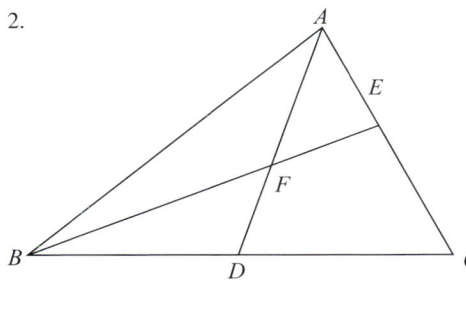 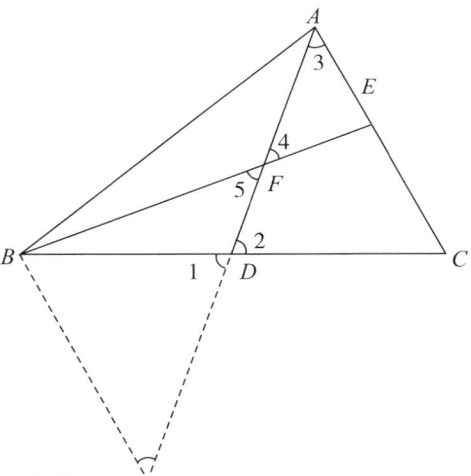

如图，已知AD是△ABC的中线，BE交AC于点E，
交AD于点F，且AE=EF，求证：AC=BF。
证明：延长AD至G，使DG=AD，连接BG。

在△ACD和△GBD中，$\left.\begin{array}{l}AD=GD\\ \angle 1=\angle 2\\ CD=BD\end{array}\right\} \Rightarrow$ △ACD≌△GBD（SAS）

⇒ 等同于将△ACD绕点D顺时针旋转180°得到△GBD ⇒ $\left.\begin{array}{l}AC=BG\\ \angle 3=\angle G\end{array}\right\}$
AE=EF ⇒ ∠3=∠4 $\left.\begin{array}{l}\angle G=\angle 4\\ \angle 5=\angle 4\end{array}\right\}$

⇒ ∠G=∠5 ⇒ $\left.\begin{array}{l}BG=BF\\ BG=AC\end{array}\right\} \Rightarrow$ AC=BF。

3.

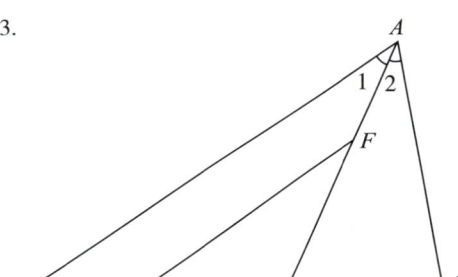

如图，已知在△ABC中，∠1=∠2，DE=DC，AC=EF，
求证：EF∥AB。
证明：延长FD至G，使DG=DF，连接CG。

在△EFD和△CGD中，$\left.\begin{array}{l}DE=DC\\ \angle 4=\angle 5\\ DF=DG\end{array}\right\}$ ⇒ △EFD≌CGD（SAS）

⇒ 等同于将△EFD绕点D逆时针旋转180°得到△CGD ⇒ $\left.\begin{array}{l}\angle G=\angle 3\\ EF=CG\\ EF=AC\end{array}\right\}$ ⇒ CG=AC ⇒ $\left.\begin{array}{l}\angle 2=\angle 1\\ \angle 2=\angle G\end{array}\right\}$

⇒ $\left.\begin{array}{l}\angle 3=\angle G\\ \angle 1=\angle G\end{array}\right\}$ ⇒ ∠1=∠3 ⇒ EF∥AB。

4.

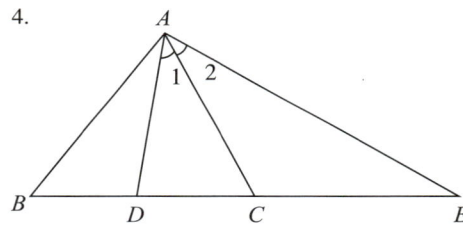

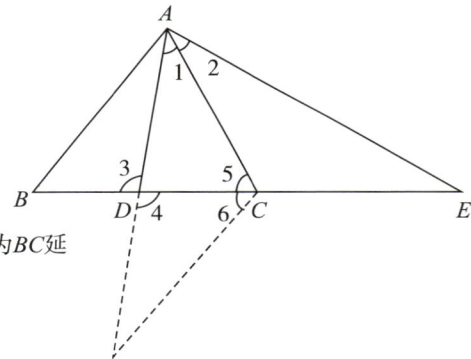

如图，已知在△ABC中，AB=BC，AD为中线，E为BC延
长线上一点，且CE=BC。
求证：∠1=∠2。
证明：延长AD至F，使AD=DF，连接CF。

在△ABD和△FCD中，$\left.\begin{array}{l}AD=FD\\ \angle 3=\angle 4\\ BD=CD\end{array}\right\}$ ⇒ △ABD≌FCD（SAS） ⇒ 等同于将△ABD绕点D逆时针旋转180°得到△FCD

⇒ $\left.\begin{array}{l}\angle B=\angle 6\\ AB=CF\end{array}\right\}$

$\left.\begin{array}{l}AB=BC\\ CE=BC\end{array}\right\}$ ⇒ $\left.\begin{array}{l}AB=CF\\ AB=CE\end{array}\right\}$ ⇒ CF=CE

$\left.\begin{array}{l}\angle B=\angle 6\\ \angle ACE=\angle B+\angle BAC\\ \angle ACF=\angle 6+\angle 5\\ AB=BC ⇒ \angle BAC=\angle 5\end{array}\right\}$ ⇒ $\left.\begin{array}{l}\angle ACE=\angle ACF\\ AC=AC\end{array}\right\}$ ⇒ △ACF≌ACE（SAS） ⇒ ∠1=∠2。

5.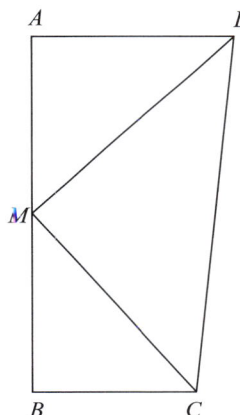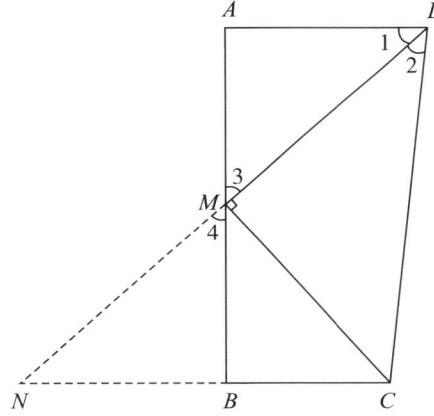

如图，已知在四边形ABCD中，AD∥BC，AD+BC=CD，MD平分∠ADC。
求证：（1）AM=MB；（2）MD⊥MC。
证明：延长DM，与CB的延长线交于N。

（1）$AD\parallel BC \Rightarrow \angle 1=\angle N \atop \angle 1=\angle 2$ } $\Rightarrow \angle 2=\angle N \Rightarrow$ $CD=CN \atop CN=BN+BC \atop CD=AD+BC$ } $\angle 3=\angle 4 \atop \angle 1=\angle N$ } $\Rightarrow AD=BN$

$\Rightarrow \triangle ADM \cong \triangle BNM$（AAS）$\Rightarrow$ 等同于把△ADM绕点M逆时针旋转180°得到△BNM $\Rightarrow$ AM=MB。

（2）$\triangle ADM \cong \triangle BNM \Rightarrow DM=NM \atop CD=CN$ } $\Rightarrow DN\perp MC \Rightarrow MD\perp MC$。

6.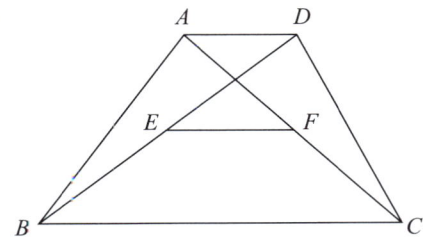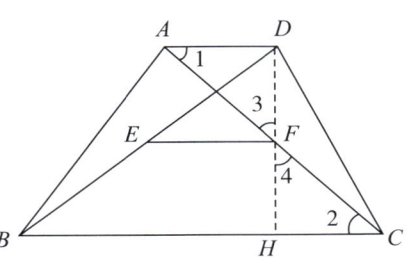

如图，已知在四边形ABCD中，AD∥BC，E，F分别为AC，BD的中点，设AD=a，BC=b（a>b），
求EF的长。
解：连接DF并延长，交BC于H。
$AD\parallel BC \Rightarrow \angle 1=\angle 2 \atop AF=CF \atop \angle 3=\angle 4$ } $\Rightarrow \triangle ADF \cong \triangle CHF$（ASA）$\Rightarrow$ 等同于将△ADF绕点F逆时针旋转180°得到△CHF

$\Rightarrow$ $CH=AD=a \atop DF=HF \atop DE=BE \atop BH=BC-CH=b-a$ } $\Rightarrow EF=\dfrac{1}{2}BH$ } $\Rightarrow EF=\dfrac{1}{2}(b-a)$。

7.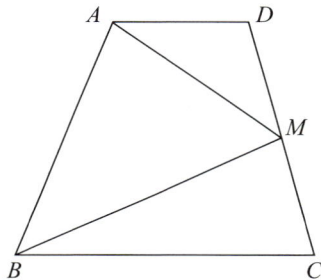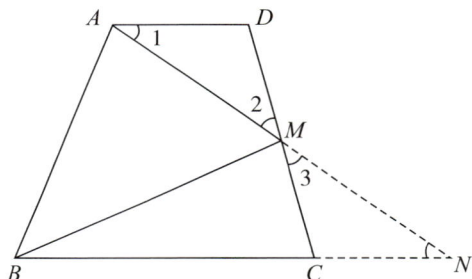

如图，在四边形 $ABCD$ 中，$AD\parallel BC$，M 是 DC 的中点。
求证：$\triangle ABM$ 的面积等于四边形 $ABCD$ 面积的 $\dfrac{1}{2}$。
证明：延长 AM，与 BC 的延长线交于 N。

在 $\triangle ADM$ 和 $\triangle NCM$ 中，$\left.\begin{array}{l}AD\parallel BC\Rightarrow \angle 1=\angle N\\ \angle 2=\angle 3\\ DM=CM\end{array}\right\}\Rightarrow \triangle ADM\cong \triangle NCM$（AAS）

$\Rightarrow$ 等同于把 $\triangle ADM$ 绕点 M 逆时针旋 $180°$ 得到 $\triangle NCM \Rightarrow S_{\triangle ADM}=S_{\triangle NCM}$

$\left.\begin{array}{l}\Rightarrow S_{\text{四边形}ABCD}=S_{\triangle ABN}\\ AM=MN\Rightarrow S_{\triangle ABN}=2S_{\triangle ABM}\end{array}\right\}\Rightarrow S_{\triangle ABM}=\dfrac{1}{2}S_{\text{梯}ABCD}。$

8.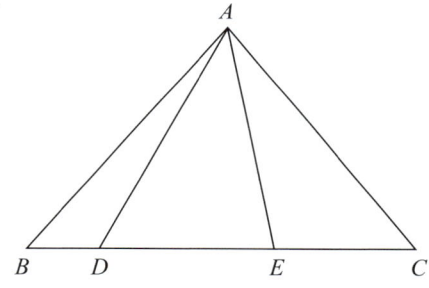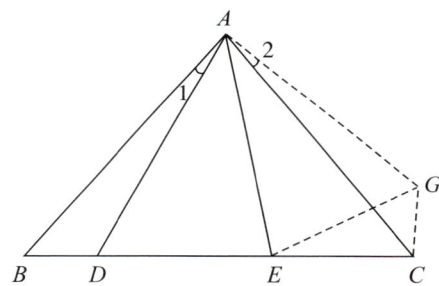

如图，在 $\triangle ABC$ 中，$AB=AC$，D，E 是边 BC 上不与 B，C 重合的两个动点。若 D，E 在移动时，始终保持 $\angle DAE=\dfrac{1}{2}\angle BAC$，请你猜想一下，线段 BD，DE 和 EC 能否构成同一个三角形的三条边？若能，请证明你的结论。

解：线段 BD，DE，EC 能构成同一个三角形的三条边。
证明：把 $\triangle ABD$ 绕点 A 逆时针旋转使 AB 与 AC 重合，得到 $\triangle ACG$，连接 EG。
由旋转得 $AG=AD$，$BD=CG$，$\angle 1=\angle 2$

$\left.\begin{array}{l}\angle DAE=\dfrac{1}{2}\angle BAC\end{array}\right\}\Rightarrow \angle DAE=\angle GAE\left.\begin{array}{l}AE=AE\\ AD=AG\end{array}\right\}$

$\Rightarrow \triangle ADE\cong \triangle AGE$（SAS）$\Rightarrow DE=GE$
$\left.\begin{array}{l}BD=CG\\ \triangle ECG\end{array}\right\}\Rightarrow$ 线段 BD，DE 和 EC 能构成同一个三角形的三条边。

9.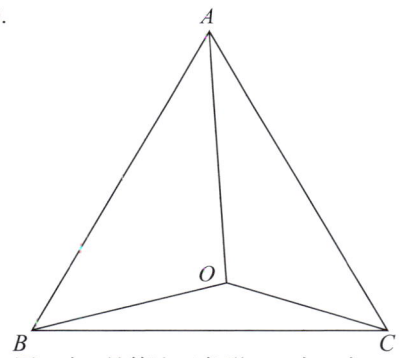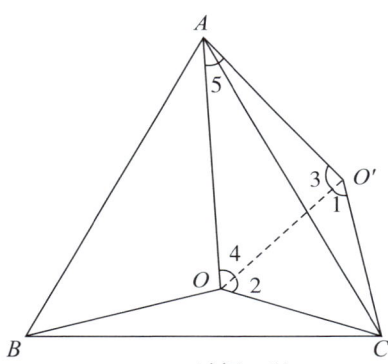

如图，点O是等边三角形ABC内一点，$\angle AOB=100°$，$\angle BOC=150°$，试问：以OA，OB，OC为边能否构成一个三角形？若能，请求出该三角形各角的度数，并确定三角形的形状？若不能，请说明理由。

解：以OA，OB，OC为边，能构成一个三角形。

把$\triangle BOC$绕点C顺时针旋转$60°$得到$\triangle AO'C$。

由旋转得：$\triangle BOC \cong \triangle AO'C \Rightarrow \begin{cases} OB=O'A \\ \angle AO'C=\angle BOC=150° \\ OC=O'C \\ \angle OCO'=\angle ACB=60° \end{cases} \Rightarrow \triangle COO'$是等边三角形$\Rightarrow \begin{cases} \angle 1=\angle 2=60° \\ OC=OO' \end{cases} \Rightarrow \angle 3=90° \Rightarrow$

以OA，OC，OB为边能构成一个直角三角形。

$\angle 4=360°-(\angle BOC+\angle AOB+\angle 2)=360°-(150°+100°+60°)=50°$，

$\angle 5=90°-\angle 4=40°$。

10.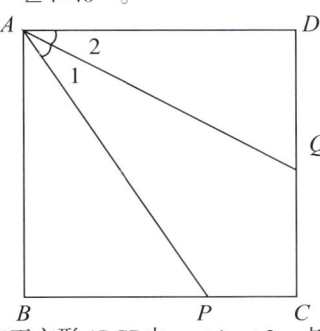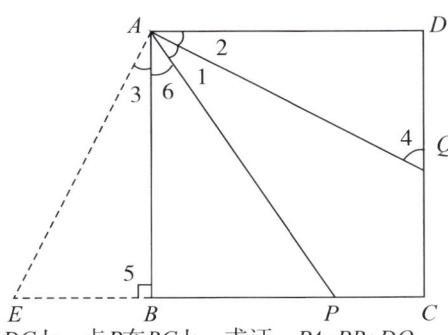

如图，在正方形$ABCD$中，$\angle 1=\angle 2$，点Q在点DC上，点P在BC上。求证：$PA=PB+DQ$。

证明：延长PB至E，使$BE=DQ$，连接AE。

正方形$ABCD \Rightarrow \begin{cases} AB \parallel CD \\ AD=AB \end{cases}$

在$\triangle ADQ$和 $\angle D=\angle 5=90°$ $\Rightarrow \triangle ADQ \cong \triangle ABE$（SAS）$\Rightarrow$ 等同于将$\triangle ADQ$绕点A顺时针旋转$90°$得到$\triangle ABE$ $\begin{cases} \angle 2=\angle 1 \\ \angle 2=\angle 3 \\ \angle 4=\angle E \end{cases} \Rightarrow \angle 1=\angle 3$

$\triangle ABE$中， $DQ=BE$

$AB \parallel CD \Rightarrow \begin{cases} \angle BAQ=\angle 4 \\ \angle BAQ=\angle 1+\angle 6 \end{cases} \Rightarrow \begin{cases} \angle 1=\angle 3 \\ \angle 1+\angle 6=\angle 4 \\ \angle 4=\angle E \end{cases} \Rightarrow \begin{cases} \angle 3+\angle 6=\angle E \\ \angle PAE=\angle 3+\angle 6 \end{cases}$

$\Rightarrow \angle PAE=\angle E \Rightarrow PA=PE$
$\begin{cases} PE=PB+BE \\ BE=DQ \end{cases} \Rightarrow PA=PB+DQ$。

11.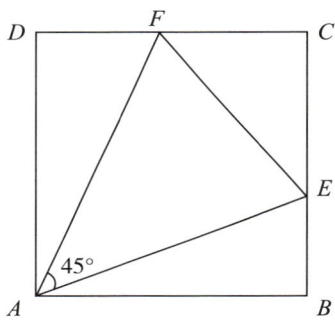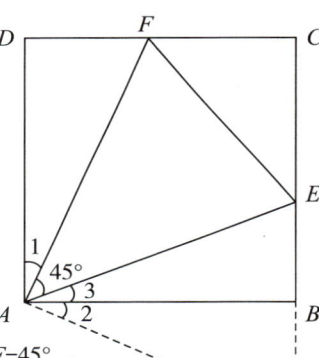

如图，在正方形ABCD中，E，F分别在BC，CD上，∠EAF=45°，连接EF。

求证：$S_{正方形ABCD} : S_{\triangle AEF} = 2AB : EF$。

证明：将△ADF绕点A顺时针旋转90°得到△ABG。

由旋转得：$\triangle ABG \cong \triangle ADF \Rightarrow \begin{cases} AG=AF \\ \angle 1 = \angle 2 \end{cases}$

$\left.\begin{array}{l}\angle BAD=90° \\ \angle EAF=45°\end{array}\right\} \Rightarrow \angle 1+\angle 3=45° \Rightarrow \angle 2+\angle 3=45° \Rightarrow \angle GAE = \angle EAF=45°$

在△AEF和△AEG中，$\begin{cases} AE=AE \\ \angle EAF=\angle GAE \\ AF=AG \end{cases} \Rightarrow \triangle AEF \cong \triangle AEG$（SAS）$\Rightarrow \begin{cases} EF=EG \\ S_{\triangle AEF}=S_{\triangle AEG} \\ S_{\triangle AEG}=\frac{1}{2}AB \cdot EG \end{cases} \Rightarrow \begin{cases} S_{\triangle AEG}=\frac{1}{2}AB \cdot EF \\ S_{正方形ABCD}=AB^2 \end{cases}$

$\Rightarrow S_{正ABCD} : S_{\triangle AEG} = AB^2 : \left(\frac{1}{2}AB \cdot EF\right) = 2AB : EF$。

12.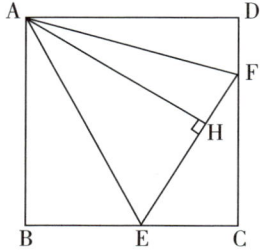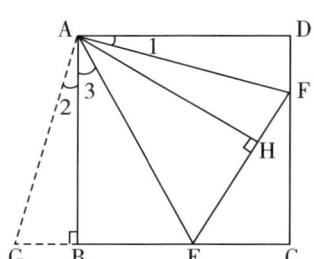

如图，在正方形ABCD中，∠EAF=45°，AH⊥EF，垂足为H。

求证：AH=AB。

证明：延长CB至G，使BG=DF，连接AG。

正方形ABCD $\Rightarrow \begin{cases} AD=AB \\ \angle D=\angle ABG=90° \\ DF=BG \end{cases} \Rightarrow \triangle ADF \cong \triangle ABG$（SAS）$\begin{array}{l}\angle EAF=45°\end{array}$ 等同于将△ADF绕点A顺时针旋转90°得到△ABG $\begin{cases} \angle 1=\angle 2 \\ AF=AG \end{cases}$

$\left.\begin{array}{l}\angle BAD=90° \\ \angle EAF=45°\end{array}\right\} \Rightarrow \angle 1+\angle 3=45° \Rightarrow \angle 2+\angle 3=45° \Rightarrow \angle EAG=45° \Rightarrow \angle EAF=\angle EAG$
$\angle 1=\angle 2 \qquad AE=AE$

$\Rightarrow \triangle AEG \cong \triangle AEF$（SAS）$\Rightarrow \begin{cases} S_{\triangle AEF}=S_{\triangle AEG} \frac{1}{2}EF \cdot AH = \frac{1}{2}EG \cdot AB \\ EF=EG \end{cases} \Rightarrow AH=AB$。

第九章
棒框仪和认知检测

本章内容提要

◎ 学生中常见的偏科现象对学习的影响
◎ 几种常见的认知方式
◎ 棒框仪的构造和操作检测

第一节　认知风格简述

一、认知风格研究的脉络

沃伦（Vernon）认为"风格"的概念可追溯到古希腊医生希波克拉底的气质学说。在心理学史上有许多心理学家对当今的认知风格产生过重要的影响。马丁森（Martinsen）和瑞丁（Riding）指出詹姆斯（W. James，1890）的个体差异概念对风格结构问题有影响。瑞丁还指出了高尔顿（F. Galton，1883）关于天才儿童的研究工作，特别是巴特莱特（Bartlett，1932）在认知方面关于个体差异所做的大量的研究。奥尔波特（Allport）在他的工作中发展了生活风格概念，人们一般认可他是第一位深思熟虑地将"风格"结构同认知联系起来的心理学家。

1954年，被冠以"认知方式之父"美誉的美国心理学家威特金（H. Witkin）提出了场独立性型-场依存性型的概念，并通过实验进行了系统研究。在此之后，认知方式一直是心理学研究的热点之一，在20世纪60年代非常盛行，到70年代初期达到了顶峰，以后逐渐趋向衰弱。人们研究兴趣的转移，并不是因为这个领域的研究不重要，而是因为人们开拓了更多的心理学研究领域。但是，进入90年代以来，认知方式的研究再一次引起了人们的重视，并且教育领域内的应用研究变得越来越重要。

纵观认知风格结构模型的发展，可以看到，在不同的阶段，心理学家们的工作方式以及认知风格理论的状况是非常不同的。据此，可以将认知风格结构模型的发展分为三个阶段：

第一阶段是认知结构模型的发现增殖期，主要是20世纪40年代早期至70年代末。在这个阶段，有大量的认知风格结构被提出和调查验证。然而，研究者们一般来说都是工作在自己的情境里，他们观察的是自己认为有代表性的认知风格结构模型，发展出自己的评估工具并对被研究的认知风格给予自己的标签，而较少参照其他研究者的工作。一些研究者认为，很多的标签其实是相同维度的不同名称。这个阶段发现的认知风格模型有场依存性型－场独立性型、拘泥型－变通型、广视分类型－狭视分类型、齐平化－尖锐化、分析－非分析、认知复杂型－认知简约型、聚合思维型－发散思维型、扫描型－聚焦型、整体型－序列型、言语型－表象型等等。

第二阶段是认知风格理论的综合期，主要出现在 20 世纪 80 年代。

进入 80 年代，虽然也有少量的认知风格模型被提出，但总的来说关于认知风格模型处于停滞状态，部分原因是它淹没在来自这个领域的成果中，部分原因是这一领域缺乏"内部对话"。瑞丁和齐玛（Cheema）指出"很多研究者在学习认知风格研究方面从事工作，没有注意到其他风格类型的存在"，这导致这一研究领域过于庞大和分散，缺乏结构性和适用性。尽管一些人将认知风格这一领域看成是一个濒于死亡的领域，然而，仍旧有一些积极的努力，企图从众多不同的理论角度，将大量的经验性研究进行理论的综合。克里（Curry）曾提出认知风格测量的三层次模型。它的表层是那些易被观察和被影响的"风格"，如学习偏好调查所针对的部分；第二层包括了信息加工风格，如科博（kobb）的学习风格调查问卷阶段所研究的内容，它与个体同化信息的智力工作方式相关；最内层称为认知个性风格，被定义为个体适应和同化信息的方法，很显然，这种风格表现在各种情况下，如威特金等人的隐蔽图形测验、卡根（Kagan）的匹配相似图形测验等。这三个层次的稳定性依次增加。显然，这不是一个单纯的认知风格模型。其他综合工作，包括库尔福德（Cuilford）将认知风格结构置于他们的智力模型结构中，米勒（Miller）将现代信息加工理论作为参照框架。

第三阶段是认知风格理论的成熟与认知风格结构模型的定型期，主要出现在20世纪90年代至今。

在认知风格领域中，突破性工作出现在90年代。它是由英国伯明翰大学的瑞丁及其同事来完成的。他们不只是综合了已有的发现，还给出了一个结构，发展出了自己的认知风格评估方法，然后对其进行了调查，并应用于真实的情境之中。

我国对认知方式的研究始于20世纪70年代末，之后北京师范大学的一批心理学工作者开始对认知方式进行了探索和一系列的实验研究，并将许多研究成果收录于谢斯骏、张厚粲《认知方式——一个人格维度的实验研究》一书中。

二、学生学习中的几种认知风格

认知风格也称认知方式，是指个体习惯性的加工信息的方式。在这个定义里，所谓加工信息，是指知觉、记忆和思维等认知活动；所谓习惯性的，是指个体并不意识到的偏好。此外，个体加工信息的方式不一定观察得到，但是可以通过特定的作业表现推论出来并予以证实。在上述定义中，最重要的是"习惯性的"这一内容。由于习惯性的行为是一种稳定的行为，因此，个人的认知方式差异一般来说也是稳定的，换言之，个人的认知方式差异一般是不会改变的，或者说是很难改变的。

尽管认知风格门类甚多，但对于实践应用的基础教育来说，最常见的、对学校教育及对教师和学生来说最有意义的认知风格大抵有场依存性型-场独立性型、慎思型-冲动型以及整体型-序列型这三种认知风格。

（一）场独立性型－场依存性型

这是美国著名心理学家威特金提出来的一种认知方式。这里的"场"意思是问题的空间。所谓场独立性型，是指当个体面对一个作为认知目标的问题时，很少甚至不依赖于该问题空间中的其他一些线索，而是根据认知目标本身的结构来搜索信息。所谓场依存性型，是指当个体面对一个作为认知目标的问题时，较多甚至完全依赖于该问题空间中的其他线索，从这些线索中搜索信息。

测量这种认知方式的特征有一个比较简单易行的工具，叫作"镶嵌图形测验"（见图9-1）。

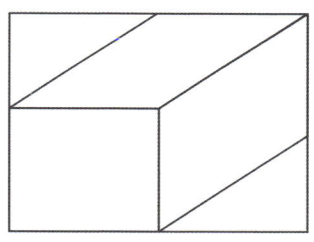 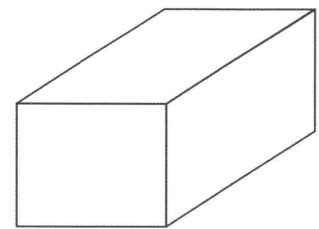

图 9-1　镶嵌图形

测验时要求被试从复杂图形里看出指定的简单图形，正确指出的简单图形越多，或者所花时间越少，就越是具有场独立性认知特征的人。相反，如果所指出的简单图形越少，或者所花时间越长，就是越具有场依存性认知特征的人。我们可以根据镶嵌图形来说明场独立性或场依存性的内涵和两者之间的区别。

我们把一个镶嵌图形定义为一个"场"，在这个场里面，有我们需要辨认的"目标"，即简单图形。

如果没有这些多余线条和阴影，那么看出指定的简单图形是很容易的。这些多余线条和阴影给辨认简单图形带来了困难。这种困难可以描述为"场"内多余线条和阴影"影响"我们对"目标"图形的辨认。

有的学生可以迅速、准确地辨认出"目标",表明他的认知活动比较不受"场"内多余线条和阴影的影响,这就是"独立于场"的含义,所以这样的学生就叫"场独立性型者";有的学生要花较多的时间才能辨认出"目标",有的学生甚至最终还是辨认不出或认错,表明他的认知活动较多地受"场"的影响,这就是"依存于场"的含义,所以这样的学生被叫作"场依存性型者"。这就是场独立性型–场依存性型的由来。

那么,场独立性型和场依存性型作为两种不同的认知方式,其个体差异有着怎样的现实意义呢?它表明为了认识事物而获取参照信息时,个体之间在习惯性地或偏爱地侧重的信息源有所不同。场依存性型者习惯性地或偏爱地侧重从外部环境(即所谓的"场")中搜索信息,而这种"搜索"过程往往是不自觉的,所以就表现为"受外部环境的影响"的行为方式;场独立性型者则相反,他们习惯性地或偏爱地侧重根据认知目标本身的结构来搜索必要的信息,因此就表现为"不易受外部环境的影响"的行为方式。

威特金本人还根据很多人的研究,阐述过场依存性–场独立性认知方式对于教学的意义,这意义概括为以下方面:

1. 随着孩子的成长,大多数场依存性型者更偏爱艺术和人文学科,而大多数场独立性型者更偏爱数学和自然科学学科,因为数学和自然科学学科有着比艺术和人文学科更严密的概念体系和内部的逻辑结构。

2. 即使是学习同一项内容,场独立性型和场依存性型偏爱的教学方式也不一样,前者更喜欢正规的、结构比较严谨的教学,而后者更喜欢松散的讨论式学习，而当他们混合在一个班级里上课的时候，一般只能"遭遇"特定的一种教学方式，因此，他们之间的学习效果就很有可能出现差异。

3. 一般说来，学习的支援力量被划分为人和物两类，前者如教师、父母亲或同学的帮助，后者如各种各样的参考资料。场依存性型者偏爱来自别人的支援，表现为学习中遇到问题时更喜欢请教他人，并喜欢别人予以系统的讲解，在群体环境下会学得比独自一人时更好些；场独立性型者则更多地依赖于资料本身，不喜欢别人给予许多讲解，喜欢独立思考。场独立性型者教师讲课时往往组织比较严密，喜欢讲授方法；场依存性型教师讲课时结构比较松散，喜欢讨论。这些教学方式本身没有绝对的好坏，每一种教学方式是根据教学内容本身的结构程度、特定内容的预定教学深度，教学效果的评价尺度，以及教师本人的教学经验和教学技巧而设计的。

（二）冲动型－慎思型

这种认知风格是著名的心理学家杰罗姆·卡根（J. Kagan）首先提出来的一种认知方式。所谓冲动型是指，当个体处于不明情境中时，倾向于用自己想到的第一个答案来回答问题。所谓慎思型是指，当个体处于不明情境时，倾向于仔细考虑所观察到的现象以及所面临的问题，在行动前致力于把问题考虑清楚。

实验主试根据匹配相似图形测验（图9-2）确定冲动型和慎思型认知特征。第一个图形是标准图，要求学生从剩余的8个相似图形中找出一个与标准图形完全一致的图形。对被试成绩，考虑从两方面考核分数，一个是判断的正确性，一个是作出判断所花的时间。具有冲动型认知风格的学生，往往倾向于用自己想到的第一个答案来回答问题，想到什么就立即回答，但错误的可能性比较大；具有慎思型认知风格的学生则正好相反，当他们处于不明情境而难以作出行动抉择时，常常过分小心地对待所面临的问题，因而在完成细致的任务时，作出认知决定所花的时间比较长，但正确率高。

图 9-2 匹配相似图形

有研究表明，对于需要进行详细分析才能学好的材料，慎思型学生的认知方式更有利于学习，但对于不太需要注重细节或者应急的任务，冲动型学生的认知方式往往更有利于任务的完成。就解决问题的能力而言，冲动型认知风格的学生并不一定低于慎思型认知风格的学生。

冲动型认知方式的学生具有抓住总体与快速概念化相结合的特点。这里的概念化方式是指学生在对事物进行分类时采取的各种方式的总称。冲动型认知方式的学生能根据事物之间的共同的关键特征进行分类，在解决简单问题时，慎思型认知风格的学生往往比冲动型认知风格的学生更快。

冲动型－慎思型认知方式的差异起源同家庭教养方式有一定的联系，这对学校教育特别有意义，因为这就意味着冲动型－慎思型认知方式是可以训练的。假如学校教师认为慎思对于完成某些学习任务来说是更合适的认知方式，那就可以训练学生的慎思认知风格，特别是训练认知上比较冲动的学生怎么样能做到审慎对待学习、生活中的问题。一些实验研究表明，学龄初期的学生更容易接受老师对其认知风格的训练。有的训练程序只不过要求冲动型儿童在一开始要反应的时候就智慧地抑制这一反应。结果受过训练的冲动型认知风格的学生要比未受过训练的冲动型儿童在解决问题时显得相对"慎思"，作业表现也明显好转。有的训练程序指导冲动型孩子观察慎思型孩子的行为，然后模仿之，也能取得一定的效果。正是从这个角度看，在所有认知方式中，冲动型－慎思型认知风格是最有教育价值的。

（三）整体型－序列型

这是英国心理学家帕斯克（Pask）提出来的两种对立的认知方式。

所谓整体型，是指个体在研究一篇材料时，通过使用说明性例子和类比的方法，达到对材料的总体把握。所谓序列型，是指个体在研究一篇材料时，通过连续地或相继地注意一系列材料中的细节，达到对材料各个部分的把握。

采用整体型认知方式学习的人从整体上研究材料，如果阅读材料中的题目有不同的层次，他们往往比他人更快地往下读，阅读注意的范围更大，他们的信念是"整体大于部分之和"。这好比说，即使准确地掌握很多孤立的细节，也不一定能领会总体的意思或意义，而一旦确立了整体的意思或意义，则把握细节就不难了。这样的信念表现在处理信息的行为上就往往是先根据自己的理解建构总的意义框架，建立"大图景",把握主要思想,然后再确定细节的位置,分析细节的意义与整体意义的关系。典型的整体型学习方式的人突出地显示出"领会性学习"的特征。

与此对立的是序列型的学习方式。这样的学生在阅读理解一篇材料时,直线地从一个题目走向下一个题目,注意力往往集中在操作性细节和程序上,步步为营地留心一连串的细节,聚沙成塔地学完整个材料。他们的信念仿佛是,既然整体是由部分连接起来的,那么准确地把握部分,尤其是把握细节间起承转合的方式,就必然能够准确地把握住整体意义。典型的序列型学习方式的人突出地反映出"操作性学习"的特征。

研究表明,这两种学习方式的人都可以达到同样好的理解水平。但是若过分坚持自己偏爱的学习方式就会产生一些弊端。过分地坚持采用整体型学习方式容易犯走马观花、浅尝辄止、轻易下结论的毛病,表现为不审查取用的例子或类比本身是否恰当,概括是否周延,仅仅根据少量证据就匆忙作出结论。过分地坚持采用序列型学习方式易犯缺乏远见、只见树木不见森林的毛病,表现为不敢使用类比,不尝试建立总体图景,不善于提出自己的假设,害怕认知上出现哪怕一丁点儿的风险。

第二节 认知风格的检测

一、棒框仪的构成

"场独立性型-场依存性型""慎思型-冲动型""整体型-序列型"这三种学生常见的认知风格可以通过棒框仪得到检测。场依存与场独立的测试采用设定的四种框角度,操作者需要调节棒的转角使其尽量垂直于地面；慎思型－冲动型认知风格的测定是预先设定一种棒框角度，操作者在有结果反馈的情况下调节棒使其垂直于地面；整体型－序列型认知风格则是通过框垂直度调节棒、棒垂直度调节框、棒框均需调节的三种调节绩效比较来判断的。棒框仪在使用前和使用过程中不需要主试来进行调节，能自动完成所有测试设置，并且具有数据实时呈现、统计结果自动处理的智能化特征。

棒框仪由机盒、观察筒和仪器底盘三个部件构成（图9-3）。

机盒，包括棒线与方框图案转角的自动设定和调节系统。

观察筒，供操作者用以观察棒框测试图案。

底盘，通过支柱将机盒与观察筒统一安装在底盘的左侧测试区内，底盘右侧有显示屏，用于显示操作界面、指导语、测试数据等。屏幕下方有与显示屏同步播放用的微型扬声器。底盘右侧面还装有耳机插孔，可以插入耳机使用。底盘右侧面的上下方还分别设置电源开关，将电源线插入电源插座即可使用。

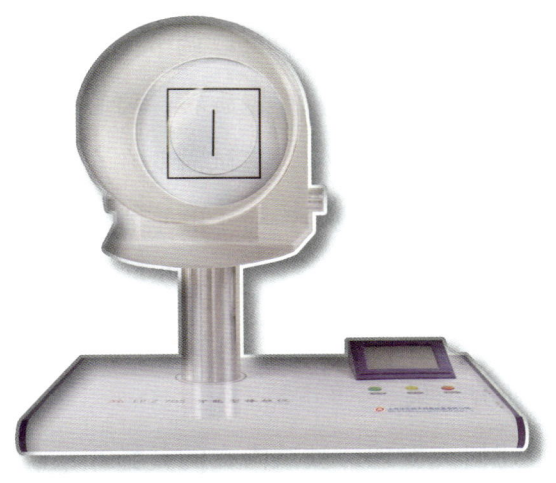

图9-3 棒框仪

二、威特金和认知风格

（一）知觉差异和认知风格

威特金将认知风格的研究成果率先应用到美国空军飞行员的选拔上。他早期从事知觉的个别差异研究，后来转为研究场依存性问题。在研究知觉时他发现，有些人很难从视野中离析出知觉单元，而有些人却能轻易地从视野中离析出知觉单元，这就成了他转而研究场依存性-场独立性的直接诱因。在研究垂直知觉时，他运用了三项测验：

1. 身体顺应测验。主试先将小屋放在一个倾斜的位置上，然后让被试调整座椅，使身体尽量与地面垂直。椅子的垂直度则作为该测验完成情况的指标。

2. 棒框测验。在暗室中呈现一个亮的方框，在亮的方框中间有一根亮棒，框和棒的倾斜度均可独立调整。主试会先调整方框使其倾斜某一角度，再让被试调整棒，使之垂直于水平面（地面）。棒的垂直度则作为该测验完成情况的指标。

3. 斜屋测验。该测验是在一个可以在圆形轨道上旋转的小屋中进行的。测试时，先让被试坐在一个可以调节倾斜角度的椅子上，最开始时，小屋与地面垂直，之后，小屋旋转，离心力和地心引力同时作用于被试，被试产生倾斜的感觉。被试需要在小屋旋转的状况下，调整椅子的角度使自身垂直于地面。椅子的垂直度则作为该测验完成情况的指标。

（二）威特金的实验贡献和不足

1. 威特金的研究结果

威特金由上述研究发现，被试内在的差异存在明显的一致性。在棒框测验中能够准确地将棒调节到与地面垂直状态的被试，在身体顺应测验和斜屋测验中对身体进行垂直定位时误差也较小；反之，不能将棒调节到垂直状态的被试在身体顺应测验和斜屋测验的误差也较大。据此，他推测通过观察被试在外在视野线索（框）与内在线索（身体的垂直知觉）发生矛盾时进行垂直判断所参照的线索，可推断被试的认知方式是场独立性还是场依存性，且这种个体差异具有普遍性和稳定性。

1948年，威特金与另一位心理学家阿西（Asch）共同开发了棒框测验来检验个体的场独立性和场依存性。从此，棒框实验被广泛应用于测验个体的这一认知风格特质。它的原理是，当外在视野线索与内在线索发生矛盾时，进行垂直判断参照的是哪个线索。场依存性个体调节时倾向于将棒与框看齐，即根据框主轴来判断垂直，而场独立性的人则倾向于利用感觉到的身体位置把棒调到接近于垂直。

2. 棒框仪的改进

威特金早期设计的棒框测验是在暗室中进行的，对实验条件要求也比较高，实施起来难度大。1977年，奥尔特曼设计了手提式测试仪，相对而言，这一手提式测试仪使用更为方便。如今的测试仪正是威特金的棒框仪与奥尔特曼的手提式测试仪相结合的产物，并在此基础上实现了电子化和自动化，使操作更加简单方便。华东师大科教仪器厂生产的棒框仪在继承了威特金和奥尔特曼的优点的基础上，设计得更精巧更方便，更是增加了储存分析功能，使之更好地服务于基础教育。

第三节　认知风格的实践应用

认知风格本身没有好坏优劣之分，无论哪种认知风格的个人都能成为优秀人才，但不同认知风格的人对职业是存在适应性的。试想一位典型的场依存性的职工去承担没有外部环境参照的工作显然是不适应的。《晏子使楚》中有一段话正说明这个道理："橘生淮南则为橘，生于淮北则为枳，叶徒相似，其实味不同。所以然者何？水土异也。"

20世纪90年代中期，西安第四军医大学游旭群博士承接飞行员选拔的课题，其中就有认知风格的检测，选择场独立性强的被试乃测试项目之一。

在体育项目人员的选拔中，场依存性和场独立性对运动项目的适应也存在差异。一般认为场独立性的运动员抗外界干扰能力强，战斗应变能力强，自信心也较强，适合于个人运动项目，例如射击、跳水及个人田径项目；但场独立性的运动员的团队合作精神不足，在比赛和训练中较少依赖同伴的支持。而场依存性显著的运动员，在训练和比赛中较容易受暗示及环境干扰，团队精神强，对同伴和群体的依赖性强且容易相处。

有学者以体育专业的大学生为被试，研究了场独立性-场依存性和体育运动技能之间的关系。实验选取120名大学生运动员为被试，男女各半，这些被试从事的运动项目有男子田径、游泳、足球、篮球、摔跤，女子田径、游泳、排球、篮球、垒球。其中，田径和游泳是封闭式技能支配的运动，足球、篮球、摔跤、排球、垒球是开放式技能支配的运动。根据运动的类型把运动员分成封闭式技能支配的运动员和开放式技能支配的运动员。

实验使用便携式棒框仪，用以测定场独立性-场依存性。按照实验顺序，每位被试完成8次任务。这8次任务中，框和棒调整为偏离垂直位置28度，方向依次为框AABBAABB，棒ABBAABBA。在这8次任务中的平均误差就作为每个被试的场独立性-场依存性的得分，数值越大，说明场依存性越强，反之说明场独立性越强。

按场独立性–场依存性的得分作为因变量，做 $2X^2$ 方差分析（性别：男/女 X^2。运动类别：封闭型技能支配/开放型技能支配），结果发现，运动员性别的主效应和运动员运动类型交互作用不明显，但运动类型主效应明显，封闭式技能支配的运动员的场独立性明显高于开放式技能支配的运动员。进一步分析发现，从事封闭式技能支配运动（田径和游泳）的运动员表现出更强的场独立性，而从事开放式技能支配运动（足球、篮球、摔跤等）的运动员表现出更强的场依存性。此外，虽然说摔跤和足球同属开放式技能支配运动，但男性摔跤运动员比足球运动员表现出更强的场独立性。

这个实验在一定程度上证明了不同的认知方式在某些运动项目上存在着一定的偏爱。这个实验结果也提示在选择不同类型的体育项目培养人才的时候应把认知中的场独立性–场依存性作为参考因素，并为之提供与之适应的教育训练。

在实践上，无论何种认知风格的人都可能成为社会所需要的杰出精英，而且受环境的影响，认知风格也非一成不变，以下介绍两个很有代表性的案例：

案例一：钱伟长的认知之谜

认知风格没有好坏之分，不同的认知风格都可以成为优秀杰出的人才。中科院院士、伟大的物理学家钱伟长先生高考时的国文、历史两门都得了满分，然而数学、化学两门共 20 分，物理更低，只有 5 分。按这个偏科状况，谁都会认为钱先生是文科天才，理科"朽"才，用认知风格来评价，他无疑是个典型的场依存性型的学习风格的学生。但他被清华大学录取了，当时历史学家顾颉刚认为钱伟长是个历史天才,将其推荐给清华历史系主任陈寅恪先生,陈先生一口答应将其招入麾下。但是钱伟长甫一入校,适逢日寇侵华,发动"九一八"事变,这影响了钱伟长成为历史学家的志向,他立志科学救国,改学物理学,终成物理学界一代宗师。

钱伟长先生学习过程的变化,给了我们两方面的启示:一方面,不同的认知风格都能成为为社会作出杰出贡献的人才;另一方面,认知风格虽然有一定的学科偏好,但它也能受强烈的外在环境影响,继而激发个人强大的内在动机克服困难成就大业。所以,我们既要尊重学生的认知风格,也要让学生明白认知风格绝非一成不变,尤其基础教育的特点是普适教育,学生不应以自己的认知风格特点作为理由对学科知识厚此薄彼,在肯定所学之长的同时也要努力地取长补短。

案例二:差点被埋没的化学奇才

1884年6月,德国化学教授奥斯特瓦尔德收到了瑞典年青人阿累尼乌斯的论文,这时奥斯特瓦尔德正患牙病,痛苦不堪,勉强看了一部分论文,感觉论文写得一塌糊涂,语不通句不顺,于是捂着脸把来信捏成一团扔到了废纸篓里。过了几天,牙痛好了,他坐在实验室椅子上,伸了懒腰伸了腿,把废纸篓踢翻了,里面的纸团滚在地上,奥斯特瓦尔德猛地想起那天牙疼时看的论文,虽然当时感到作者写作水平很差,但是还是能勉强看出论文内容是有见地的,所以从地上捡起来重新看了起来。这一看不打紧,奥斯特瓦尔德感到文章尽管写得艰涩,但还是一篇极有创新意义的优秀论文,奥斯特瓦尔德把文章改得文从字顺后推荐给了专业杂志。论文发表后轰动了世界学术界,作者阿累尼乌斯开创了化学学科一个全新的领域——离子化学,1903年因此获得了诺尔贝化学奖。

这个故事中看似因为奥斯特瓦尔德的牙疼险些埋没了一位化学奇才，但如果阿累尼乌斯文笔流畅，语言说服力强，即使奥氏牙疼也不致难以卒读。从认知风格来评价，作者缺乏场依存性的流畅生动与环境契合，可见语言中所反映的认知风格对内容的影响是很大的。

第四节　棒框仪在基础教育中的运用

棒框仪是用来测定学生的场独立性－场依存性认知风格的仪器。学生认知风格是学生在认识事物的过程中，自动化的偏爱的加工信息的方式。棒框仪在基础教育中可用于对学生对学科的偏爱等认知特点的测试。

例如，借助棒框仪的测量，可以为运动员选拔提供一些有价值的参考。因为仅从生理角度选才还是不够的，不少研究结果已证明了场独立性和场依存性的测试在运动员选拔上的重要性。赵美鲁等对选拔篮球运动员给出的建议是：（1）将学生个体在卡特尔人格量表的得分以及利用棒框仪所测得的认知风格作为选拔篮球运动员的依据之一；（2）不同的认知风格（场依存性/场独立性）的篮球运动员有不同的行为特征和行为倾向，教练应根据运动员的不同认知风格因材施教，从而在训练或比赛中作出更为合理的训练或战术安排，以获得最佳效果。

相比较而言，场依存性型学生学习受环境影响明显，更在意教师及同学的反馈信息。因此教学中教师要善于发掘其优点，多鼓励多赞誉，助其克服依赖心理。相反，场独立性型学生有自己的思维个性和做事方式，较少受课堂教学模式和场景影响，但不善于沟通，容易"一根筋"，因此教学中教师要通过观察分析找出其存在的不足，并引导他们多付诸合作学习，与教师和同学多沟通，在交流中体验语言的魅力和学习的快乐。下面两个案例是两位典型的文理偏科学生痛苦而又幸运的经历，见证了认知风格对基础教育的影响，真正体现"应之以治则吉，应之以乱则凶"的道理。

案例一：某女生是一位从小偏好文学艺术的孩子，小学时期就在小学生作文杂志上发表了文章，但从初中开始感到出现了文理偏科现象。作为教师的母亲利用自己的教育资源，给孩子到处补课，孩子从此没有了双休日，奔波在补课的路上和课堂里，但无论花多少时间、多少精力补习，数学总是不见起色，初二又增加了物理，又得补课，到初三又增加了化学，还得补课。如此密集地补课，孩子成绩没有起色，每天脸挂愁容，自惭形秽，母亲每天也愁眉不展。

由于孩子的母亲长期与一位心理学学者共事并随时接受着心理辅导，这位学者告诉她不妨让孩子来心理实验室做一次棒框仪检测。棒框仪检测的结果显示，孩子是典型的场依存性型认知风格者。学者告诉孩子的母亲："你的孩子在应试环境中难有成就，这不能认为她智力有问题，只是对学生的评价和要求与孩子认知特征不相匹配，她的偏科问题不是基础教育这几年能解决的。但孩子这个年龄如果被学校、家庭长期否定，致使心理上甚至人格发展上出现偏差，那造成的后果就是一辈子的了。"

高中毕业，该女生就读中英联办的大学，这样的学校规定，入学第一年如果所有学科都合格，第二学年开始前往英国完成大学本科阶段所有学业。这样的教育环境下的学生家庭条件优渥，进入如此学校心思不在求学，整个学年把精力投入享乐，一年下来挂了很多学科，也就只能留在国内重修不合格学科，而该女生全身心投入学习，由于文科专业没有了数理化的要求，所以她顺利完成了一学年全部学科，翌年正式入读英国的大学。到了英国，她学习刻苦，学业优秀，并深得老师的青睐。本科毕业后，进入南安普顿大学攻读硕士学位，更受导师重视并希望她读博士，回国后很快在外资企业站稳了脚跟。在高中同学们见面时，大家都作自我介绍，大家对这位当年数理化挂满"红灯"的同学刮目相看。更重要的是，当年愁容满面的青涩女孩蜕变成了阳光开朗的女青年。现如今已成婚生子，家庭和睦，事业有成。

案例二：某男生初三时，其母拿了一篇孩子的作文来到学院心理实验室给心理学学者看，学者看完作文，喟叹道："此作文不是语文老师能指导出来的，是孩子的天赋使然。"母亲马上接着说："但是他的数学一塌糊涂，再怎么用功始终不能及格，而且他把绝大部分时间都放在数理化上，依然没有起色。有的老师说他还不够努力，不够刻苦，有熟悉的老师会说可能学习方法不当。"学者详细询问后，了解了必要的信息：（1）该学生其实在语文、外语上几乎没有花多少时间，所有课外时间都在补数学；（2）该学生十分要强，很想为母亲"挣面子"，因为母亲是负责全区中小学领导培训的专职教师，自己学校的领导都是母亲的学员，他认为母亲因为自己而没了面子；（3）该学生的心理上很焦灼，苦于找不到走出泥淖的办法。

据此，学者告诉孩子的母亲："你儿子存在的不仅仅是学习成绩的问题，他在数学学习上的问题导致的心理问题不会少，建议先给孩子做一个心理健康方面的检测，然后再来讨论学习问题。"很快，心理健康的各种测量结果出来了，果不其然，孩子的焦虑、自卑、抑郁、强迫等心理指标已出现明显偏差，长此下去问题会更大。然后，给孩子做了棒框仪的测试，结果为典型的场依存性型认知风格。孩子做完棒框仪测试，心理学学者告诉他："孩子，你在数学学习方面确实会比其他同学困难得多，也不大可能在数学学习上有所成就，而且单凭努力是不解决问题的。"母子俩恍然大悟，儿子心理上的问题似乎解决了大半。然后学者与母子俩一起讨论对策：第一，父母，特别是母亲一定要消除因为儿子成绩不理想而形成的羞愧心态。第二，上高中后，母亲千万不要给孩子借读到一个重点中学，如是则害了孩子，其自尊心会被彻底击垮，即使要借读也只要到略优于他自己的学校，这样，孩子不至于压力太大而扛不住。第三，只要学习方法得当，孩子还是能够达到基础教育的要求，但期望不能太高，只要关注进步而非成绩和名次。第四，靠学校改变现状很难，因为孩子的学习状况，学校不可能为他定制教学方案而因材施教，所以必须找到教学经验丰富的数学老师单独补课，与老师事先沟通，让老师尝试各种教学方法，找到与之相匹配的比较好的方法，家长要有足够的耐心。

在整整三年的辅导中，孩子的数学成绩逐步提高，从离及格线甚远到逐步接近及格线，到了高三已稳定在及格线上，最后考上了本科，一年后通过转学考转入上海大学，在大学读书之余通过了公务员资格考试，当其他同学为毕业找工作而奔波时，他已被录取为公务员。

父母亲回首孩子成长之路，不免唏嘘，这里，棒框仪的认知检测所起的作用是不可忽视的。

第十章
皮肤电在基础教育中的应用

本章内容提要

◎一堂皮肤电测试仪运用的公开课
◎皮肤电反应和情绪变化
◎皮肤电测试仪在心理辅导中的应用

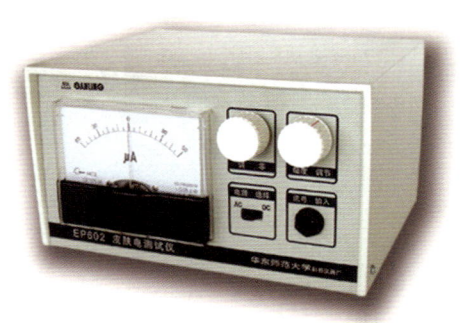

图 10-1 皮肤电测试仪

1998年秋,上海市闸北区教育学院举行了一次全国性的公开课,参加者除本区中小学领导外,还有来自全国各地的同行及上海华东师范大学的教育专家。公开课内容是"中小学管理中的定势"。在进入教学内容之前,主讲教师先设计了一个实验,在屏幕上呈现了卢钦斯的用三个容器倒出规定量水的简单数学计算题(但题目量增加了),与传统心理学讲定势不同的是主讲老师还增加了一种心理学仪器,即皮肤电测试仪。上课伊始,主讲老师邀请了一位具有数学高级教师职称的校长参加实验(做被试),请其上讲台完成卢钦斯实验题目,还给这位校长接上了皮肤电测试仪并投影在屏幕上。卢钦斯的数学题当然难不倒这位校长,虽然他不一定知道主讲老师葫芦里卖的什么药,但这些算术题谁都看得明白,只是没有人知道这位校长手上接着的是什么,干什么用。

主讲老师要求听课老师们帮助记住这位被试校长做这些算术题时每题所花时间(大致时间,不用精确),更重要的是让听讲的人都关注一下屏幕上皮肤电测试仪表面指针的变化。当被试陷入定势之后,主讲老师请听课的学员们(学校领导)一方面记住被试在做不了的算术题上停滞的时间,另一方面关注皮肤电测试仪表面指针的晃动状况。

此时主讲老师导入"定势"的概念并幽默地说:"别看这位校长表面上很冷静,其实从题目卡住起,其内心逐渐焦虑,这个心理变化瞒得住大家,但骗不了这个测试仪。"但见皮肤电测试仪的指针剧烈晃动,这是由被试内心情绪紧张焦虑引起的皮肤电位变化的表现。

整个公开课气氛轻松,学员参与程度高,既掌握了"中小学管理中的定势"这个管理心理学的概念,同时通过别开生面的实验了解了皮肤电测试仪的功用。学员们反应强烈,击节称好。

第一节　皮肤电测试仪

一、皮肤电测试仪概况

(一)皮肤电测试仪工作原理

皮肤电测试仪通常用于测定自主神经(也称植物神经)系统的情绪反应。其作用的机理是,当个体处于某种情绪状态时,皮肤内血管的舒张和收缩以及汗腺分泌等变化,能引起皮肤电阻的变化。

人体表面各部位都存在皮肤电阻,当人受到外界因素刺激,情绪就会发生变化,皮肤上的电阻值也会随之发生变化。此时,若外加电动势,皮肤的任意两点之间就存在微弱的电位变化。皮肤电测试仪就是通过低噪声高放大倍数的电路,将皮肤微弱变化的电位差放大,并通过电表指针反映出来,哪怕再细微的变化也可一览无余,从而使主试或被试知道被试在经历某一事情时发生了情绪变化。在心理辅导室中,老师就可通过皮肤电测试仪了解学生的情绪变化,从而制订心理辅导策略。

(二)皮肤电测试仪操作

测量皮肤电的方法一般分为两种——恒压法和恒流法。实践发现,恒压法不受皮肤部位汗腺多少的影响，也没有因过强电流而对皮肤产生的"刺激作用"，对电极的保护要求不高，相对恒流法更精确。所以，近年来生产的皮肤电测试仪大多使用恒压法对皮肤电进行测量。

按照供电方式，皮肤电测试仪分为交流和直流，两种方式测得的数值几乎一样。现在的皮肤电测试仪一般是交直流两用，实际应用中，通过整流，交流电转换为直流电。也就是说，目前对皮肤电的测量基本上都是依靠直流电压法。其操作方法是把两个电极分别接到皮肤的两个部位（一般是食指和中指），并把电极与电流计和外接电源进行串联。当电路接通后就会在人体构成的回路中产生一个电流传导，使电流计指针偏转。若给予的刺激能引起被试的心理兴奋，那么，被试皮肤的电阻值就会降低，使电流计显示的电流增大。

传统的测量方法以电阻为定量单位，它包括两部分：第一部分是惠斯通电桥，使用时可以先将有刻度的电阻器调零，从而抵消未知的电阻（指被试的基线），实际测量时就可以从电阻器的刻度上直接读出由于外部刺激而引起变化之被试的电阻；第二部分是在电桥上串接上的一个放大器，以放大电流的变化。新型的皮肤电测试仪就在此基础上，向小型轻便化和灵敏准确化发展。

皮肤电测试仪的探针由绝缘层包裹，内部触头用铜或银制成，与电路正极相连。主试手握探针的绝缘外层，然后用探针的顶端金属头按压被试的指定受测点，测试过程中由被试手握一个管状电极，它与电路的负极相连，这样仪器和被试之间就构成了一个完整的回路。仪器使用过程中，必须先确保被试没有携带任何金属或磁性物质，并告知被试以最舒适的状态保持放松即可。皮肤电测试仪探针的检测点选取比较灵活，原则上身体各个区域均可，为方便起见，一般选择手指或脚趾。探针触头在被试的皮肤上挤压时，被试并不会感到疼痛，只会产生暂时的凹痕和轻微的不适感。仪器连接过程中，要告知被试测试仪的安全性，以确保他们能以轻松的心态完成测试，否则会对测试结果产生很大的影响。

皮肤电测试仪的结果是以曲线波纹的形式来显示皮肤电反应变化的整个过程。

（三）皮肤电测试仪的背景

皮肤电测试仪是一种常用的心理学仪器，它的产生是以量子医学的发展为基础的。1953 年，德国医生福尔（R. Voll）发明了福尔电针，该电针通过皮肤表层测量人体生物能的回馈信号。他是全世界量子医学的先驱，也为基于量子医学理论基础的检测仪的发展开辟了广阔的天地。

皮肤电测试仪真正的诞生要追溯到 19 世纪末。人体皮肤电反映心理活动变化的最早研究者是 19 世纪晚期法国的让－马丁·沙可（Jean-Martin Charcot），他以研究癔症和催眠而闻名，而他的合作者维古鲁（Vigouroux）将不同病人的不同水平的皮肤电阻作为一个临床诊断标志。更为重要的是，他们的研究成员费利（Fere）于 1888 年发现用两个电极在皮肤的表面加一个微电流，皮肤电阻就会暂时变大。当时，他把两个电极都接到前臂上，并将它们与弱电源和一个电流计串联，结果发现当被试接受音叉所产生的声音、气味等刺激时，电流计迅速偏转，后人将此称为"费利现象"。从此，皮肤电反应得到广泛的应用。

情绪可以引发皮肤电的变化，以往的很多研究都从不同角度证实了这一现象，其相关理论也被迅速地推广到实际应用中。然而由于不同情绪引发的皮肤电反应没有质的差别，而且情绪并不是皮肤电变化的唯一诱因，所以，情绪对皮肤电的影响绝不能被无限扩大，皮肤电反应只能作为情绪变化的间接指标。

对情绪问题的研究可以追溯到达尔文的《人类和动物的情绪表达》一书，达尔文认为情绪是先天的、无意识的，并在生物生存和进化中具有极其重要的适应价值。这与多年后功能主义学派对情绪的研究一脉相承，都以"情绪的价值"作为理论的切入点。随后，美国心理学家威廉·詹姆斯（1884）和丹麦生理学家卡尔·兰格（1885）提出詹姆斯－兰格理论，将外部刺激所引起的生理变化作为情绪产生的直接诱因。但是这些观点因忽视了人作为高级动物的认知能力而受到严厉的批判。以阿诺德和拉扎勒斯为代表的心理学家们强调了认知在情绪的发生发展中起到的作用，很大程度上弥补了前人研究之不足。虽然各学派的学者在情绪研究中存在分歧和争论，但是从中可以看到，他们都无一例外地涉及情绪的生理反应问题，由此可见情绪的重要意义。

二、皮肤电测试仪的研究

（一）皮肤电与人格测试

每个人的个性都不同，但按不同的人格理论，可对人格进行不同方法和不同类型的研究，包括人格的类型理论和特质理论。人格的类型理论代表人物有瑞士心理学家荣格、德国心理学家斯普兰格和美国心理学家霍兰等。荣格的心理类型说根据里比多的内外流向的内外倾构成内倾外倾的态度类型和思维、感觉、直觉、情感构成机能类型，两者可组合成八种人格类型；斯普兰格将人格分成理论型、经济型、审美型、社会型、权力型和宗教型六种类型；霍兰把人格分为社会型、调查型、现实型、艺术型、企业型和传统型六种类型。

与类型论不同的则是特质人格理论，例如美国心理学家奥尔波特的特质论、卡特尔的特质论（也称16PF）、艾森克的特质论以及日本学者矢田部达郎修订的"Y-G性格检查"等。这些不同人格的个体在生物学基础上有没有差异和区别呢？学者向亦文尝试研究了大学生人格和皮肤电基础水平之间的关系。该研究采用中科院心理所修订的明尼苏达多相人格测查。实验结果表明，被试的皮肤电基础水平可分为高、中、低三个不同水平。这表明普通大学生的皮肤电基础水平个体差异明显。进一步分析发现，皮肤电平均每分钟自发波动次数与明尼苏达量表中的抑郁、社会内向、外显性焦虑和控制力呈显著正向关，与说谎、防御呈显著负相关。皮肤电平均每分钟自发波动幅度与伪装化、抑郁、外显性焦虑呈显著正相关，与说谎呈显著负相关。

另外，实验证明，被试的皮肤电基础水平越高，越内向、紧张、焦虑不安、情绪不稳定，反应过分敏感；而被试的皮肤电基础水平越低越外向、开朗、心态乐观、自信，心理适应性较好。此实验结果说明皮肤电基础水平与个性特征相关的观点是成立的。

除了皮肤电基础水平这一指标外，实验中还记录了被试习惯化倾向指标。习惯化倾向的操作性定义为单个闪光刺激重复呈现5次（每次间隔40—70秒，平均65秒）皮肤电反应的减少量。若5次光刺激的反应量一次比一次小，呈顺序递减，且下降幅度大，则习惯化倾向好，反之则差。皮肤电反应的习惯化速率或水平是适应的指标之一。习惯化速率反映了随强度不同的兴奋-抑制过程的平衡。习惯化缓慢表示兴奋过程占优势，习惯化迅速表示抑制过程占优势。

根据习惯化倾向的优劣，采用27%分组法，将被试分为习惯化倾向优、中、差三组。在伪装化、疑病、抑郁、癔病、精神病态、神经衰弱、精神分裂、社会内向、外显性焦虑、控制力等分量表上，习惯化倾向差组的 T 分均高于习惯化倾向中、优组；而在防御、社会内向、外显性焦虑上，习惯化倾向优组的 T 分显著低于差组；在社会内向、控制力分量表上，习惯化倾向中组的 T 分显著低于差组。这些结果表明习惯化倾向较差的被试表现为自我中心、疑病、抑郁，以及依赖性神经症的防御、紧张、焦虑、过分自我控制；而习惯化倾向优的被试与之相反，表现出外倾的特点。

（二）电视暴力与生理反应脱敏

暴力游戏对人产生很多消极影响，人人都明白一个道理，即陷于暴力之中的当事人其同情心会减弱，但对于这一现象的心理生理机制却知之甚少。有实验利用生理记录仪记录被试的生理反应，以真实暴力场景作为刺激材料，尝试探讨暴力游戏减弱同情心的心理生理机制。

青少年长时间接触含暴力内容的媒体后会变得更具侵略性，成年后变得更好斗，6—11 岁时期的孩子受暴力媒体影响产生暴力行为比父母惩罚管理、与反社会同伴交往乃至低智商更为严重。

个体受暴力内容影响后，在面对真实暴力时会产生与情绪有关的生理反应减少的现象，这一现象被称为"脱敏"（与心理治疗中的"脱敏"相似）。除此之外，在治疗与焦虑有关的情感危机（如创伤应激、噩梦等）时，脱敏疗法也应用甚广。美国军队常常利用暴力电视游戏对士兵进行暴力行为脱敏训练。

卡耐基等的研究比较了玩非暴力游戏和暴力游戏两者在面对真实暴力场景（电影）时，其生理唤醒（皮肤电、心率）程度。此实验研究过程如下：

首先，在玩暴力游戏之前，主试将电极系在被试的非优势手中指上（右利手系左手，左利手系右手），记录心率和皮肤电反应 5 分钟，并将其作为基准水平。其间，让被试报告平时每周用来玩电视游戏的时间和其中暴力电视游戏时间所占的比例，同时完成侵略性问卷中的机体侵略性分量表。随后，拆除被试手上电极，并将他们随机分入暴力游戏组和非暴力游戏组，两组人分别玩暴力和非暴力电视游戏 20 分钟，游戏后再测量被试的心率和皮肤电 5 分钟。随后，两组被试再观看 10 分钟录像带，录像带内容包含审判室、面对警察、枪击、狱中等 4 个真实暴力场景，同时记录被试的心率和皮肤电指标。

结果发现，基线与游戏结束后两组被试的皮肤电反应均没有显著差异，而在观看暴力录像带时，非暴力游戏组被试的心率和皮肤电反应显著上升，暴力游戏组被试的心率和皮肤电反应弱于非暴力游戏组，这说明暴力游戏组被试在面对真实暴力场景时唤醒更小。

实验证明，相对非暴力游戏的被试，暴力游戏的被试在面对电影真实场景时出现的生理唤醒（皮肤电和心率）程度更小。

（三）认知效应对测谎中皮肤电的影响

测谎仪产生于 19 世纪末，20 世纪在世界各地掀起热潮，至今，它仍然蒙着一层神秘的面纱。测谎仪一度受到热捧，在公安、检察、法院，甚至企业招聘中都被广泛运用。但近些年来，测谎仪逐渐受到一些专家学者的批判，而批判的原因主要集中于测谎仪的指标不仅仅是"是否说谎"这一因素的作用，还很可能受到其他因素的影响，如认知、性唤起、情绪状态等，那么，认知究竟是否真的会影响测谎中皮肤电的反应呢？大量的实验及现实中的案例为批判者们提供了证据。

长期的测谎研究表明，在传统多导测谎技术中，皮肤电是最常见常用并被认为最有效的一个反应指标。然而，有研究表明，是否说谎固然会影响被试在测谎时的皮肤电指标，但是其他一些无关因素还是很容易对被测者的皮肤电产生影响。迄今为止,研究者们仍在各执己见,不懈探索。

测谎仪的理论依据是:测谎仪所测到的生理唤醒完全是由说谎造成的,即在说谎的状态下,被测者的某种生理反应变化是与其是否说谎的状况一一对应的。但不少学者对此表示怀疑,他们发现测谎仪所显示出的这种"紧张""焦虑"的来源并不明确,不具有唯一性,也就是说,这些生理唤醒有可能来自其他因素,如对问题事件的认知、被测者的原有状态、测试过程中的突发状况等。针对这样的多种可能,有学者通过实验探讨被测者的认知对皮肤电可能的影响。

在正式实验前,进行了预实验,预实验先请4名大学生(2男2女)在一堆照片中评出30张相貌堂堂无异常特征(如长有美人痣)的被试的一寸黑白照片。主试将照片分为6组,每组5人,在6组中随机抽出2组作为"识记组"。考虑到系列顺序靠前的刺激往往会引起被试较强的皮肤电反应(类似首因效应),拟通过前几张照片来调节被试可能的增益水平。之所以要调节增益水平,主要是因为各人的皮肤电波动的幅度大小不同,为使每个被测者对测谎问题的皮肤电波动能从无刺激的波动中清晰显现出来,需要采用不同的增益标准进行记录,把被测者的皮肤电波动放大到一定水平。因此,在保证前4张照片不是识记照片的前提下,实验前以抽签方式对6组30张照片进行随机排列,测谎实验时便以此顺序向被试呈现照片。

正式实验时,将120名大二男生作为被试,随机分配在实验组和控制组,每组20名,其中,实验组中有2名被试的数据被删除。为检验照片是否会引起被试特殊的皮肤电反应,排除照片本身的特征会对实验结果产生可能的影响,让控制组被试直接观看30张照片,同时记录其皮肤电反应。实验组被试则要经历学习和测试两个阶段。在学习阶段，被试依次对识记组的照片进行记忆，每组3分钟，两组间设2分钟休息。在被试能够正确识别2组照片之后进入测试阶段。30张照片依次向被试呈现，要求被试回答是否见过这张照片（进行新/旧判断），其中，被试要对第一组识记照片（A组）作说谎反应，而对第二组识记照片和其余4组照片作真实反应，同时记录皮肤电指标。

实验结果表明，在被试观看三种不同类型照片时，被试的皮肤电反应存在显著差异（$P < 0.001$）。事后检验表明，三组的皮肤电水平表现为说谎旧组＞未说谎旧组＞未说谎新组。据此，可以判断，皮肤电反应不仅会受到"是否说谎"的影响，也会受到认知的显著影响。因此，在运用以皮肤电指标作为依据的测谎过程中，应该对测谎过程中被试的其他因素尤其是认知因素给予足够的关注，这样才能更加准确更加全面地分析测谎结果。

（四）测谎失误举例及评价

案例一：民警杜某某杀妻案

1998年，云南省一民警杜某某的妻子和另一民警同时被杀，据传两死者生前关系暧昧，负责侦破这起案件的民警就推测两人是被杜某某所杀。审讯过程动用了测谎仪，测试结论是杜某某否认杀人供述为谎言，也即杜某某对此供述是在说谎。于是，办案警察认定杜某某是杀人凶手，便开始刑讯逼供，生不如死的折磨使杜某某"承认"了办案人员所需要的一切。1999年2月，昆明市中级人民法院以故意杀人罪判处杜某某死刑，剥夺政治权利终身。杜某某上诉至云南省高级人民法院后，被改判死刑，缓期两年执行。

后昆明警方破获了一起杀人劫车特大团伙案，无意中抓到了杜某某案的真凶，才意外地洗清了杜某某的冤情，杜某某终于被无罪释放。此时，杜某某已被关押了26个月。在这个震惊全国的刑讯逼供案中，测谎仪起到了制造冤案的推波助澜的作用。

案例二：复员军人冤案

23岁的复员军人乔某从部队复员后，被安置到山西省某区农机局监理站工作。某年7月20日，乔某的好朋友徐某神秘失踪，12月23日，该区公安分局传唤乔某到局里讯问，在没有证据的情况下，有关人员用测谎仪测试了乔某，警方根据测试中乔某反应异常的结果，以涉嫌非法拘禁罪将乔某刑事拘留。在轮番审讯五天四夜后，见无效果，便又对其做尿检，看是否吸毒，并追查乔某的手机等财物的来源。后因实在找不到乔某任何违法犯罪的证据，只好通知乔某的父亲拿钱来办理取保候审手续。乔父认为该公安分局刑拘自己的儿子无法律依据，纯属冤案，遂拒绝取保乔某。12月27日中午，该公安分局在无人保的情况下，将乔某"取保"放回。

法院工作人员点评：测谎仪并不是什么高新技术，实际上它只是一台监测在特定条件下人的心跳、脑波、呼吸、声调等生理数据变化的仪器，通过分析这些数据，对比一定的标准，得出被测人意思表达是否真实的结论。它的科学原理是这些生理数据的变化不易被人掩饰与伪装，能够比较真实地反映人的真实心态。

该点评遗漏测谎最核心的仪器——皮肤电测试仪，认知情绪等因素都会影响皮肤电对被试的评定。

第二节　皮肤电测试仪在基础教育中的应用

一、皮肤电测试仪的科普教育意义

皮肤电测试仪较充分地体现了心理学的自然科学的属性，所以在基础教育中引入皮肤电测试仪的教育和演示，可以引导学生对心理健康教育有全新认识。老师可以教会学生皮肤电测试仪的运用，激发学生对皮肤电测试仪浓厚的兴趣和好奇心，并在这种好奇兴趣的基础上，鼓励学生进行创新思考，探索皮肤电测试在学习生活和各种活动中的有意义运用。教师可以引导学生利用皮肤电测试仪的功能在下列诸方面进行探究和思考：

1. 皮肤电的周期性变化特征。皮肤电随着交感神经系统活动的变化而改变。睡眠时，人的大脑以及机体的唤醒水平最低，情绪也处于最稳定的状态，这时的皮肤电导也最低。一天中早晚电导低中午电导高的特征可以联想到体力活动和脑力活动皮肤电导的区别，比如学生可尝试测量体育课后和阅读课后皮肤电导的区别。

2. 皮肤电应激性特征。学生在利用皮肤电测试仪测量皮肤电导时，可以观察到被试的皮肤电在不同状态下剧烈迅速的变化。人在平静状态下，皮肤电导水平较低而且较平稳，当给被试接上测试仪时电导水平提高。这对学生的学习生活有何启迪？怎样才能在学习生活等活动中降低应激水平？

3. 皮肤电的灵敏性特征。几乎所有类型、所有形式、所有强度的刺激都能引发皮肤电导的变化。从刺激出现到电导出现有一个潜伏期（类似反应时），同一种刺激无论强弱，引起的电导水平的潜伏期是一样的，但不同类别刺激的电导潜伏期存在差异，如光刺激的电导潜伏期比声刺激长。至于皮肤电导水平的强度则与刺激强度、刺激的新异性以及刺激引起被试的惊恐程度、被试对刺激的认知判断等诸多因素有关。学生可以思考其中的缘由。

4. 皮肤电的适应性特征。适应性是人类在长期进化过程中习得的一种保护性功能。研究证明连续刺激产生的皮肤电反应会迅速降低，最后甚至会出现即使使用强刺激也不能引起皮肤电导变化的情况。但是，如果间隔数日后再重新进行实验，那电导变化又会重新出现，这是皮肤电的适应性所致。皮肤电的适应性现象在我们的社会生活学习乃至人际交往中都会出现，那么学生能否举一反三地分析身边的适应性现象呢？

5. 皮肤电变化和条件反射的关系。皮肤电导反应很容易形成条件反射的联系，例如对时钟滴答声的皮肤电导的条件反射通过无关的时钟滴答声与强电击结合几次就可以形成。已形成的条件反射也容易消退。有研究发现，81名正常被试中有77人需要经历14次（或以上）声刺激与强化物结合才能形成条件反射性皮肤电导反应。这种条件反射的电导反应，可以导向高中所学的巴甫洛夫的条件反射理论并将其迁移到其他活动之中。

6. 皮肤电和情绪变化的关系。皮肤电导水平和电导反应能否正确反映被测者的情绪状况？对这一问题虽有不同的说法，但可以肯定的是，凡是能引起被试激动的刺激都能引起皮肤电导反应。皮肤电导水平和电导行为反应可作为良好的情绪指标已被实验证明，也被学术界普遍接受。戴思格（Dysinger）曾将褒义、中性、贬义字词依次随机呈现给被试，并在字词呈现的同时记录其皮肤电反应。结果发现，褒义和贬义的字词都会使电导水平增高，而中性词电导水平明显低于褒义词和贬义词。教师则可引导学生理解不同情绪与皮肤电的关系。

二、皮肤电在基础教育中的应用

（一）一堂别开生面的"测谎课"

"工欲善其事，必先利其器"，要让学生了解和运用皮肤电测试仪，必先使教师学习其理论，并学会操作使用，主讲老师（笔者）设计了一次与老师们互动的课——当场测谎试验。

是日，中小学教师职务培训，选择"心理实验技术"培训课程的教师济济一堂。上课伊始，主讲老师告诉大家："今天我将进行一堂测谎演示，并教会大家如何测试，我演示后，老师们可以互相测谎。"这一下，课堂里的听课老师们既兴奋又好奇，期待主讲老师如何进行测谎。

但见主讲老师从实验室拿来一个仪器，告诉大家，这仪器的学名叫皮肤电测试仪，也叫测谎仪。然后，给听课的老师们讲授了皮肤电测试仪的基本原理和作用。接着，主讲老师拿出一副扑克牌，请一位男学员上来抽一张，主讲老师把这位学员所抽出来的牌背向自己，面向全班学员，随后请上讲台来抽牌的学员把所抽出来的这张牌给全班的学员们看，并请全班学员帮助记住这张牌。主讲老师告诉对面而坐的学员："接下来我一张一张给你看牌，你可把真的说成假的，也可将假的说成真的。"然后，主讲老师把牌一张一张地给对面学员看，只见面对学员的每一次回答，主讲老师随手将牌放两边。一轮之后，主讲老师手中的扑克牌已很少了，再一轮手中剩下的牌更少了，几轮过后，主讲老师手中只剩2张牌了，再反复2轮，仅剩的一张牌给全班学员看，全班哗然，"就是这张"。主讲老师再一次详细讲解了操作过程，接下来让学员之间一对一地去测试，但没有一组成功，学员请教原因。此时，主讲老师说："我有一个很重要的原因故意没告诉你们，这就是我在猜牌之前把学员抽出的牌让全班学员看，而这一环节在你们一对一测试时没有了，这是为什么？因为我请大家帮助被试记住这张牌，这是给被试增设了一个群体压力，这个压力会转化为被试说谎时的皮肤电导水平的变化，这才是测谎的根据。"同时，给学员讲授了群体的专业知识：群体是互相作用、相互有共同活动且有着情感联系的人群结合体，一个班级的学员正是这样的一个群体。群体内会产生一种气氛和压力，在这种气氛和压力下，群体成员的言行举止都有着顾忌，而这种顾忌必然导致皮肤电导水平的变化，变化越大越说明在说谎。

（二）皮肤电测试仪在基础教育中的运用

在皮肤电测试仪发明的早期，它被用于一些医学诊断和治疗，而经过长期的改进和发展，皮肤电测试仪的作用逐渐在各个领域中显现出来。我们知道，有机体要协调好自身的内外环境，尤其是保持内环境的相对稳定，才能更好地适应环境。目前，人们可以借助生物反馈仪提供的信息来学习控制内脏器官的活动，以达到适应、预防和康复的目的。尤其是通过生物反馈仪测定个体的皮肤电反应，已被用于很多临床疾病的治疗、心理障碍的矫治和航空训练中。皮肤电导反馈放松训练在临床上主要用于心理治疗，另外对日常生活中情绪的自我调节、压力缓解等都有很好的效果。

如今随着学业压力的增大以及家长的溺爱，中小学生心理问题已经成为广大家长和教育专家关注的焦点。学校越来越重视心理辅导室的建设，而皮肤电测试仪则是心理辅导室不可或缺的组成部分。皮肤电测试仪反馈训练的机制是让学生被试直观地观测到自己交感神经紧张程度的变化，以便及时得知心理辅导的效果，更重要的是可以学会控制自己情绪的方法。具体来说，在辅导开始时通过来访学生再现自身的各种生活情景或情绪反应，从中筛选出引起心理问题的各种社会的、心理的和环境的因素。在辅导过程中，有时有意给来访学生一个不愉快的刺激，给予这种刺激的目的是让来访学生能够学习在不利的情境下用适宜的方式进行反应，从而增强应变能力并减少情绪波动。通过反馈信息，来访学生可以了解到自我调节之不足及阻力，增强对不利情境的调节和适应能力。

第十一章
中小学生气质测评和行为表现

本章内容提要

◎ 运用气质量表所测选取十种常见气质
◎ 根据学生的社会化内容进行四方面分析

第一节 气质简述

一、气质的概念

何谓气质？气质是个体行为全部动力特点的总和。

气质与平常人们所说的习性、脾气、秉性差不多。在心理学中，它是指一个人典型和稳定的心理活动的动力特征，它不以人的活动目的和内容为转移。

当代心理学认为，气质是由神经结构和机能决定的心理活动的动力特征，表现为个体行为能量和时间方面的特点。心理活动的动力特征表现为心理活动的强度（如情绪的强弱、意志努力的程度等），心理活动的稳定性（如知觉速度、思维灵活程度、注意集中时间长度等），以及心理活动的指向性（如指向外部还是内部）等方面的特征。气质的这些动力特点并不是推动个体进行活动的心理原因，也不以个体活动的内容、目的和动机为转移，更不决定其活动具体方向，而是一种稳定的心理活动特征。它总是在人的心理和行为活动中表现出来并具有个人色彩。例如，具有某种气质类型的人经常会在内容不同的活动中显示出同样的动力特点，如脾气急躁的学生在上课时爱抢先回答老师的提问。

不同气质类型的人会在情绪过程、意志过程和认知过程中表现出不同特征。例如，一个具有温和安静气质的人一般不会经常出现激烈的情绪反应，其注意力集中的时间也会比较长，但在思维的灵活性上就显得欠缺，而活泼好动的人则会经常出现较为激烈的情绪反应，其注意力集中时间也比较短，但思维活动则显得比较灵活。

气质虽然具有天赋的人格特征，但其特点是在后天环境中表现出来的。例如，婴儿出生后不久就会在心理活动和行为动作上表现出差异，有的婴儿多动、哭声响亮，有的宁静、声音安详。这些特征必定会影响其父母亲或哺乳者与婴儿的互动关系，从而影响其人格形成和发展。心理学的研究表明，气质是婴儿期在心理动力反应上的基本形式，是其能力、性格形成和发展的最初心理基础，所以，有学者认为"婴儿的第一声哭声就意味了一生的气质"。

气质具有很大的稳定性，它不受人的活动目的、动机和内容制约，但它具有一定的可塑性，这种可塑性基于两个方面：第一，一般说来，人的气质不是单一的，所有它就有了可塑可调节的可能；第二，随着认知和元认知的发展，个体在了解自己气质特点的基础上可以扬长避短，进行一定的掩饰。

二、气质的特性和类型

（一）气质的特性

气质有六大特性：

1.感受性。气质的感受性是指人对内外最小适宜刺激的感觉能力，通常用绝对感觉阈限和差别感觉阈限进行定量分析。气质感受性是高级神经活动过程强度特性的表现，不同的人对刺激的感受性是不同的。例如，胆汁质和多血质的人的感受性较低，而抑郁质者的感受性就很高。

2.耐受性。气质的耐受性是指人在接受体内外刺激作用时表现在时间和强度上可以耐受的程度。气质的耐受性是高级神经活动过程强度特性的反映，主要表现在长时间从事某项活动时注意力集中的持续状态，包括对强烈或微弱刺激的耐受性，以及持久的思维活动等方面的特性。例如粘液质的人的耐受性就比较高。

3. 反应敏捷性。气质的反应敏捷性包括两类特性：一类指随意反应和心理过程进行的速度，例如，动作速度、言语速度、记忆速度、思维敏捷程度和注意转移的灵活程度等；另一类指不随意反应性，例如，不随意注意的指向性、不随意运动反应的指向性等。气质的反应敏捷性表现了高级神经活动过程的灵活性特性，通过反应时实验仪器等可以对其进行定量分析与判定，一般多血质的人具有较强的反应敏捷性。

4. 可塑性。气质的可塑性是指根据外界事物的变化而随之改变和调整自己行为以适应外界环境的难易程度。气质的可塑性是高级神经系统灵活性的表现。一般来说，能够根据外界环境的变化及时调整自己的思想和行为的人，其可塑性较高，反之则较低。高级神经活动过程的灵活性与行为的可塑性密切相关。多血质者的可塑性一般比较强。

5. 兴奋性。气质的兴奋性指的是情绪水平。兴奋性是指以不同速度对微弱刺激产生情绪反应的特性。兴奋性不仅指情绪兴奋的强度，也指情绪抑制能力的强弱。情绪的兴奋性与高级神经活动过程的强度特性有关，也与高级神经活动过程的平衡性有关。例如，某人情绪兴奋性强，抑制力弱，相应地表现为高级神经活动过程具有强而不平衡的特性。情绪兴奋性还包括情绪的外部表现强度。例如，同样具有强烈的情绪兴奋性的人，有人具有强烈的外部表现，有人则不表现在外。一般来说，多血质和胆汁质的人具有比较高的情绪兴奋性。

6. 内外向性。气质的内外向性是指人的心理活动、言语与行为反应表现于内部还是外部的特性。倾向外部即外向性，反之为内向性。气质的外向性和内向性与高级神经活动的兴奋和抑制过程的强度有关。

外向性的人通常兴奋过程占优势，喜欢与人交往，活泼好动。内向性的人通常抑制过程占优势，经常沉浸在自己的内心思想与情绪体验中，不愿或被动与人交往。

（二）气质的类型

气质类型是指某一类人身上共同具有的气质特征的有规律的组合。气质是一个古老的概念，古希腊学者希波克拉底最早提出有关气质的概念，后来古罗马医生、解剖学家盖伦把气质归为13类，随着古代医学的发展，根据气质的特性和外部表现，又把气质逐渐简化，归纳为四种典型的气质类型，即胆汁质、多血质、粘液质和抑郁质，并一直沿用至今。这四种典型气质类型在情绪和行为方式上以及在智力活动方面具有不同特点和表现。

1. 胆汁质。胆汁质类型的人表现为精力旺盛，反应迅速，情感体验强烈，情绪发生快而强，易冲动，但平息也快。直率爽快，开朗热情，外向但急躁易怒。有顽强拼劲和果敢性，但往往缺乏自制力和耐心。思维具有灵活性，但经常粗枝大叶，不求甚解。意志坚强，勇敢果断，但注意力难以转移。

2. 多血质。多血质类型的人活泼好动，反应迅速，思维敏捷，灵活而易动感情，富有朝气，情绪发生快而多变，表情丰富，但情感体验不深。外向，喜欢与人交往，容易适应环境，兴趣广泛但易变化。注意力不易集中，意志力上缺乏耐力。

3. 粘液质。粘液质类型的人安静、沉着、稳重、反应较慢，思维、言语及行动迟缓，不灵活，注意力比较稳定且不容易转移。内向，态度持重，自我控制能力和持久性强，不易冲动。办事谨慎，细致，但对新环境、新工作适应较慢，行为表现坚忍执着，但感情比较淡漠。

4. 抑郁质。抑郁质类型的人感受性高，观察仔细，对刺激敏感，善于观察别人不易察觉的细微小事，反应缓慢，动作迟钝，多愁善感，体验深刻持久，但外表很少流露，内向谨慎，遇到困难或挫折易退缩，但对力所能及且枯燥乏味的工作能忍耐，不善于交往，比较孤僻。

第二节　气质调查表

气质无所谓优劣。依次阅读下列问题，然后在与您的实际情况相符的问题后面给予相应评分。

很符合自己的情况，计 2 分；

比较符合，计 1 分；

介于符合与不符合之间，计 0 分；

比较不符合，计 –1 分；

完全不符合，计 –2 分。

---

1. 做事力求稳妥，不做无把握的事……………………………（　）
2. 遇到可气的事就怒不可遏，想把心里话全说出来才痛快（　）
3. 宁肯一个人干事，不愿很多人在一起……………………（　）
4. 到一个新环境很快就能适应………………………………（　）
5. 厌恶那些强烈的刺激，如尖叫、噪声、危险镜头………（　）
6. 和人争吵时总是先发制人，喜欢挑衅……………………（　）
7. 喜欢安静的环境……………………………………………（　）
8. 善于和人交往………………………………………………（　）

9. 羡慕那种善于克制自己感情的人……………………………（   ）

10. 生活有规律，很少违反作息制度………………………（   ）

11. 在多数情况下情绪是乐观的……………………………（   ）

12. 碰到陌生人觉得很拘束…………………………………（   ）

13. 遇到令人气愤的事，能很好地自我克服………………（   ）

14. 做事总是有旺盛的精力…………………………………（   ）

15. 遇到问题时常常举棋不定、优柔寡断…………………（   ）

16. 在人群中从不觉得过分拘束……………………………（   ）

17. 情绪高昂时觉得干什么都有趣，情绪低落时又觉得什么都没意思……………………………………………………………（   ）

18. 当注意力集中在一事物上时，别的事很难使我分心……（   ）

19. 理解问题总比别人快……………………………………（   ）

20. 碰到危险情景时，常有一种极度恐怖感………………（   ）

21. 对学习工作事业都怀有很高热情………………………（   ）

22. 能够长时间做枯燥单调的工作…………………………（   ）

23. 对符合兴趣的事情干起来劲头十足，否则就不愿干……（   ）

24. 一点小事就能引起情绪波动……………………………（   ）

25. 讨厌做那种需要耐心细致的工作………………………（   ）

26. 与人交往不卑不亢………………………………………（   ）

27. 喜欢参加热烈的活动……………………………………（   ）

28. 爱看感情细腻、描写人物内心活动的文学作品………（   ）

29. 工作学习时间长了，常感到厌倦………………………（   ）

30. 不喜欢长时间谈论一个问题，愿意实际动手干………（   ）

31. 宁愿侃侃而谈，不愿窃窃私语……………………………（　）

32. 别人说我总是闷闷不乐………………………………………（　）

33. 理解问题常比别人慢…………………………………………（　）

34. 疲倦时只要短暂休息就能精神抖擞，重新投入工作……（　）

35. 心里有话，宁愿自己想，不愿说出来………………………（　）

36. 认准一个目标就希望尽快实现，不达目的誓不罢休……（　）

37. 同样和别人学习、工作一段时间后，常比别人更疲倦…（　）

38. 做事有些莽撞，常常不考虑后果……………………………（　）

39. 老师或师傅讲授新知识、技术时，总希望他讲慢点，多重复几遍……………………………………………………………（　）

40. 能够很快地忘记那些不愉快的事情…………………………（　）

41. 做作业或完成一件工作总比别人花的时间多………………（　）

42. 喜欢运动量大的剧烈体育活动，或参加各种文艺活动…（　）

43. 不能很好地把注意力从一件事情转移到另一件事上去…（　）

44. 接受一个任务后，就希望把它迅速解决……………………（　）

45. 认为墨守成规比冒风险强些…………………………………（　）

46. 能够同时注意几件事情………………………………………（　）

47. 当我烦闷的时候，别人很难使我高兴起来…………………（　）

48. 爱看情节起伏跌宕、激动人心的小说………………………（　）

49. 对工作抱认真严谨、始终一贯的态度………………………（　）

50. 和周围人们的关系总是相处不好……………………………（　）

51. 喜欢复习学过的知识，重复做已经掌握的工作……………（　）

52. 希望做变化大、花样多的工作………………………………（　）

53. 小时候会背的诗歌，我似乎比别人记得更清楚…………（   ）

54. 别人说我"出语伤人"，可我并不觉得这样…………（   ）

55. 在体育活动中，常因反应慢而落后………………………（   ）

56. 反应敏捷，头脑机智………………………………………（   ）

57. 喜欢有条理而不甚麻烦的工作……………………………（   ）

58. 兴奋的事常常使我失眠……………………………………（   ）

59. 对老师讲的新概念，常常听不懂，但是弄懂以后就很难忘记……………………………………………………………………（   ）

60. 假如工作枯燥无味，马上就会情绪低落…………………（   ）

计分卡

胆汁质	题号	2	6	9	14	17	21	27	31	36	38	42	48	50	54	58	总分
	得分																
多血质	题号	4	8	11	16	19	23	25	29	34	40	44	46	52	56	60	总分
	得分																
粘液质	题号	1	7	10	13	18	22	26	30	33	39	43	45	49	55	57	总分
	得分																
抑郁质	题号	3	5	12	15	20	24	28	32	35	37	41	47	51	53	59	总分
	得分																

第三节　中小学生气质类型的行为表现

中小学生的人格正在迅速发展之中，人格的核心是气质，气质量表是最常用的量表之一。它用来测定个体气质状况。气质虽然带有先天的因素，受遗传所获的神经系统的特征制约，但个体的社会化过程还受社会文化环境、家庭环境、教育环境、人际环境和自身认知意志等诸多因素的影响，最后形成独一无二的"这一个"。

本节所列中小学生气质测评是结合对其最重要环境而评述的，包括"学习活动中表现""群体活动中表现""人际活动中表现""社会适应性中表现"。这个分析针对中小学生这个年龄段的生活、学习、交往和群体四方面环境影响进行表述。

一、粘液质

您在各种不同的环境中能保持平衡和安静，坚定而有节制，虽然缺少一点机灵、热情，甚至有些惰性，也不善言辞，但不影响自己稳健、持久而又勤奋地工作、学习和生活。

（一）在学习活动中，表现为喜欢独立思考，不受他人的左右和影响，具有一定的思维深度，学习意志比较坚韧，学习情绪比较稳定，但有时会陷于比较深刻的思维定式而阻碍学习问题的解决，对学习成败比较淡定，不因为成绩好而沾沾自喜，也不因挫折而灰心丧气。

（二）在各种群体活动中表现为比较消极被动，不愿主动充当群体活动的领导者，在群体的活动过程中表现为缺乏热情，甚至有些慵懒，既不会因大家的快乐而狂喜，也不会因大家的沮丧而灰心，始终保持荣辱不惊，不以物喜，不以己悲的沉着和淡定。

（三）在人际关系中表现为交往被动、关系淡漠、圈子狭隘的特点；习惯于以一种消极的态度对待交往对象，所以会给对方以一种深藏不露、城府较深的感觉；交往中讷于言而敏于行，缺少生动、丰富的内心体验和积极热情的外部表现，但交往久了会给对方以信任感。

（四）在社会适应上表现出比较稳定消极的态度和行为特点，性格比较内向；对各种复杂的社会问题认识深刻，独具慧眼；为人处世原则性强，认准了的事不易改变；处理人际关系态度稳健、准确，给当事人一种冷酷、不近人情之感。

二、多血质

您充满阳光，活泼开朗，兴趣广泛，精力充沛，待人热忱，为人诚恳，办事行动敏捷，语言生动而具有感染力，行为大方而具有亲和力，好表现，喜出风头，有时给人轻浮之感，多才多艺但有时难免有肤浅之嫌。

（一）在学习活动中，表现出思维活跃，反应敏捷，能很快地在凌乱复杂之中发现解决问题的方案途径，但有时缺乏思维的深度和专注而显得坚韧性不够，对文体活动、社会活动都有浓厚兴趣，但容易浅尝辄止，表现出容易满足和认识欠深刻之不足。

（二）在各种群体活动中表现出极大的积极性、主动性，热情高干劲足，但有时因表现欲强而给人巧言令色、夸夸其谈的感觉并得到行事为人不太务实、好高骛远的评价。同时，又能很快地适应陌生的环境，而开朗热情又仗义的性格很容易成为该环境中的群体核心。

（三）在人际关系中表现为人际交往积极主动，为人热情坦率友善，有很强的人际沟通能力，所以朋友数量多，但离开了交往情境也容易淡忘，继而在新环境中结交新朋友、建立新关系，情感丰富而细腻，富有同情心，但感情的持久性和深刻程度不足。

（四）在社会适应上表现出较强的适应能力，能在各种艰苦环境中随遇而安，虽然也会有牢骚怨言，却不乏积极进取的行动，但也常常表现出坚毅不足和定力不够，需要不断地淘磨。

三、胆汁质

您热情豪放，精力旺盛，体力充沛，喜欢各种刺激、冒险的文体活动而不太喜欢需要细致耐心的活动。性格外向、为人坦率、爱憎分明，喜怒哀乐全都写在脸上，易激动亢奋，路见不平拔刀相助，但因情绪高涨容易出现行为上的失控。

（一）在学习活动中表现出高涨的热情和积极的态度行为，对喜欢的学科领域这种倾向更为明显，但有时容易缺乏缜密思考的耐心，显得比较粗心和草率，在需要严密的逻辑思维的学习中表现得尤为明显。

（二）在群体社团活动中表现出积极炽热，争强好胜，不甘人后，有时甚至表现出一定的鲁莽。具有演说家、宣传员的鼓动性和号召力，语言激进而富有感染力，情绪高亢兴奋，行动果断迅速，但也常常因此而莽撞失衡乃至好心却把事情办砸。

（三）在人际关系中表现为"爱之欲其生，恨之欲其死"的两极人格倾向。爱恨之时往往不考虑原则，或为朋友两肋插刀，或恶向胆边生，常常为此而出现行为偏差，铸成大错，事后悔青了肠子。

（四）在社会适应上表现为社会相容性不够，由于热情有余而冷静不足，往往表现出行动快于思维的冒失，导致对人对己的伤害。对社会现象褒贬言辞激烈，缺乏必要的温和中庸，所以要强化修身养性和耐心定力的自我培养，养成自我监控的良好习惯。

四、抑郁质

您感情细腻，体验深刻，观察敏锐，心细如发，善于发现别人不能发现的事物，行事谨小慎微，动作迟缓退缩，为人多愁善感，处世悲观消沉，态度孤傲独立，能不为外界喧闹所左右而独善其身，表情内敛而内心充满情趣。

（一）在学习活动中表现为思维深刻，观察细心，善于发现容易被人忽视的细节，学习行为十分仔细迟缓，为求准确性高而忽视速度，从不会提前交卷或抢先回答问题。对认准了的学习方法比较执拗，固执己见较难改变。学习中遇到困难不愿主动请教老师、同学，而习惯于求助各类信息资料或独自冥思苦想。

（二）在群体活动中表现出比较孤僻的特点，总是游离于群体边缘，成为群体成员心中"熟悉的陌生人"。在活动中即使发现或找到了提高活动效率的途径和方法也不愿主动表述而采用告知比较敏感的同学朋友并由其诉诸群体。自视清高，不愿与人坦诚交心，行事小心谨慎，态度内向怯懦，情感内敛忸怩。

（三）在人际关系中表现为被动退缩，不愿主动与人交流，交往过程中表现为忸怩、腼腆、胆小、三缄其口，欲言又止。不愿向人敞开心扉，即使是相处时间较长、关系较好的同学，仍会给其留下"相隔一层纸"的感觉，在人际交往过程中十分敏感，使交往对方感觉甚难相处。

（四）在社会适应中表现出明显的不适应性，常常感觉怀才不遇，有"众人皆醉我独醒"的孤芳自赏体验。内心敏感却脆弱，渴望被人关心理解，却又紧闭心扉，希望远离尘世喧嚣，却又不甘被人抛弃，始终处于内心的矛盾与挣扎之中，所以要学会与人坦诚相交，主动融入社会、集体之中。

五、胆汁质－多血质

您热情开朗，具有很强的号召力；容易适应环境的变化，并不因环境陌生而感到拘束；事业心强，语言具有鼓动性；脾气急躁，行动有力，但如果不注意控制情绪容易造成行为偏差。

（一）在学习活动中表现为积极性高，精力充沛，争强好胜，不甘人后；学习兴趣比较广，但常常好高骛远，学习目标容易转移。

（二）在群体活动中表现为热情高涨，斗志昂扬；能自告奋勇，承担责任；语言具有号召力，为人热忱；在群体中很容易成为核心和纽带。

（三）在人际关系中表现为积极主动与人交往，交往中能为对方着想，热情友善，恪守信义；也会因为脾气直率暴躁而不小心伤害交往对象。

（四）在社会适应上表现为外向热情，与人为善；敏捷好动，容易兴奋；能适应社会环境的变化，却又常常表现为急躁。所以要努力调节自己的情绪，提高其稳定性和坚持性，控制自己的行为强度以达到收放自如的境界。

六、多血质 – 粘液质

您能适应环境的各种变化，在任何环境中都能找到自己合适的定位；积极高效，勤奋坚持，与人为善；能主动有效寻找解决学习困难的外部资源。

（一）在学习活动中表现为具有较强的解决问题的能力，向往具有挑战性的学习任务并能努力地完成这样的任务。

（二）在群体活动中表现出活跃热情和稳健冷静的双重特征。活动中具有凝聚力、亲和力，即使原先是陌生的群体，也能因出色的领导艺术而终成该团体的核心和领袖。

（三）在人际关系中表现为积极愉悦的人际亲和力，与人友善，注意交往技巧，在交往细节上表现得体，大方而亲切。

（四）在社会适应上表现为适应性强，在各种环境中都能游刃有余地扮演好相应的角色，意志坚韧，勤劳勇敢。但有时候有注意力分散和懒散冷峻的表现，应注意扬长避短。

七、粘液质－抑郁质

您沉稳镇定，冷静缄默，表现出一定程度的消极退缩，与世无争；情感内敛，含而不露，不愿对他人敞开心扉；发现问题的能力超过常人，所以观察力、思辨力强，往往朝向艺术家、思想家发展。

（一）学习活动中表现为思维敏捷而且深刻，具有很强的坚韧性，善于在平常之中发现不平常，学习行为迟缓、稳健，注意力十分专注，但往往容易陷入思维定式。

（二）在群体活动中表现消极被动，参与群体活动的积极性、主动性、灵活性都较低，但其冷静细致的为人处世方式很容易发现团体活动中的偏差，从而能够提高群体活动的有效性。

（三）在人际关系中表现为交往被动，人际理解比较消极，常常被交往对象评价为冷漠、缺乏感情；交往过程中行动迟缓，语言忸怩，表现腼腆，但善于观察分析交往对象的心理需求和交往动机，朋友圈子比较狭窄。

（四）在社会适应上表现为态度消极稳定，与周围环境不容易融洽相处，为人处世内向悲观，感情细腻而淡薄。鉴于其比较消极内向的特点，应多参与各种有益的社会活动，逐渐形成积极乐观的心态和愉悦进取的人生取向。

八、多血质－抑郁质

您兼具乐观开朗、灵活高效和悲观消极、迟缓细腻两个极端的典型，如何表现完全取决于环境和心境制约。在宽松积极的环境中，又加上有个好心境，则乐观进取、阳光、与人为善，反之则悲观、羞赧、迟疑、孤僻。

（一）在学习活动中既表现出思维活跃、精力充沛、注意广泛、灵活高效的一面，又表现出呆板羞怯、思维深刻、观察敏感的另一面。总体上学习能力较强，能胜任各种学习活动要求。

（二）在群体活动中有时表现出热情友好、灵活敏捷、适应环境的特点，有时却表现出消极呆滞、悲观迟钝、怯懦孤僻等特点，有时激进，有时谨慎脆弱。

（三）在人际交往中既有与人为善、积极主动、人际亲和力强的一面，又有为人消极、交往被动、悲观迟疑的另一面。环境和心境的变化都会造成两种不同的表现。

（四）在社会适应上，当心绪愉快时能与环境和谐相处，此时表现出积极进取，乐于与人相处。当心绪悲观时表现为孤僻消极，不愿与人交往，甚至将外部环境与内心修养的不协调理解为"举世皆浊我独清，众人皆醉我独醒"。

这种气质类型者平时要时时提醒自己乐观进取、积极向上，努力克服消极悲观的人生态度。

九、胆汁质－抑郁质

您身上有着冰火两重天的特点，有时炽烈兴奋，行动矫健，语言激越，冲动高效；有时却犹如处身冰窖，呆板消极，悲观厌世，喜欢独处，虽然内心世界丰富，但总表现为"秋天到了，冬天还会远吗？"的绝望无助。

（一）在学习活动中，当情绪高亢时，学习积极性很高，活动效率也高，并能坚毅勇敢地克服困难，但难免冒失毛躁，反之，学习行为迟缓，谨慎，仔细，甚至表现出保守羞怯，但同时敏锐的观察能力也可使自己少犯错误且较易发现存在的问题。

（二）在群体活动中表现为热情迅猛与消极迟钝孤僻并存，当兴奋高亢时在群体中具有号召力，但因暴躁和消极而容易使群体活动受挫，进而不被群体接纳。

（三）在人际关系中表现为时而热忱，时而孤僻，激越之时恨不得把心掏给对方，消极之时又处处设防使人感到难以理喻，所以人际关系显得不和谐不融洽。

（四）在社会适应上表现为适应性比较差，激情如火时行为容易偏颇，悲观消极时对外部环境的人和事多有不满。

所以，这种气质类型者应适度降低兴奋激动，增强积极乐观，从而扬长避短，修身养性。

十、胆汁质 – 粘液质

您身上既有易激动、动力大、行动快的一面，又有能自控、好冷静、行动稳的另一面。前者助你勇往直前，后者利于保持平衡，但也会因暴躁而行为出错，或因急慢迟缓而错失时机。

（一）在学习活动中有时表现为热情似火，意志坚定；有时表现为冷静沉稳，注意力高度集中，不受外界干扰。

（二）在群体活动中既有高亢激昂、振臂一呼的宣传号召力，又有平静冷眼沉思的洞察力，这号召力和解决问题的能力如能相得益彰，则能使群体活动效率得以提高。

（三）在人际关系上忽冷忽热，常常给人变化无常的感觉，时而热情时而冷酷，让交往对象不知所以，因而缺乏良好的人际交往和人际关系。

（四）在社会适应上表现为一方面热情暴躁致使适应性不足，另一方面消极稳定，虽然价值观消极但不会与环境发生冲突。

所以，这种气质类型者应多从降低情绪和行为强度、增强积极的社会态度入手陶冶自己，增加与社会环境的相容性。

第十二章
认知训练和元认知发展

本章内容提要

◎心理仪器训练中元认知问题的提出
◎认知训练和元认知发展的关系
◎元认知的内容及其发展的意义

2010年初，受上海市教委装备部和德育处委托，笔者成立专家组为其设计基础教育各级各类学校心理辅导室的配置，用时近两年完成上海市中小学（包括中专技校）心理辅导室配置方案。

在设计认知训练仪配置的研究中，专家组窦刚博士提出一个问题：学生在认知训练仪上的进步曲线因熟练进入高原而无法继续进步，那认知训练的价值如何解释？当时，笔者脱口而出：元认知发展了。这简单的六个字是笔者捣鼓了15年心理仪器所形成的潜意识产生的条件反射，在和窦刚博士的不断切磋研讨中，心理仪器训练中"元认知发展"的概念逐渐清晰地被提了出来，这是加上这一章内容的原始缘由。

第一节　元认知能力是基础教育的终极目标

一、问题的提出

个体在自己的认知活动中，对于自身和当前的认知任务以及完成任务可以采取的方式可能有不同的认识，对于自己的认知活动也就具有不同的驾驭能力。这样，对于同一个问题，年龄不同、知识经验不同的个体在判断任务的难度、选择解决问题的策略等诸多反应上是不尽相同的，例如年长者和知识经验丰富的个体善于根据不同的情况灵活地采取合适的策略来完成任务，相比之下，年少个体则缺乏对自身认知活动特点的认识，面对复杂任务时往往不知所措。

元认知在现实生活中无处不在，却少有人对其有正确的认识。那么，元认知到底是一个怎样的心理学问题呢？让我们先从一个经典案例说起，数学史上广泛流传的儿童时期高斯的一个计算"1+2+3+……+100"，这可看作是元认知概念的介绍。当别的孩子按照逐步相加的运算顺序十分辛苦地做加法的时候，高斯则审视并且摒弃了这一笨拙费力的办法，而是利用 1+99=100，2+98=100……这一规律，简化了计算过程。这就是一个元认知的问题。再说一个人所共知的事例：在体育界，有一个常常被人们忽视的问题——为什么很多优秀的教练都是退役的运动员？例如，飞人刘翔在 110 米跨栏上获得的成绩使其成为世界冠军，他的功勋教练孙海平从未取得过出色的运动成就，却能教出刘翔这个世界冠军来。再例如，世界乒坛霸主马龙所向披靡无人能敌，他的主教练是曾经的世界冠军刘国梁，但如果在当下马、刘交手，刘绝无可能打败马，那为什么刘国梁能成为主教练？这个问题看似人人都知道，但真要作出科学准确的回答却不容易。

每一位当下的运动员都不难打败他们的教练，哪怕教练曾是世界冠军。人们不禁要思考这么一个问题：什么样的能力使教练能指导麾下运动员提高运动水平呢？从认知心理学角度看，这就是其运动生涯中所积淀下来的元认知能力，人们常说的"经验"就是元认知能力的表征之一。

二、元认知的发展

（一）元认知概述

元认知是指人们对自己认知的认知，这是一个抽象的定义。具体地说，人们在进行学习的认知活动时，当事人能明确了解其所学知识的内容性质特征，还能了解掌握如何运用和支配知识来解决各种由所学知识延伸衍生的问题。元认知就是这一认知过程。

认知心理学家弗拉维尔（J. H. Flavell）对元认知进行过两次诠释，第一次是在 1976 年，他认为元认知是"个人关于自己的认知过程及结果或其他相关事情的知识"以及"为完成某一具体目标或任务，依据认知对象认知过程进行主动的监测以及连续的调节和协调"。

1981年，弗拉维尔对元认知内涵进行了更为简练精准的表述，指出"元认知是反映或调节个体认知活动的任一方面的知识或认知活动"，这样就把元认知明确地理解为有关认知的知识以及调节认知的活动。在这个解释中，前者是一种相对静态的知识体系，反映了个体对认知活动及其影响因素的认识；后者则是一种动态的认知活动过程，是个体对当前自身的认知活动所作出的监控和调节。

元认知的最基本特征是个体将认知本身作为认知对象，因此，在认知的稳定性、可表述性、个体认知发展过程中出现的早晚以及在年龄性别影响等方面都具有不同的性质。认知和元认知两者之间存在的逻辑关系是，认知水平高、认知能力强、认知内容丰富为元认知的发展提供了基础和可能，也就是说元认知水平高低多寡优劣建立在认知水平高低多寡优劣的基础之上。如果把认知比喻成建筑材料，那么元认知就是对建筑材料的把握、策划、组织、使用、监控等一系列的运用，并最终盖成各式各样的楼台亭阁。但是认知和元认知的关系不是简单的因果相关关系，元认知不仅需要以认知为基础，更重要的是建立在对认知的融会贯通之上。在现实环境中，接受同样的系统教育，拥有同样的认知，但对认知的运用能力是不尽相同甚至相差甚远的，这就说明人们之间元认知发展的差异。

从弗拉维尔对元认知进行的诠释及其他学者对此的研究中可以看出，对元认知的研究主要集中在两个方面：一方面，是以元认知知识为研究对象，通过研究个体关于自己和他人的认知活动、认知过程、认知结果、认知特点以及与之有关的知识来探讨元认知的有关问题；另一方面，是以元认知监控过程为研究对象，通过研究个体为了达到预定目标和完成预定任务的认知活动中，把自己正在进行的认知活动作为意识对象,不断对其进行积极自主的监视、控制、调节的过程来探讨元认知过程的心理机制和活动规律。

概括弗拉维尔对元认知的研究,我们可以形成如此认识:元认知是个体对自己的心理过程、心理倾向、行为目标、策略方法等多方面因素的认知,它是以认知过程和认知结果为对象,以对自身认知活动的监控和调节为外在表现的认知活动过程。

(二)元认知所涉及的心理过程

元认知所涉及的心理过程包括认知过程、情绪情感过程和意志过程。

认知过程是指获得知识并通过思维加工将客观事物联系起来的过程,它包括知觉、注意、记忆、表象、思维、语言等心理品质。

情绪情感过程是个体对客观事物所表现出来的肯定或否定、喜欢或不喜欢、积极或消极的态度体验。

意志过程是指个体有意识地制订计划并伴随克服各种困难以达到一定目标的心理活动过程。

1. 注意领域中的元认知发展

注意是一切心理活动的基础,无论生活、工作还是学习都离不开注意这个心理品质。对中小学生来说,注意品质的优劣直接影响学业成就。注意是指人的心理活动对一定对象的指向和集中。注意是个体信息加工的重要而又基本的内部心理机制,它说明人具有主动加工刺激信息的本质特性。注意的最基本功能是对刺激信息进行选择,注意某信息而忽视其他信息也是元注意的特征。

注意领域的元认知发展亦称元注意发展。元注意知识包括三个方面:第一,表现为个体关于认知主体方面的知识,即个体对于自己注意品质和注意水平的认知。例如，个体对自己在注意的稳定性品质上的元认知监控可调节其在注意稳定性训练仪的策略；个体对自己在注意的分配品质上的元认知监控可调节修正在注意分配训练仪上的操作策略，以降低操作中的脱靶率；个体对自己在划销、九孔等专注力训练时的元认知监控可有效提高其注意的专注水平。第二，是个体关于认知任务的知识，表现为个体对不同性质的任务对注意的影响要求的认知。例如，稳定性训练仪对注意的要求是其稳定性认知品质，分配训练仪要求是心无旁骛专注于手对划销和九孔的操作，使之不造成触壁短路的认知品质。第三，是个体关于自己已具有的认知策略的知识，即个体如何根据不同的任务，采取有效策略来防止自己分心，使自己集中注意力完成好某项任务活动的认知。例如在棒框仪的检测中，被试要正确根据自身的认知风格排除镜头前框的旋转对棒的影响，以确立棒的垂直角度。

认知心理学的大量研究表明，一个发展正常的个体在五六岁时基本上已对自己的注意力状况有了一些了解（如认识到自己的注意力不如大人），同时也意识到通过一些方法可以有效地提高自己的注意力（如培养直接兴趣、加深对目标的理解、增加活动过程的快乐等等），甚至也了解一些影响注意的因素而加以回避（如学习时出现的环境噪声等干扰因素）。孩子随年龄的增长会把影响注意的原因从外归因逐渐向内归因转化。

认知心理学的实证研究表明，元注意知识增长最为迅速时期是学龄初期，即 5 至 7 岁期间，其表现出来的主要特征为个体在元注意知识和策略上发展的速度快于个体对完成任务所需知识的发展。4 岁以下儿童需要他人的指导来维持其活动中的注意力，孩子从 4 岁开始能够自主控制和调节自己的注意来完成面临的活动，直至11岁左右，个体开始能够自主生成适当的策略来维持自己的注意。当然，在实践中存在很多不确定的因素影响人们元注意的发展，例如任务的难度、人们活动的心理需求、动机及对任务的熟悉程度等。

2. 记忆领域的元认知发展和技能

（1）元记忆知识发展的特点

元记忆知识是指个体对于记忆活动的过程、特点、影响因素以及与之相关的自身能力诸方面的了解和认识，例如对记忆任务的认识、对记忆策略的认识、对自身记忆能力和特点的认识等。

一般情况下，个体成长至学龄阶段（五六岁开始），他们对记忆任务、记忆策略和记忆能力逐渐形成清晰认识，并能出现优化记忆的选择，例如认识到自己的记忆任务包括哪些内容，应该采取何种促进记忆的策略，自己在记忆方面的优势是什么，如何扬长避短才能更好完成记忆任务，等等。

元记忆的内容包括两类：一类是个体能清楚地意识到的且具有明确含义的关于记忆的知识，个体能主动自主运用这种元记忆的知识以更好地完成所面临的工作任务，这类元记忆的最显著处是具有外显记忆的特点。另一类元记忆是个体不是清晰意识到却具有行为特点的记忆，整个记忆过程反映的是一个内隐记忆的特征。这两类元记忆的能力随着个体年龄的增长而提高，甚至当个体随年龄增长记忆能力逐渐下降时，元记忆能力仍表现出很高的水平，这是因为个体在记忆中表现出更丰富的元认知体验、监控和策略。

（2）元记忆技能发展的特点

第一，元记忆技能是指个体在记忆活动全过程中所需要的监督和控制，包括记忆活动中选择合适的策略、过程中对记忆活动的正确性所进行的自我评价以及对记忆目标的调整。

第二，元记忆技能指个体对记忆材料性质的正确理解并能采取自认为合适有效的记忆方法。

第三，元记忆技能指个体对自己的记忆效率效果作出相对适合的评价。

影响个体元记忆技能发展的因素很多，例如知识经验的积累和融会贯通、逻辑思维能力的发展、独立思考能力的发展、学习习惯的养成等，对元记忆技能的发展都具有助推作用。

第二节 影响元认知发展的因素

个体元认知发展水平受诸多因素的影响，概括起来有他主因素和自主因素两大类。他主因素也称外部因素，自主因素也称自我训练因素。

一、他主因素

影响个体元认知发展的他主因素主要是指社会文化环境及文化环境制约下的家庭和学校教育环境。

1. 社会文化环境对个体元认知发展的影响

人类社会中的每一个个体的一切活动都受其所处环境的文化制约影响，人类心理活动中的元认知过程同样受个体所处社会的文化制约，而不同的社会环境其文化内涵差异很大，因此在研究元认知发展时不能忽视文化这个因素。

古人云："橘生淮南则为橘，生于淮北则为枳，叶徒相似，其实味不同。所以然者何？水土异也。"这里所说的水土就是文化。人们常说"一方水土养一方人"也是一样的道理。

那么到底什么是文化呢？它是怎样影响着人们的元认知发展的呢？

文化是人们的知识、艺术、宗教、信仰、道德、习俗、心理等传统，它是在特定环境中人们的集体精神的程序编制，它制约着任何国家任何地区任何个人一切自觉或不自觉的活动。

文化也可诠释为在一个社会环境下，人们共同拥有的心理程序，它能将一群人与其他人区分开来。

（1）跨社会的文化内涵

20世纪60年代，荷兰心理学家霍夫斯泰特（Hofstede）通过对40个国家与地区116 000份问卷的调查，抽象出文化的四个维度，即"权力距离维度""不确定性规避维度""集体主义/个人主义维度""男性度/女性度维度"（后又增加了两个维度，即"长期取向/短期取向维度"和"自由放纵/约束维度"），个体元认知发展必然受到社会文化因素的制约。

权力距离维度：该文化维度是指社会承认的权力在社会组织机构中不平等分配的范围，也可以理解为社会的管理者与被管理者之间的社会距离。权力距离是一个由大到小的连续带，代表着不同的社会文化的差异。

不确定性规避维度：该文化维度是指一个社会感受到的不确定性和模糊情境的威胁，并试图以提供较大的社会安全、建立更正式的规则、不容忍偏离观点和行为、相信绝对知识和专家评定的手段来避免这些情境。用通俗的话来说，是人在社会环境中所感受到的说不清道不明的威胁越大，越要求助于专家权威以获取安全感。不确定性规避维度的强弱与冒险精神和行为成反比。

集体主义/个人主义维度：该文化维度中的个人主义是指一种组织松散的社会结构，处于该社会结构中的人仅关心他们自己及与其关系最紧密的家庭。集体主义维度的特征则是严密的社会组织结构，处于该组织结构中的人期望内部组织机构（也称内部组织群体）来关心他们，作为交换，他们也对内部组织机构绝对忠诚。

男性度/女性度维度：该维度是指在个体所处社会中男性优势还是女性优势的价值观程度，也可理解为一个社会对不同性别的地位评价。男性度强则反映为男性的社会主导性强，反之，女性度强则反映为女性的社会主导性强。

（2）文化对元认知的影响

文化维度没有优劣之分，但存在对具体活动的适应性。元认知是个体对自身认知的认知，而个体的认知能力、认知特点必然受其自身文化的制约，其元认知所反映出来的注意品质、知觉品质、记忆品质、思维品质、表象特征及认知风格等心理品质上的元认知特点无不有着文化的表现。以注意为例，个体身上所表现出来的小的权力距离、弱的不确定性规避、个人主义和男性度的文化维度上的特征会影响个体对注意的广度、注意的稳定性、注意的分配、注意的转移等注意品质的认知。在对注意品质认知过程中的监督控制反馈调节更是与个体特定文化影响下的元认知息息相关。

2. 家庭环境对个体元认知发展的影响

家庭对每个人的元认知发展起着举足轻重的作用。家庭影响的启蒙性、长期性、真实性和浸润性特征对孩子时时处处都有着潜移默化的影响。在少子化和父母高学历的核心家庭，家庭环境、父母的人格特征和对子女的教育教养方式都会对其元认知的发展产生极大影响。

（1）家庭物质精神环境对元认知发展的影响。家庭环境可以分为两种：一种是物质的环境，另一种是心理环境。元认知的发展离不开生活工作学习的实践并且是不断地从他控到自控，从不自觉到自觉到自动化，从单维、局部思考到多维、整体思考，并在此过程中不断提高认知的敏感性和迁移的能力。促进孩子的元认知能力的发展是每一个家庭应有的责任，而家庭优渥的物质条件为个体元认知的发展提供了一种条件，正缘于此，很多家庭从小就给孩子提供良好的教育条件，目的就在于让孩子从小掌握更多的知识，在积累知识经验的基础上发展元认知能力。但是相对于物质条件，积极健康的心理环境是影响个体元认知发展更为重要的因素，只有在和谐民主平等且学习气氛浓厚的家庭氛围中，每一个家庭成员才最能够主动自主地进行学习活动，在这样的学习型家庭里充分开发自己的潜能，促进元认知能力的发展。

（2）父母的人格对子女元认知发展的影响。父母是孩子的第一任老师的同时也是孩子人格发展的榜样，所以从父母方面看，父母人格中的元认知能力必然对孩子直接或间接产生影响，而子女也自觉或不自觉地学习父母的元认知知识。其中父母的知识结构、受教育程度乃至社会角色都是子女元认知发展的影响因素，例如，受教育程度高的家长更重视培养孩子复杂认知技能，更关注孩子认知发展的自主性和自信心的培养，运用科学心理学的原理和方法，为孩子创设能够使其元认知发展的家庭氛围。例如，有一个男孩从小喜欢动手拆装家里的器械，10岁那年，有一次他对座钟产生了兴趣，自己动手将家里座钟的零件全部拆卸开来琢磨，然后再逐一按原样重新组装，在好不容易安装好左右两根发条并套上钟面和指针时却发现左右发条装错了，造成钟面上的指针逆时针方向走，怎么办？难道把费了九牛二虎之力装好的时钟重新拆卸开？男孩怕装不上而不敢再拆，但他突发奇想，在座钟表面粘上一张与之大小相同的白纸，上面画上时间刻度，但刻度数字与钟面数字相反，即6点写为12点，12点写为6点，3点写为9点，9点写为3点，傍晚做教师的母亲回家看到后，先是表扬了男孩的奇思妙想，然后鼓励并陪同他一起拆卸和组装，这个过程中男孩的元认知能力得到了很大的提高。所以，父母创设良好的家庭氛围可以有效促进孩子元认知的发展，尤其是父母在人格上的良好品质能对孩子包括元认知在内的人格发展产生潜移默化的影响。例如，父母的责任感、理智感、成就感、自信心、谦逊品质等人格特征都能有效促进孩子元认知水平的提高；反之，如果父母人格上存在自恋、偏执、刚愎自用、主观武断、执拗孤行等消极特征，则难以给孩子提供合适的家庭气氛，使其元认知能力发展受挫。

（3）家庭教育教养方式对孩子元认知发展的影响。家庭对孩子发展的影响是通过教育教养方式传递的，家长总是按照社会文化的要求和自己对孩子的期望采用一定的教养方式去塑造孩子。家长的教养方式有两个维度，一个是允许／限止维度，这是指家长是否允许、认可、鼓励和容忍孩子的各种活动和行为。持允许态度的前提是认为孩子应该通过他们自己的探索而成长，元认知能力更是在不断探索提高认知水平的基础上得以发展。另一个是接受／拒绝维度，这是指家长是否热情对待孩子，给孩子以爱和温暖，对孩子的要求经常接受还是不加说明地拒绝，如对孩子的要求给予分析，无论是接受还是拒绝都能让孩子感受父母的温暖和爱，那就可以使孩子的元认知能力得到健康发展。根据两个维度的不同组合，家长的教养方式可划为四种典型类型，即溺爱型教养、专制型教养、放任型（也称冷漠型）教养和民主型教养。

在四种教养方式的选择下家庭形成了三种不同的控制方法：强制——以家长的权威地位，运用训斥、体罚、剥夺权利的方法强迫孩子服从。引导——用表扬说理的方法让孩子明白认知行为的后果。爱的撤销——用不予理睬的方法孤立孩子，用表示失望使孩子羞愧，用爱的撤销向孩子施加压力，威胁孩子。美国心理学家怀特（B. White）通过对400个儿童的调查研究发现，父母对1至3岁孩子的教养方式可以决定他们一生主要的人格品质。所以，选择积极合适的教养方式对孩子元认知发展具有十分重要的意义。当然，家庭教育教养方式的选择受制于家长的人格修养、知识涵养等主客观因素，可见陶冶家长人格品质对培养孩子元认知能力具有十分重要的价值。

3. 学校对学生元认知发展的影响

家庭教育奠定了孩子早期元认知发展的基础。随着孩子年龄的增长，孩子们的活动范围和接触的社会环境不断扩大，当孩子走出家庭，进入学校后，学校就成为孩子最重要的社会活动场所，该场所使他们接受有目的、有组织、有系统的教育，也是孩子们元认知发展最集中、最丰富、最专业的教育环境。所以，学校在影响学生元认知发展的诸多因素中占有主导地位。

（1）教材教学内容对学生元认知发展的影响。学校教育活动对学生元认知发展施加影响是以规定的教材和相应的教学内容为中介的，教学内容是实现教育目的和培养目标的基本保证。教学内容究其实质是文化的一种选择结果，是对全部社会文化的一种不断提炼浓缩改造和序列化，反映了当时社会历史条件下生产和科技文化发展的水平，反映了社会政治经济对学生认知发展的要求。教学内容不仅向学生揭示特定社会的价值观念和行为准则，进行文化认知的灌输，同时为学生提供了学习仿效的模式。例如，通过教材内容的教学，使学生各科学领域的认知水平得到全面的提高，并在此基础上使元认知能力也得以提升。

（2）教师的教学特点对学生元认知发展的影响。教师不同的教学风格对学生元认知发展产生不同的作用。教师的教学风格可分为专制型、放任型和民主型三大类。研究表明，专制型教学风格，由于教师对学生监督严厉，缺少鼓励和表扬，致使学生唯老师之命是从，缺乏责任感、独立性，缺少自我调节和控制力，其元认知发展会受到抑制。放任型的教学风格不仅无助于学生的发展，甚至会对其造成伤害。观察研究证明，在民主型、专制型、放任型三种教学风格中，放任型风格下学生的学业成就最低，因为缺乏了教师指导和指引，学生学习就缺乏动力，变得懒散无序，其各方面的能力都无法健康地发展，其中元认知能力因调节控制能力不足而无法得到良好的发展。只有民主型的教学风格，教师能够对学生进行正面积极客观的评价，对学生任何一点进步都能及时给予强化，以促进学生自主自律能力的提高，这种自主能力也必然推动其元认知能力的健康发展。

（3）校风对学生元认知发展的影响。家有家风，同样，校有校风，尤其是一所历经长久积淀的名校。校风是学校文化环境的一个重要组成部分，是学校集体通过培植和继承形成的学校全体成员共同具有的、富有明显特色的、稳定的校园风气和精神面貌。

校风对学生元认知发展的影响表现在各个方面。第一，校风是一种无形的感染力和无声的行动命令，学生入读学校后，在具有特色的校风感染和影响下，会自觉不自觉地约束自己的言行举止并见贤思齐，自觉修正偏离校风的不当行为，形成群体从众行为。第二，校风是一种不成文的行为准则和心理契约，通过集体舆论对学生的品行作出权威性的评价，或肯定或否定，或鼓励或制止。在校风的行为导向下，学生逐步接受并适应团体规范，形成相应的文化价值认同意识和共同的目标取向，特别是在社会知名度高、特色明显的名校就读的学生，其学习潜能更能得到激发，创造创新求异精神被激活，自我评价自我监控的元认知策略等元认知能力得到极大的提高。

（4）同伴交往对学生元认知发展的影响。人的心理，包括元认知能力，是在社会交往中发展和成熟的。青少年学生的社会化过程受到两种人际交往关系的影响，一种是与父母、教师等成年人的交往，这种交往关系大多是以单向服从为主要特征的权威约束关系；另一种是同伴交往关系，它是以合作为特征的平等关系，这种交往的影响大多是在自然状态下发生发展的。

随着学生身心发展，独立性加增，与同伴交往的需要日益强烈，这时同伴交往成为影响学生认知和元认知发展的重要动因。社会心理学对与世隔绝者的研究表明，没有伙伴、没有同伴交往是非常可怕的。例如，我国明代朱棣夺取了建文帝朱允炆的帝位后，将建文帝2岁的儿子朱文圭单独关押，不让他与外界有丝毫联系，一直关到57岁，关出了一个"出门牛马亦不识"的白痴。

同伴交往可以分为个人与个人之间的交往和个人与群体之间的交往，而群体又可以分为正式群体和非正式群体两种。正式群体是按照固定编制和章程建立起来的群体，群体中每位成员扮演规定的角色，非正式群体是以个人兴趣爱好等情感联系为基础为纽带建立起来的群体，这也就是人们常说的"物以类聚，人以群分"的人际关系。同伴关系对学生的认知发展和元认知发展意义重大，同伴之间存在认知和元认知的参差,这种参差为同伴起到了互为取长补短、互相促进的作用,这种促进又进一步促进个体的群体归属感。

二、自主因素

个体的认知风格对元认知发展有很大影响。认知风格也称认知方式,是指个体习惯性地加工信息的方式。认知风格的习惯性是指其具有无意识性、稳定性的特点。认知风格贯穿活动的全过程,它影响着元认知的发展。一般来说,认知方式不同的人可以取得同样好的学业成就,从这个意义上说,个体没有必要强求自己改变自己的认知风格。认知风格分类很多,这里介绍最常见的三种,即场依存型 – 场独立型、冲动型 – 慎思型、整体型 – 序列型。

1. 场依存型 – 场独立型认知风格对学生元认知能力发展的影响。这是美国著名心理学家威特金提出来的一种认知方式。这里的"场"指的是问题的空间。所谓场独立型是指当个体面对一个作为认知目标的问题时,很少甚至不依赖于该问题空间中的其他一些线索,而是根据认知目标本身的结构来搜索信息。所谓场依存型是指当个体面对一个作为认知目标的问题时,较多甚至完全依赖该问题空间中的其他一些线索,从这些线索中搜索信息。测量这组认知方式的特征有几种工具,其中最为常用的有"镶嵌图形"和"棒框仪"。其中"棒框仪"在前面心理检测仪中已有讲述,这里将"镶嵌图形"作一简单介绍。"镶嵌图形"测验时要求被试从复杂图形里看出指定的简单图形,正确完成的图形越多,或者完成图形时所用时间越少,就越是具有场独立型风格特征者,反之则为场依存型者。

那么,场独立型 – 场依存型作为一种认知风格,其个体差异有何现实意义呢?首先是对任务的适应性:场依存型者习惯性地或偏爱性地侧重从外部环境（即所定义的"场"）中搜索信息，而这种搜索的下意识性就会表现为"受外部环境的影响"的行为方式；场独立型者正相反，他们习惯性地侧重根据认知目标本身的结构来搜索必要的信息，因而表现为"不易受外部环境的影响"的行为方式。场依存、场独立无所谓优劣好坏，但对学习工作具有相对的适应性，例如场独立型认知风格者更适合逻辑缜密的理工类学科和活动，而场依存型认知风格者更适合结构松散、外部参照多的文史类学科和活动。其次，个体对自身认知风格的了解有利于元认知能力的发展，尤其是对提高自身元认知的策略选择反映在学习活动对象的抉择具有人尽其才的意义。

2. 冲动型－慎思型认知风格对学生元认知能力发展的影响。冲动型－慎思型认知风格是心理学家卡根提出来的一种认知方式。所谓冲动型认知是指个体处于不清晰情境时，倾向于用自己想到的第一个答案来回答问题。所谓慎思型认知是指个体处于不明晰情境时，倾向于仔细考虑所观察到的各种现象及所面临的问题，在尽可能把全盘问题考虑后再付诸行动。分辨是慎思型还是冲动型的认知方式可以通过图形匹配的实验予以判定，实验如下：设一个单独的动物或人物图案，另在框内设多个（如9个）近似单列图案，其中只有一张图案与框外单列图案完全一样，其余都有极细小差别。评定时考虑两个维度，一是错误率，二是耗时，其中耗时更为重要。具有冲动型认知特征者往往倾向于用自己想到的第一个答案来回答问题，想到什么就立即回答，但错误率比较高，具有慎思型认知特征者则相反，当其面对不明情境而难以抉择时表现为过分小心地对待面临的问题，作出认知决定所花时间明显延长，但错误率低。研究表明，对于需要进行详细分析才能学好的材料，慎思型的认知方式更有利于学习活动，但对于不太需注意细节或比较急迫的任务，冲动型的认知方式更有利于任务的完成。了解自身或慎思或冲动的认知特点并有效提高元认知的自我评价、监控水平并选择最匹配的元认知策略，那么不管是慎思型还是冲动型认知风格的个体都能促进元认知能力的发展。

3. 整体型 – 序列型认知风格对学生元认知能力发展的影响。这是英国心理学家帕斯克提出的两种对立的认知方式。所谓整体型认知风格是指个体在研究学习一篇材料时，通过使用说明性例子和类比的方法以达到对材料的总体把握和理解。所谓序列型认知风格是指个体在研究学习一篇材料时，通过连续地或相继地注意一系列材料细节以达到对材料各个部分的把握。整体型认知风格者有着"整体大于部分之总和"的认知理念，认为即使准确掌握了很多孤立的细节，也难以领会总体的意义，而能确立整体的意义，就可以轻松把握各种细节。与整体型相对的序列型认知风格者在认知材料时习惯于直线地在一个问题理解后再走向下一个问题，注意力往往集中在操作性细节和程序上，关注一连串的细节，聚沙成塔完成全部内容。这种认知风格者坚信，既然整体是许多部分缀连而成，那么只要准确把握每个部分就必然能准确把握整体。

实验证明，这两种认知方式的人都同样可以达到一样好的理解水平。但如果过分坚持自己偏爱的认知方式就可能出现弊端，如坚持整体型认知方式就可能出现走马观花、浅尝辄止等错误，坚持序列型认知方式则容易出现一叶障目不及其余的错误认知。要克服这样的偏差就需不断提高个体的元认知水平，发展元认知能力，对出现偏颇的认知过程及时调控，并运用合适的认知策略更好地完成任务。

第三节 元认知的构成

对于元认知的构成，历来存在不同的观点和意见。1994年巴克（Barker）提出"二分说"，认为元认知由"元认知知识"和"元认知监控"两部分组成。但有人对此观点不以为然，提出了"三分说"，即"元认知知识""元认知体验"和"元认知技能"，我国大多数学者持"三分说"观点。无论是"二分说"还是"三分说"，元认知的各成分之间都是相互联系、相互制约并构成元认知的完整结构。

一、元认知知识

弗拉维尔将元认知知识主要分成三大类。第一类是个体元认知知识，即个体关于自己及他人作为认知加工者在认知方面某些特征的知识，从这个意义上说，认知心理学就是建立在元认知基础上的心理科学。个体元认知知识的深度和优秀程度决定个体自身认知能力的长短优劣。第二类是任务元认知知识，即关于认知任务已提供的信息的性质、任务的要求和目的的知识，例如某学生在注意一篇文章时，应该对此文的作者、写作目的、写作背景、写作特点、写作技巧、语言风格等有所了解。第三类是策略元认知知识，即关于认知策略和元认知策略及其高效率运用知识，例如背诵课文时是采用分散学习的策略还是采用集体学习的策略更有利。

（一）个体的元认知知识

个体的元认知知识，是指个体关于自己和他人作为认知对象的所有知识，这里包括了对存在于个体间（认识自己和了解他人）的认知差异性的认识，以及个体间的认知相似性的认识。也就是说，承认人与人之间的认知差异是一种客观的存在，但是，如何认识则会对自己的元认知活动产生重要的影响。对认知差异性的认识，是指一个具有较强元认知能力的人应该了解自己和他人之间客观存在的认知能力、智力水平、知识积累及认知方式等诸多方面的差别。例如，个体应该知道自己的长处在哪，短板在哪，如何才能扬长避短使自己提升发展空间，了解他人的长处反映在什么地方，不足在哪。对认知相似性的认识，是指个体通过观察和内省自己和他人在不同场合、时间、情境和认知活动中的表现，来获得人类认知活动的共同特征的认识。"人贵有自知之明""吾日三省吾身"等诸多古训都是对个体建立正确认知的箴言。唐代思想家、文学家韩愈更是把如何自知自省自善的具体方法传授给世人，在其名篇《原毁》中有详细的叙述："古之君子，其责己也重以周，其待人也轻以约。重以周，故不怠；轻以约，故人乐为善。闻古之人有舜者，其为人也，仁义人也。求其所以为舜者，责于己曰：'彼，人也；予，人也。彼能是，而我乃不能是！'早夜以思，去其不如舜者，就其如舜者。闻古之人有周公者，其为人也，多才与艺人也。求其所以为周公者，责于己曰：'彼，人也；予，人也。彼能是，而我乃不能是！'早夜以思，去其不如周公者，就其如周公者。舜，大圣人也，后世无及焉；周公，大圣人也，后世无及焉。是人也，乃曰：'不如舜，不如周公，吾之病也。'是不亦责于身者重以周乎！其于人也，曰：'彼人也，能有是，是足为良人矣；能善是，是足为艺人矣。'取其一，不责其二；即其新，不究其旧：恐恐然惟惧其人之不得为善之利。一善易修也，一艺易能也，其于人也，乃曰：'能有是，是亦足矣。'曰：'能善是，是亦足矣。'不亦待于人者轻以约乎？"为人者如何建立正确的认知并有效发展元认知的方法一览无余。

（二）认知任务的知识

所谓认知任务的知识，是指个体关于认知活动任务的要求、特点等方面的知识，其中包括对认知材料的性质、长度、结构特征、呈现方式、逻辑性、熟悉程度及掌握难度等方面的认识，还包括对认知任务的目的、要求和进度的认识，也即对认知对象的认识和对认知任务的性质和难度的判断。例如，当学生面对一门新的课程时，他对该课程内容是人文科学还是自然科学的认识、对学习教材的形式的认识（是图形的还是符号的）、对学习材料的组织是逻辑严谨的还是结构松散的认识、对学习材料是视觉呈现还是听觉呈现等的认知结果都属于此类知识。学生如能正确地认识认知对象，就有可能有效调节和控制自己的学习行为。

（三）认知策略的知识

认知策略的知识，是指个体对于完成某项认知任务所需要的认知方法的各方面的知识。认知策略的知识所涉及的内容比较多，例如个体自己所进行的认知活动具有哪些策略，各种策略之间的特点及有何优劣，各种认知策略的应用有何制约的条件和情境，不同的认知活动和认知任务应该采用何种认知策略才是最合适最有效的，也包括随机应变和适时采取有效处置不确定性问题的知识等。

美国教育心理学家加涅（R. M. Gagne）认为，认知策略是个体用以支配自己的心理加工过程的、通过内部组织的技能，是一种十分重要的认知技能，是学生用以指导自己认知品质（知觉、注意、记忆、学习思维和解决问题等）的重要能力。

元认知知识是元认知活动必要的支持系统，为调节认知活动过程提供了极其重要的知识与经验基础和背景。元认知最核心的要素是对认知活动的调控，其本质是对当前认知活动进行合理的计划、组织和调整。在这个过程中，个体对自身认知资源特点的认识，对认知任务的内容和类型的了解，以及关于认识和解决这些问题的认知策略的知识，都对调节活动起着非常重要的作用。个体正是根据这些知识来对当前的认知活动进行组织的。如果个体不具备有关的元认知知识，那么对自己的认知活动的调节就会出现盲目性，所以元认知知识是元认知活动得以顺利进行的重要基础。

二、元认知体验

元认知体验是指元认知和情感（包括情绪及道德感、理智感、美感等社会性情感）之间的互动和相互影响。它是指个体在认知活动过程中，对认知对象有所觉察了解和感悟时产生的认知和情感体验。元认知体验可以从不同角度予以认识：

从其性质上看，它存在"知"和"不知"两方面的体验。例如，当个体看到同伴乒乓球打得很好而自己不会时，他就有着想学却不知如何掌握打球技巧的"不知"的认知体验，于是会有焦虑自卑的消极情绪体验，而当他学会了打球，掌握了技巧并可以与同学比赛了，此时他就有了打球的认识并形成了自信的积极情绪体验。

从其内容上看，它存在着"简单"和"复杂"两方面的体验。仍以打乒乓球为例，当个体掌握了基本的打球技巧时他会形成"打乒乓球并不难"的认知体验，但当他在与人交手中不断败下阵来，面对对方的旋转发球手足无措时，又会产生"乒乓球技术很复杂"的认知体验。

从其层次上看，它存在着"清晰"和"潜在"的两种体验。前者是能被个体清楚地意识到并被表达的情感，后者是个体自己都意识不到但却影响其认知过程的情感体验。继续以打乒乓球为例，通过一段时间训练，某个体乒乓球技能提高了，当过去战胜不了的现在能战胜的对象在增加时，个体产生清晰的"我已能战胜某人了"的认知体验，但与某人由于没有交手尚不清楚与之相较的结果，此时个体产生的是潜在的不确定性的认知情感体验。

从其时间上看，它存在着认知活动前、认知活动过程中和认知活动后的三种体验。以某一部新推出的电影为例，当个体看了广告宣传和片花介绍，产生了强烈的向往，此时个体形成了认知活动前的情感体验。当走进影院，随着影片故事的展开，主人公的喜怒哀乐深深地打动了观众，使之产生了与影片中人物相同的喜怒哀乐，此时观众形成的是认知活动过程中的情感体验。当电影结束散场，观众走出影院但仍沉浸在影片的故事情节之中不能自拔，乐其所乐，哀其所哀，此时产生的是认知活动后的情感体验。

元认知体验常常与个体正在进行某个认知活动，以及与正在取得或可能取得的认知活动的进展状况有关。例如，有时会感到自己没有能够把自己的某种心理感受恰当地转达给自己的亲朋好友；有时自己正在努力阅读和理解学习材料，突然感到遇到障碍，但又说不清楚障碍和困难在哪里；有时感到自己所要解决的问题是极为困难的，但一旦付诸行动时，却觉得问题并非原先感觉的那么困难，甚至感到原先的顾虑是杞人忧天等。因此，元认知体验会直接影响到自己认知任务的完成。积极的元认知体验会激发个体的认知热情，促进个体思维活动的展开，同时能极大地调动个体的认知潜能，提高个体认知加工的速度和对刺激信息加工的有效性。例如，模范英雄的事迹介绍会使青年学生热血沸腾，形成积极的元认知体验并产生仿效行为。

在个体认知活动的不同阶段，元认知体验的内容是不尽相同的。

在认知活动的初期，主要表现为对于认知活动任务的难度、熟悉程度以及对完成认知任务的把握程度的体验，此时往往在个体身上反映为小心谨慎、惴惴不安的元认知情绪体验。在认知活动的中期，主要反映为关于当前认知任务完成进展状况的体验，包括对自己遇到的障碍或面临的困难的各种体验，此时在个体身上表现为一定的镇定协调或内心焦虑的元认知情绪体验。在认知活动的后期，主要反映为关于任务目标是否达成、认知活动的效率、认知活动的效果等体验，以及对完成任务过程中获得各种得失的体验，此时个体反映出来的是轻松满足等元认知情绪体验。从整个认知活动过程中可以看到，元认知体验是元认知活动的重要因素之一。元认知体验激活了相应的元认知知识，使那些储存在长时记忆中的元认知知识能够与当前的调节活动产生联系，因为尽管元认知知识能够为调节认知活动提供基础，但是它仅仅是为调节提供一种可能而已，它本身并不能保证调节活动的进行过程。如何能够把处于静态的元认知知识与动态的元认知调节过程连接起来？元认知体验起着十分重要的作用。可以这么说，元认知体验是连接静态的元认知知识和动态的元认知调节的中介，是沟通两者的桥梁。元认知体验的这种中介作用，决定了个体只有通过它，才能不断获得当前正在进行的认知活动的各种各样的信息，并在一定程度上通过喜欢、不喜欢的情绪表达对信息作出初步的筛选。之后，再利用相关的元认知知识，对自己的认知活动进行有效调节。

综上所述可以知道，元认知知识是个体长时记忆中存储的那些陈述性知识和程序性知识，按照记忆品质的有关科学可以了解，存储在长时记忆中的知识材料不能直接对个体当前的认知活动产生影响。只有当它被激活而进入到短时记忆即工作记忆中去的时候，才能被个体所利用。而元认知体验正是在激活有关的元认知知识的过程中起到关键的催化作用,它将激活个体记忆库中有关的元认知知识,把它们从编码并深藏于长时记忆之中提取并进入工作记忆之中,并被个体用于对当前认知活动的调节活动。

三、元认知技能

元认知技能是指个体将自己正在进行的认知活动作为意识对象,在不断对其进行积极而自觉的监视、控制和调节的过程中所使用的方式和手段。元认知技能对认知活动的调节和监控十分重要,如果元认知技能不能有效监控和调整个体的认知活动过程,个体在认知活动过程中出现的偏差和失误就无法及时得到纠正,"失之毫厘,差之千里",最后导致目标无法实现。个体在运用元认知技能时,既有可能清晰地知道自己在运用某种元认知技能,也可能是下意识地运用某种元认知技能。一般情况下,在元认知技能形成初期都需要清晰的有意识指导,例如初学自行车的个体,尽管掌握了基本的元认知技能,但一上车依然会手忙脚乱,等到元认知技能熟稔于胸,逐渐发展成为一种自动化的操作方式时,其运用过程就毋须意识的支配,就如掌握了自行车技术后,个体所遵循的元认知技能就退入潜意识中而不被个体意识到了。

元认知技能有下述种类:

(一)制订计划

这是指个体对即将进行的认知活动及付诸的行为进行的策划。在认知活动的初始阶段,制订计划主要表现在明确问题、确立目标、回忆相关知识、选择解决问题的策略、解决问题的思路等方面。例如,某学生面临高考这件事时,首先要明确高考对个体的价值意义和重要性,在确定其重要性之后就应该对自己的学业能力作客观的评估,然后确立所向往的目标，有了明确的高校和专业的目标，接下来就应该将顺应对该目标的学科知识，对必须掌握的学习内容裨补缺漏，选择合适的策略并按预定的策略路径去实施，最后实现目标。这一系列过程是元认知技能的首要任务。当然，制订计划并非发生在认知活动的早期而一成不变，在认知活动的全过程中因情境的变化而需要修订计划的现象也时有发生，这时不能刻板固着，而要依据新情况、新变化修正计划，甚至重新制订计划。

（二）自我监控

这是指个体对自己认知活动的全过程，包括进程、效果及目标达成等所进行的评估，也就是个体对认知活动的起始、过程到结束的每一个阶段或事件的效能进行自我监督、自我控制和自我反馈。特别是在认知活动中期的自我监控尤为重要，它包括了获得认知活动的进展状况，检查在认知活动中自己有没有出错（偏离目标通道）或存在哪些不足，检查和审视自己解决问题的思路是否正确，要不要对思路作一些修正，怎么修正，等等。在认知活动的后期，自我监控主要是对自己的认知活动效果、认知活动效率以及认知活动收获等进行评价，从而能够及时地总结自己的经验和教训。

（三）自我调整

这是指个体根据监控得到的信息加以价值评估后，将有价值的信息进行价值重组后用以对认知活动进行恰当的矫正或补救，其中包括自我纠正错误、排除认知障碍、调整认知思路等。自我调整的元认知不是仅仅发生在认知活动的最后，而应该贯穿于认知活动的全过程，且需要的自我调整越早进行，认知活动付出的可能的牺牲代价越小，对认知活动中的错误调整得越晚，其付出的牺牲越大，乃至最后可能无法进行自我调整，造成的损失和伤害也许难以弥补。因此，自我调整的元认知技能是一个十分重要的元认知策略，它可以为认知活动起到保驾护航作用。

总而言之，元认知技能是存在于个体的整个认知过程中，将自己正在进行的认知活动作为对象，不断对其进行积极自觉的检查和调节的认知技能，是提高认知活动效能的认知方式。它包括认知的选择、评价、修正策略等多方面的认知操作。

元认知知识、元认知体验、元认知技能是个体元认知活动的三个密切相关的组成部分，三者之间互相联系，互相依存，互相制约。三者协同作用，方能使个体得以顺利地实现对自己认知活动的监控和调节。这种关系可以用图12-1予以描述：

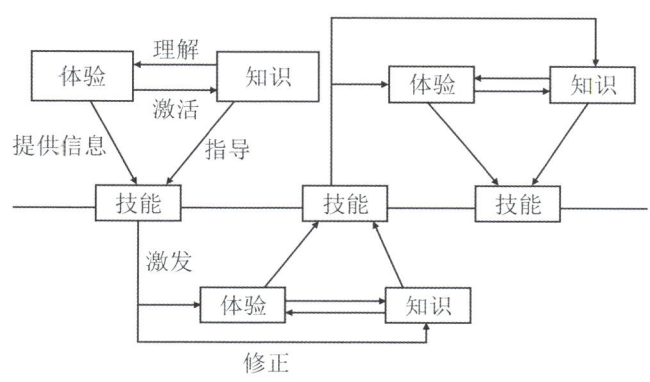

图12-1 元认知知识、体验、技能三者关系图

第一，我们从图12-1中可以看到，在一个完整的元认知活动中，对认知过程的调节活动是连续不断进行的。个体在反复运用有关的元认知技能对自己的认知活动作出连续不断的调节。第二，在元认知知识、元认知体验和元认知技能三者中，存在着一种双向的相互作用的紧密关系。图中，"理解"和"激活"的两个箭头就表明了元认知体验和

元认知知识之间的相互关系，即元认知体验能够激活记忆中相关的元认知知识，使这些知识能够从长时记忆中返回到工作记忆中，以便为当前的认知活动服务，而已经被激活的元认知知识又可用以帮助个体理解元认知体验的内涵意义。在"提供信息"和"激发"的箭头上可见元认知体验和元认知技能之间的关系，即元认知体验可以为元认知技能的运用提供必要的信息，使元认知技能的运用更具针对性；而元认知技能通过激发新的元认知体验，又为下一步的调节作好了准备。"指导"和"修正"的箭头指向则把元认知知识和元认知技能紧密结合了起来，也就是说，必要的元认知知识储备是元认知技能运用的必要前提和重要基础，它对认知的调节活动提供指导，而个体在运用元认知技能进行调节的过程中可以不断积累新的认知活动的经验，并对原有的元认知知识进行补充或修正。第三，在图中可以看到，元认知技能受到了两方面的同时作用，一个是元认知知识，一个是元认知体验。也就是说，个体在运用元认知技能对自己的认知活动进行调节的时候，需要同时具备两个必要条件：一是个体对当前认知活动的体验状况；二是和活动相匹配的元认知知识。当然，从元认知技能出发的箭头"激发"和"修正"则表明，元认知技能的调节也会对元认知知识和元认知体验产生影响，它一方面能激发新的元认知体验的产生，另一方面又有助于对原先的元认知知识作出修正和补充。

第四节 元认知发展规律和认知仪训练

一、元认知发展的规律

每个人的元认知能力都不是与生俱来的，它是在自己的长期生活学习和实践活动中逐渐形成的，并不断地发展和完善。元认知的发展一般遵循一定的规律，这规律是指从他控到自控的发展、从不自觉到自觉再到自动化的发展、从单维到多维的发展、从局部监控到整体监控的发展。

（一）从他控向自控的发展

所谓他控是指个体的活动是由他人来进行调节和控制的。所谓自控是指个体的活动由个体自己来调节和控制。一般来说，个体在还没有形成明确的自我意识和获得一定的元认知监控能力之前，都需要依赖于他人来调节与控制自己的某些行为与活动，尤其是个体尚未形成正确的是非、正误、对错的能力的时候，更需要有丰富经验、实践能力和影响力者的调节和控制，并需要他们直接的指导、点拨和监督。例如教师的教育、师傅的提携和家人父母的引导。随着个体活动学习时间的推移，其经验逐渐增长，对任务的深入认识和进行该项任务的能力不断提高，特别是思辨能力、个性特征的不断凸现成熟，对自己的实践活动能够进行自觉、不自觉的独立判断，自我决定、自觉修正的能力不断提高，个体的元认知能力也得到逐步提高和发展，遵循从无到有、由低到高的进步曲线。此时，个体的内部自主控制的能力逐渐上升为主导地位，而外部调节和控制逐渐降至辅助地位，这是元认知的一个渐变的过程，即从外部他控向内部自控的发展过程。以孩子学自行车为例予以说明：刚开始学习，孩子一坐上自行车，车子马上倒下来，人也跟着摔倒了，这时的孩子一点没有自主掌控自行车的能力。此时只能凭借家长的扶车才不致摔下车来，说明外部的辅佐力量是孩子学习自行车的他主力量。在外部他控的元认知指导下，孩子的元认知得到逐步的发展，他控的成分逐渐减少，同时，其自我控制的能力开始提高，元认知能力也开始得到初步发展，比如意识到身体的僵硬紧张与扶正车把之间的关系，在后续的练习中开始学会放松身体，手扶车把轻松自然。随着元认知技能的不断发展，个体自控的能力越来越强，帮助指导的外部他控越来越少。这时的骑车者能左右摇晃勉强独立骑行，旁边的教导者的他控表现为"动口不动手"的提醒，如"身体坐正""双手轻扶车把，不要用力"的针对性的指导，而修正行为由当事人的元认知掌控节奏的变化。当其元认知发展到游刃有余地自我控制的水平时，自行车的骑行完全成了独立的技能。

（二）从不自觉向自觉再向自动化的发展

任何技能的掌握都是从陌生向熟练再向自动化发展的过程，元认知的发展也不例外。在元认知形成的初期，个体会表现出很大的不随意性和许多不自觉的意向活动，即使个体想主动调节和控制自己的活动，但由于本身注意分配能力不够、自我控制的意志力有限，所以很难做到有效地调节和控制自己的认知活动，此时的元认知也就只能处于不自觉、不随意状态。随着个体生理、心理的逐渐成熟以及知识经验的积累，个体元认知的自觉性也在不断地增强，开始主动地对自己的认知活动过程进行调节与控制，并且能够注意到活动的进展状况，也开始能够根据自己的活动结果进行评价并根据评价予以自我调整。到这个时候，个体元认知的自我调节和监控已经初步形成，个体能够自觉地开展自我监控。当然，此时个体的元认知监控还不够成熟，使用调取速度还不够敏捷迅速，更难做到以最正确有效的方式进行，甚至会出现很多多余乃至错误的反应。过了这个阶段，个体经历了多次调节和监控的实践活动，在活动中不断归因，经过反复修正完善，元认知能力不断地提高，个体由娴熟进而达到自动化的水平。一旦进入自动化程度，个体在处理当前的任务时几乎不再需要进行有意识的选择、思考和记忆中的认知搜索,并且能够随机应变地处置情境变化,自主地进行元认知调节、反馈和监控。这就使整个认知活动变得极其简单快捷,不再出现冗赘的环节和步骤,当面对自己的认知活动时能马上作出评价判断和正确的反应,并迅速地采取有效措施来解决面临的各种问题。仍以学自行车为例予以阐述:个体在学习自行车之初,虽经熟练掌握车技者讲述了骑车的技术要领,形成初步的元认知能力,但一坐上自行车,情况就完全不同了,身体僵硬,手忙脚乱,似乎已在认知中的技能因不能及时正确提取出来而变得手足无措,顾此失彼,元认知技能因为没有在头脑中牢牢扎根,所以无法主动自觉地有效调节和控制自己的认知活动,此时个体的元认知活动只可能是不自觉的、不随意的。随着反复地练习,元认知技能在骑车的实践活动中反复地被运用,在认知活动中渐渐形成了牢固的记忆,个体进入自觉运用元认知技能的状态之中,由娴熟进一步进入自动化操作状态,由此完成了元认知技能从不自觉向自觉再向自动化的发展。

(三)从单维向多维的发展

个体元认知发展的初期,由于能力比较差,在认知活动中一般总是针对自己活动中的某个方面或某个内容进行调节和控制。此时的个体所表现出来的认知特征是仅仅局限于某一个角度或某一个侧面去思考,往往会观其一点不及其余,很少能做到全盘考虑,表现出认知控制和调节的单一性和单维性。造成这种元认知技能的局限性的原因是个体的思维发展水平较低,缺少有价值的知识经验和实践活动。当然,也有一些人在认知思维上存在一些偏执、固着等思维偏差,缺少辩证思维,这也会造成认知的单维误区的出现。卢钦斯的实验证明,思维定式会使人陷入认知单维泥淖难以自拔(见图12-2)。

课题序列	容器的容量			要求量出的容量
	A	B	C	P
1	29	3	—	20（A-3B）
2	21	127	3	100（B-A-2C）
3	14	163	25	99（B-A-2C）
4	18	43	10	5
5	9	42	6	21
6	20	59	4	31
7	23	49	3	20
8	15	39	3	18
9	28	76	3	25

图 12-2　卢钦斯溶液运算实验图

（注：实验要求被试运用 A，B，C 三个量杯，倒出要求量的液体，图中提供了 1，2，3 的解题方案，后面各题由被试计算完成。）

经过不断的训练，加之个体年龄的增长和知识的增加，其思维得到了很大的发展，尤其是个体的辩证思维发展使其能够多角度地思考问题，从多个角度和侧面来调节与控制自己的认知活动，这为元认知调节与控制的发展提供了重要的基础。但是，能否从多角度多侧面调节与控制自己的认知活动，还取决于自己的知识经验。如果个体并没有认识到自己的调控成效是由多方面、多因素共同作用的话，那么即使他已经具备了综合调控多种因素的能力，也很难做到元认知的多维调控。可见，元认知发展中的多维的自我调节与控制是随年龄、知识经验、社会实践等因素的增加而发展的，并表现出从单维到多维的元认知发展规律。

（四）从局部监控向整体监控的发展

元认知纵向发展的大趋势是从局部监控不断向整体监控发展。在元认知发展初期，自我监控往往只集中在认知活动过程的某个或某些局部的步骤与阶段上，以后逐渐把监控扩大到了对几个步骤或几个阶段上面，最后发展到对自己的整个认知活动的监控。这种发展规律一般可以在个体面对问题时如何去解决的步骤或阶段上发现。低年龄的个体很少会对自己解决问题的过程进行反馈与修正，这个时候的元认知监控十分脆弱。随着个体年龄的增长，个体在解决问题的时候，开始出现了对步骤、阶段和结果的检查、核对和修正，这时的元认知能力要比开始时进步很多。但是，个体的这种自我监控都是发生在活动结束之后，即在问题解决后或任务完成后，才检查活动的结果，当发现错误的时候，就没法进行修改。由于反馈和修正是在任务或活动结束之后，因此还不能够在活动的过程之中发现并改正错误，这样就可能造成一错到底的无法挽回的后果，使自己的活动效率与活动的正确性受到影响。当个体成长到一定的年龄阶段就开始能够在活动的各个阶段进行自我监控，比如活动目标的设置、方法的选择以及对这些反馈、调节与控制的执行，包括对活动效果的评估与修正等。这时元认知监控贯穿于自己整个活动过程，使自己的监控与调节和各种具体的活动行为融合起来，并且能够随时对问题进行分析，以及适时地对问题解决的方式方法进行评估与修正，从而使反馈更及时、更正确、更有效。

（五）敏感性水平的增强和发展

个体元认知的发展反映为对敏感性逐渐增强的自我监控发展和迁移性逐渐提高的自我监控发展的过程。自我监控的敏感性是指个体根据问题情境中各因素之间的关系及其变化，自己作出最适宜调节和修正的灵敏程度，主要包括自己对问题情境中的各种信息与线索的敏感性，以及自己对不同问题情境下的最恰当的问题解决策略等有关知识经验的激活和提取的敏感性。在这个过程中，对线索的敏感性会直接影响自我监控时的信息反馈水平，而对问题解决策略的激活和提取则反映出个体自身的调节水平。个体自我监控水平的高低在很大程度上是由自我监控的敏感性所致，一般说来，自我监控水平高的个体往往对问题情境的线索以及变化敏感，并能较好地进行知觉分析，选取合适的策略和方法，对活动行为进行有效调节和控制。因此，敏感性是衡量个体元认知发展水平的一个很重要的指标。

（六）迁移能力的提高和发展

迁移是指个体能够把自己的活动过程与方式从一种具体的情境迁移或运用到与其相同或类似的其他活动情境中去，简言之，迁移就是一种学习对另一种学习的影响。迁移是个体元认知发展的一个重要指标，不同个体，其自我监控的迁移水平是不同的，迁移水平高的个体比较善于将自己过去的自我监控的知识经验有效地运用于当前的活动情境之中，而迁移水平低者则不能有效地借鉴和运用自己已有的知识经验。

迁移是人成才的根本原因之一，经历学习过程相同，所学知识相同，但最后能力差异很大，何也？是运用知识解决新情境下的知识迁移能力使然。基础教育的书本知识掌握好不好并不是由考试分数决定的，是由解决从未碰到过的问题的能力决定的，这里把书本上的知识运用到新问题的解决过程时，迁移就起到了决定性的作用。迁移既是元认知发展的重要品质，也是个体社会化的重要标志。

迁移的发生发展是由两种材料之间的相同要素而形成的，这是心理学家桑代克与伍德沃斯在1901年进行的知觉训练迁移实验中发现的。该实验证明，只有当原先的学习情境与新的学习情境有相同要素时，原先的学习才能在新的学习中产生迁移，即只有当两种心理机能具有相同要素时，一种心理机能的改进才能引起另一种心理机能的改进。

美国心理学家贾德（C. H. Judd）提出了"概括说"来解释迁移现象。贾德通过"水下击靶"实验（1908年）证明，学习迁移的关键在于主体对已有知识经验的概括和类化。该研究弥补了相同要素说机械迁移理论之不足，得到许多心理学家特别是格式塔学者的认同。

而布鲁纳（J. S. Bruner）和奥苏伯尔（D. P. Ausubel）所提出的"认知结构迁移说"强调掌握各方面知识的基本结构和领会基本的原理才是通向适当的训练迁移的通衢大道，并指出认知结构对迁移的影响取决于认知结构的三大变量，即可利用性、可辨别性、稳定性和清晰性。

由此可见，元认知结构与迁移是密不可分的互相促进的心理关系，即元认知水平可以有效促进迁移水平的发展，而迁移能力强可进一步促进元认知水平的发展。心理辅导室配置的认知训练仪正是基于这些经典理论的指导而形成的。

二、认知训练仪与元认知发展

迁移的心理学实验研究证实了个体能将一种学习活动中的认知技能在元认知体验、元认知监控的引导下迁移到具有一定的心理学联系的另一种认知活动中，并提高该认知活动的能力，这是人类科学技术的进步和社会发展的基本条件。换言之，对于基础教育的中小学生，如果能在各种认知训练仪上通过或自我训练或在心理老师指导下的系统训练获得进步，遵循迁移的科学原理就能够迁移到各类学科的学习之中。正是鉴于这样的心理学共识，心理实验的心理学仪器用于提高中小学生的认知品质成为可能。

(一)知觉训练对元认知发展的作用

知觉是正确、完整认识世界的心理品质。学生知觉与学习的适应性在很大程度上影响学生的学业成就。心理辅导室为提高和优化中小学生的知觉品质以期提高其学习能力,为之配置了"知觉反应训练仪"和"运动知觉训练仪(也称深度知觉仪)"。在训练中,学生不仅提高了知觉反应的速度和正确性,也促进了元认知知识的发展,反过来,在成绩提高的过程中,学生产生了积极的元认知体验,发展了元认知的监控能力,最终在学习中产生迁移,提高了学习能力。例如,各种知觉反应的训练使知觉反应的速度和准确性得到提高。运动知觉的训练有效帮助了对运动中物体的状态形成正确的判断。训练由他主向自主发展并自主选择对训练的监控策略,而元认知的发展促进了学习的迁移能力的发展。

(二)注意训练对元认知发展的作用

注意是中小学生进行学习过程中最基本的心理品质,没有注意任何活动都无法进行。中小学生经常出现注意偏离学习对象的问题,老师、家长为此头痛不已,轻者批评孩子注意力不集中,重者视之为多动症。作为一切认知活动的基本保证,注意是可以通过科学系统的训练加以提高的。说其科学,是指其训练的科学性评价,即通过不断的训练,可以描绘出直观的进步曲线予以科学的评价,使这样的训练方式跳出了以往采用的经验性的、描述性的评价方式。例如,用双手协调仪训练学生的注意分配的认知能力,可以有效提高学生的注意品质,对某初级中学学生的训练研究表明,学生双手协调训练仪操作上的成绩(完成一次操作所用时间和操作中的脱靶率)与其平时练习成绩具有高度的相关性。由此可以看出，注意的认知训练可以有效提高学生的认知能力。

（三）记忆训练对元认知发展的作用

记忆是指人脑对作用于当前事物的识记、保持、再认和回忆的心理过程，用计算机语言理解则是指信息的输入、编码和提取的过程。学生记忆的数量、保持时间、提取速度和正确性都将直接影响其学习效能，所以，记忆的认知发展对促进学生记忆效能具有极为重要的意义，也促进了元记忆知识和元记忆技能的发展，反过来，元认知技能的发展更进一步促进了学生记忆水平的提高。用于记忆训练的心理学仪器称为智能速示仪，也称为记忆鼓，它对记忆的瞬时记忆（感觉记忆）、工作记忆（短时记忆）、长时记忆都能进行有效的训练。例如，某高中二年级的学生进行了三周的记忆训练，在之后的英语考试中成绩有了明显提高，与未训练的学生有着显著差异，说明训练是有意义的。

（四）思维训练对元认知发展的作用

思维是人脑对客观事物间接的、概括的反映。思维能力的优秀程度在很大程度上决定了学生学业水平的优秀程度。思维能力的训练始终是家长、老师乃至学生本人都关心却无从入手的教育问题。例如，很多社会办学机构所举办的"奥数"培训，其核心都是思维训练。

在心理辅导室配置的认知训练仪中的"河内塔""叶克斯"和"迷宫"就是为提高学生思维能力而设计的认知训练仪。"叶克斯"用来训练学生的思维推理能力，"迷宫"则用于决策能力的训练。河内塔虽似形象思维训练，实则离不开元认知技能的监控。这三种认知训练仪在提高思维能力时也促进了元认知技能的发展。

（五）心理旋转对元认知发展的作用

中小学生经常遇到一些难度较大的几何图形类习题，在审题时如果把图形作一个角度的旋转（如旋转60度），那么问题的解决就变得非常容易，但如果不会进行旋转，问题就很难解决。那么能否对心理旋转这一心理学能力进行科学训练呢？答案是肯定的。

心理旋转是一种视觉表象，这是个体通过视觉通道获得的有关事物的外部形象。对此现象的研究已成为当今认知心理学表象研究的重要内容。心理旋转的认知能力对中小学生的学习有很大的实践意义，更重要的是视觉表象能力的提高可以有效促进元认知知识的发展，提高学生的元认知技能。

在心理辅导室使用镜画仪对学生的心理旋转能力进行科学专业的训练。

三、认知检测仪与元认知发展

中小学生心理发展中一个重要内容是认知风格的形成和发展，这是因为认知风格虽无好坏之分但对学科存在一定的潜在的偏好，而且认知风格对学生元认知的发展产生着重要的作用。例如有一个案例，存在场依存性型认知风格的某学生数学成绩离合格线始终很远，但该学生非常努力地想把数学成绩赶上去，特别想为母亲争光，因此心理压力很大，焦虑、自卑、抑郁等心理问题十分严重。任课老师和班主任经常鼓励他要用功，有经验的老师偶尔也会说"可能是学习方式不当"，那怎么办呢？所有时间都花在了数理学科，休息日都在补课，但问题不仅没有解决，相反，心理问题越来越严重。通过棒框仪检测判断其为明显的场依存性型认知风格者，并解释了非其努力不够而是老师没有为其提供相匹配的教学方法。指出问题所在，母子豁然开朗，心理问题陡然解决了大半，然后因循有专业经验的教师专业辅导，学生成绩逐渐提高，最终顺利考入大学，毕业后成为公务员，没多少时间晋升为领导干部。认知风格的测评成了该学生认知发展的转折，而认知发展进一步促进元认知体验和元认知技能的发展。

四、人格测评与元认知发展

基础教育心理辅导室配置中设计了一种类似取款机的人格测评机，它不同于常用的纸笔测试，而是采用一系列的桌面敲击（包括敲击的速度、正确性等动作组合）和图案识别组合为10类人格特征评价打印稿。该评价包括学生"学习活动表现""群体活动表现""人际关系表现"和"社会适应表现"的社会化内容，为学生提供自我认知的参考意见，也为其元认知发展提供扬长补短的心理学参考。此处以粘液质人格的特征为例予以介绍：

粘液质人格：您在各种不同的环境中都能保持平衡和安静；坚定而有节制，虽然缺少一些机灵、热情，甚至有些惰性；虽然不善言辞，但不影响其稳健、持久而又勤奋地工作、学习和生活。

在学习活动中表现为喜欢独立思考，不受他人的左右和影响，具有一定的思维深度；学习意志比较坚韧，学习情绪比较稳定，但有时会陷于比较深刻的思维定式而阻碍学习问题的解决；对学习成败表现比较淡定，不因为成绩好而沾沾自喜，也不因挫折而灰心丧气。

在各种群体活动中表现为比较消极被动，不愿主动充当群体活动的领导者；在群体的活动过程中表现为缺乏热情，甚至有些慵懒，既不会因大家的快乐而狂喜，也不会因大家的沮丧而灰心，始终保持荣辱不惊，不以物喜、不以己悲的沉着和淡定。

在人际关系中表现为交往被动、关系淡漠、圈子狭隘的特点；习惯于以一种消极的态度对待交往对象,所以会给对方一种深藏不露、城府较深的感觉;交往中讷于言而敏于行,缺少生动丰富的内心体验和积极热情的外部表现,但交往久了会给对方以信任感。

在社会适应上表现出比较稳定消极的态度和行为特点,性格比较内向;对各种复杂的社会问题认识深刻,独具慧眼;为人处世原则性强,认准了的事不易改变;处理人际关系的态度稳健、准确,给当事人一种冷酷、不近人情之感。

另外九种人格分别是多血质人格、胆汁质人格、抑郁质人格、胆汁质-多血质人格、多血质-粘液质人格、粘液质-抑郁质人格、多血质-抑郁质人格、胆汁质-抑郁质人格、胆汁质-粘液质人格。积极的健康的人格促进元认知的发展,积极的正确的元认知指导人格向健康的积极的方向发展。

参考文献

[1] 杨治良.实验心理学[M].杭州：浙江教育出版社，1998.

[2] 杨治良，王新法.心理实验操作手册[M].上海：华东师范大学出版社，2010.

[3] 梁宁建.心理学导论[M].上海：上海教育出版社，2011.

[4] 梁宁建.当代认知心理学[M].上海：上海教育出版社，2003.

[5] 邵志芳.认知心理学：理论、实验和应用[M].上海：上海教育出版社，2006.

[6] 叶奕乾，孔克勤，杨秀君.个性心理学[M].上海：华东师范大学出版社，2011.

[7] 郭秀艳，王弘毅.心理学仪器在中小学教育中的应用[M].上海：华东师范大学出版社，2012.

[8] 任俊.积极心理学[M].上海：上海教育出版社，2006.

[9] 庞维国.自主学习：学与教的原理和策略[M].上海：华东师范大学出版社，2003.

[10] 吴增强.现代学校心理辅导[M].上海：上海科学技术文献出版社，1998.

[11] 皮连生.学与教的心理学[M].上海：华东师范大学出版社，2003.

[12] 亨特.心理学的故事：源起与演变[M].李斯，王月瑞，译.海口：海南出版社，1999.

[13] 俞文钊.当代经济心理学[M].上海：上海教育出版社，2004.

[14] 俞文钊.现代领导心理学[M].上海：上海教育出版社，2004.

[15] 俞文钊.管理心理学[M].兰州：甘肃人民出版社，1988.

[16] 萧孝嵘.教育心理学[M].福州：福建教育出版社，2009.

[17] 陈仙梅，杨心德.性格心理论[M].长沙：湖南人民出版社，1988.

[18] 李维.小学儿童教育心理学[M].北京：高等教育出版社，1996.

[19] 刘永芳，房慧聪.人格评价[M].济南：山东人民出版社，2001.

[20] 叶奕乾，孔克勤.个性心理学[M].上海：华东师范大学出版社，1993.

[21] 黄一宁.实验心理学：原理、设计与数据处理[M].西安：陕西人民教育出版社，1998.

[22] 欣茨曼.学习与记忆心理学[M].韩进之，李月明，韩耀辉，等译.沈阳：辽宁科学技术出版社，1986.

[23] 杨治良.现代人的心理迷信[M].长沙：湖南教育出版社，2000.

[24] 张玉田，程培杰，腾星，等.学校教育评价[M].北京：中央民族大学出版社，2003.

[25] 李伯黍.品德心理研究[M].上海：华东化工学院出版社，1992.

[26] 费斯汀格. 认知失调理论 [M]. 郑全全, 译. 杭州：浙江教育出版社，1999.

[27] 任顺元. 奇妙的教育心理效应 [M]. 北京：教育科学出版社，1990.

[28] 刘永芳. 归因理论及其应用 [M]. 济南：山东人民出版社，1998.

[29] 朱晨海. 天平上的心灵：实验心理学的故事 [M]. 上海：上海科学技术出版社，2011.

[30] 秦启庚. 天平上的心灵：实验心理学的故事 [M]. 延吉：延边大学出版社，1998.

[31] 黄希庭. 心理学导论 [M]. 北京：人民教育出版社，1991.

[32] 李丹. 儿童发展心理学 [M]. 上海：华东师范大学出版社，1987.

[33] 林崇德. 发展心理学 [M]. 北京：人民教育出版社，1995.

[34] 张春兴. 现代心理学 [M]. 上海：上海人民出版社，1994.

[35] 周晓虹. 现代社会心理学：多维视野中的社会行为研究 [M]. 上海：上海人民出版社，1997.

[36] 张爱卿. 动机论：迈向21世纪的动机心理学研究 [M]. 武汉：华中师范大学出版社，1999.

[37] 杨治良. 记忆心理学（第二版）[M]. 上海：华东师范大学出版社，1999.

[38] 林崇德，杨治良，黄希庭. 心理学大辞典 [M]. 上海：上海教育出版社，2003.

[39] 荆其诚.简明心理学百科全书[M].长沙：湖南教育出版社，1991.

[40] 李洪玉，何一粟.学习动力[M].武汉：湖北教育出版社，1999.

[41] 郭亨杰.童年期发展心理学[M].南京：南京大学出版社，2000.

附 录

上海市教育委员会文件
沪教委德〔2011〕57号

上海市教育委员会关于印发《上海市中小学和中等职业学校心理辅导室装备指导意见（试行）》的通知

各区县教育局，各委、局、控股（集团）公司：

为促进本市中小学和中等职业学校心理辅导室的标准化、规范化建设，提高本市学校心理健康教育水平，我委制定了《上海市中小学和中等职业学校心理辅导室装备指导意见（试行）》（以下简称"指导意见"），现印发给你们，请按照执行。

自本通知颁布之日起三年内，各单位要指导所属中小学、中等职业学校完成心理辅导室的建设和改造，并做好相关配套工作。

希望各单位加强心理辅导教师的理论培训和心理仪器设备使用培训，不断提高心理健康辅导教师的专业素养。建立健全心理辅导室的管理制度，完善运行机制，使心理健康教育与日常教育管理工作紧密结合，切实发挥心理辅导室的各项功能。

在执行过程中，如有意见和建议，请及时与我委德育处联系。（联系人：周烨，电话：23116790）

附件：上海市中小学和中等职业学校心理辅导室装备指导意见（试行）

上海市教育委员会

二〇一一年十二月二十二日

主题词：教育 心理辅导室 装备 规定 通知

抄送： 各中等职业学校

上海市教育委员会办公室　　2011年12月30日印发

（共印200份）

附件：
上海市中小学和中等职业学校心理辅导室装备指导意见（试行）

一、适用范围

本意见适用于上海市中小学和中等职业学校心理辅导室的建设与装备。

二、编制依据

主要根据《教育部关于印发〈中小学心理健康教育指导纲要〉的通知》（教基〔2002〕14号）、《教育部关于印发〈中等职业学校学生心理健康教育指导纲要〉的通知》（教职成〔2004〕8号）、《上海市普通中小学校建设标准》（DG/TJ08-12-2004）和国家、上海市其他有关学校心理健康教育工作的要求。

三、功能定位

学校心理辅导室是组织和实施心理健康教育，面向全体学生、教师和家长提供心理健康辅导的专门场所。其主要功能是：

1. 关注全体学生的心理健康，开展面向全体学生的心理健康教育活动。

2. 通过积极心理辅导，开发学生的心理潜能。

3. 初步了解学生的心理行为问题，开展针对性的心理健康辅导或根据情况予以及时转介。

4. 开展针对学校教职员工的心理健康教育知识和简单操作技能的培训。

5. 向家长提供家庭教育的咨询，指导其与孩子进行有效沟通，正确教育孩子。

根据不同年龄段学生的身心发育特点，小学心理辅导室的配置主要体现游戏和活动的特点，适应学生探究、好奇的学习心理；初中心理辅导室的配置主要突出体验性（辅以训练操作），指导学生顺利度过青春期；高中心理辅导室的配置主要突出学生的自主探究（推理、解析），满足学生自我发展的需求；中等职业学校心理辅导室的配置主要突出社会性和职业性，并结合不同专业的特点，帮助学生提高社会适应能力，并为之提供相应的职业指导。

四、基本原则

1. 科学性。心理辅导室的建设应遵循科学的心理学思想和方法，突出可控制性、可验证性。

2. 实用性。心理辅导室配置的软硬件设施要符合学校心理健康辅导工作的实际需要。

3. 安全性。心理辅导室所配备的工具、器材要充分考虑到安全性，应避免对学生造成生理或心理伤害。

五、基本配置

（一）位置要求

心理辅导室所处的位置一般应位于学校相对安静、方便到达的场所。

（二）功能区域

心理辅导室的功能区域一般应包括心理辅导教师办公区、心理辅导活动课专用教室、团体心理辅导区、个别心理辅导区、心理测评档案区、心理放松区和心理阅览区等。

心理辅导室的使用面积要与在校生人数相匹配，各校可结合自身心理辅导工作的实际需要与学校其他场所共享，心理辅导室的各功能区域也可以相互兼容。

1. 心理辅导教师办公区。心理辅导教师办公区是当值心理辅导教师处理日常咨询事务、接待来访者、接受咨询预约的必备场所。房间面积可根据值班教师的人数进行相应调整。

2. 心理辅导活动课专用教室。心理辅导活动课专用教室是学校为开展班级心理辅导活动配置的专用教室，可与学校团体心理辅导区兼用。

3. 团体心理辅导区。团体心理辅导区是学生小组开展团体心理辅导活动的场所，面积以人均1—3平方米为宜。可与学校心理辅导活动课专用教室兼用。

4. 个别心理辅导区。个别心理辅导区是为学生提供单独心理辅导的必备场所，其所处位置的选择应考虑到保护学生的个人隐私。可与心理测评区兼用。

5. 心理测评档案区。心理测评区是用于心理测评及建档、存档的必备场所，至少可以容纳2人同时进行心理测评。可与个别心理辅导区兼用。

6. 心理放松区。心理放松区用于帮助学生放松身心。一般一人使用；若多人使用，则应根据情况适当增加面积。

7. 心理阅览区。心理阅览区用于学生的休息和阅读。具体位置及面积可以根据学校情况灵活安排。

（三）环境要求

心理辅导室的总体布置以简洁、温馨、舒适、安全为原则，房间的色彩以淡色系为宜（如淡绿、淡蓝、米黄、粉红等，可以通过软装饰物营造放松的感觉）。

（四）基础设施

1. 遮光：可安装窗帘。

2. 隔音：所有功能区应有较好的隔音条件，其中个别心理辅导区、心理测评档案区和心理放松区隔音效果应小于40db。

3. 墙面：采用淡色涂料，使室内光线柔和。有条件的学校可将团体心理辅导区的一整面墙都安装玻璃镜，镜前安装窗帘。

4. 温度：安装空调。

5. 通风：通风良好，干燥清洁。

6. 照明：平均照度不低于300lx。团体心理辅导区可安装亮度可调的灯具。

7. 电源：配置适量220V电源插座。

8. 网络与通讯：设置网络接口（不少于2个端口）、闭路电视接口和广播接口。

（五）配置标准（略）

后记

谁都知道，社会发展至今，心理学已经走进千家万户，深入人心，成为名副其实的"领头羊"学科。甚至在诺贝尔经济学奖和生理学或医学奖中都能看到心理学的睿智和指导作用：数学天才纳什的"博弈理论"，认知心理学家卡尼曼的"行为经济学"和"行为金融学"，决策心理学家理查德·塞勒的"有限理性对金融市场的影响"，保罗·米尔格罗姆和罗伯特·威尔逊的"对拍卖理论的改进和新拍卖形式的发明"，神经心理学家罗杰·斯佩里的"关于大脑两半球功能不对称的研究"，等等，不一而足。

然而，心理学更多更广泛的应用领域无疑是学校教育。即使在心理学被否定、被视为"伪科学"的特殊年代，它依然是师范类学校的基础性学科，"了解学生"是教师的基本素养，"因材施教"是教师的基础技能，学校是教书育人的专门场所。人从生物人发展为社会人的过程就是接受教育的过程。本书针对中小学（包括中职校）教育中的认知训练进行了全新的探索,以期促进学生知识、能力、人格的全面和谐发展。

20世纪80年代,在恢复教学秩序、提高教学质量的教育过程中,心理健康教育应运而生,它给德育工作注入了新的活力。心理咨询和心理辅导解决了很多学生的行为偏差问题,化解了很多学生的心理困扰。从此,心理健康教育成为基础教育必不可少的教育内容,并取得了很大成就。

改革开放给中国注入活力,经济高速发展,科技日新月异,人民生活水平不断提高。同时,每个社会人都感受到了形形色色的压力:工作的压力、竞争的压力、家庭的压力、学习的压力……所有压力叠加造成的社会性焦虑都被归咎于教育。于是,全社会一方面不断指责讨伐应试教育,一方面对各种社会办学趋之若鹜。为适应社会发展要求,教育在不断地改革,但无论怎样改革都无法化解当下的社会性焦虑,也无法满足对教育的永无止境的需求,因为它是共同的社会性期待。

教育必然要"应试",古今中外概莫能外,中国教育需要不断完善、不断改革也是不争的事实,但应试教育无法满足当下社会家庭期望、化解社会性焦虑也是不争的事实。在这样的教育环境下,学生不可避免地会产生各种各样的心理问题,需要心理健康教育对其进行辅导和化解。

面对这样的社会性焦虑及由此带来的学生心理问题,中小学心理健康教育颇显尴尬,传统心理辅导、心理咨询难以走出被动滞后的消极共性。这是全世界传统心理学的共性。正如一位教育专家戏谑:学生不堪学习压力想跳楼,心理学老师在楼下大声劝导学生,告之要珍惜生命,劝其放弃轻生想法云云。这足以看出此时的心理学是何等无奈和被动！

应试教育的改革进展难以满足社会焦虑下家庭的需要，现有心理健康教育能否摸索出新的服务模式以减轻两者之间的冲突呢？

基础教育历经千百年的发展和变革，具有其科学的内在规律性，虽然它仍需改革，但这只能是渐进性的。作者从心理学的科学属性出发进行了探索，以期找到一种创新的方法。探索的假设是"让学生戴着镣铐跳舞"，这"镣铐"是教育教学的评价——考试，"跳舞"是提高学生适应教育评价的能力。学生的大量心理问题都与学习有关，在现有心理健康教育中如果能够注入新方法提高学生的学习能力，岂不是从根本上达成"考试与能力"之间的和谐和互相促进吗？

在心理学导师的指导和学校领导的支持下，经过15年坚持不懈的探索，我终于取得了初步的成果——用心理学仪器对学生进行认知训练和认知测试。

我在调入原闸北区教育学院任教前，投师中国著名管理心理学家俞文钊教授和认知实验心理学家杨治良教授门下学习，学得两位恩师对于科学心理学的真知灼见，从此走上基础教育领域科学心理学的探索之路。蒙原闸北教院院长侯锁生先生信任，拨款购置所需心理学实验仪器并专辟两间心理实验室，成立上海唯一的区教育学院心理实验室，开设了"心理实验技术"等教师培训课程，潜心研究基础教育领域的科学心理学。杨治良先生曾赞誉我的心理学理念："秦老师是中国心理学界的一面旗帜，他坚持走心理学应用的道路，在应用中又坚持心理实验的科学方法。"我遵循自己"理论一定要落地，实践一定要生根"的学习原则，既不做理论的奴隶也不套经验的枷锁，走一条没人走过的创新之路，将高校的科研实验之用的仪器改名认知训练仪和认知检测仪，通过认知仪器训练提高学生相应的认知品质，再熟练迁移为知识学习的能力，终于修成了合乎逻辑考量的"正果"。例如，书中提到某同学由于运用棒框仪检测被评价为典型的场依存性型认知风格，进而指出该认知特征对学科选择的偏好和影响，最后给予相应的学习辅导。这种检测方式不仅为因材施教提供了科学依据，更重要的是对其心理健康产生积极影响，使其原先因竭尽全力也无法提高学科成绩而产生的严重自卑、焦虑、抑郁等心理问题得到解决。可以说，如果没有科学的认知检测及之后的因材施教辅导，这位同学不可能得到今日良好的发展。

这15年的痴迷探索虽然给自己带来无限的乐趣和成就感，但并没有得到社会认同。2010年，机遇光临，上海市教委向中国实验心理学第一人杨治良先生请教：能否将华东师大的心理实验仪器应用于基础教育？杨先生坦诚相告自己不懂也没有研究，但同时举荐了我。在杨先生挂帅下，我实际负责了上海市中小学（含中职校）心理辅导室的装备设计工作，窦刚博士与我精诚合作，耗时两年，终于被上海市教委采纳编入2011年底的57号红头文件。

事情本该就此结束，但又出现了两件事，促成了本书的编写。一件事是与德国心理学家晏松教授的长谈。晏女士从北大心理学系毕业，后留学德国，留任哥廷根大学。她对我的基础教育认知仪器训练提高学生学习能力、促进学生心理健康的学术思想赞叹不已，并回答了我"为什么科学心理学发源地的德国没有此事"的问题，醍醐灌顶，使我豁然开朗，提升了自信心，陡增了成就感。

另一件事是和中山大学心理学院高定国教授的一次长谈。他回母校华东师大参加同学聚会后造访寒舍，与我促膝长谈四个多小时直至夤夜。听了我的这个研究过程介绍，深叹我是此研究第一人，并鼓励我一定要完成著作，否则这么丰富的心理学思想会失传，那太可惜了。

断断续续写了很长时间，在我的伯乐们的支持下，我这本书终于完稿。

我要感谢恩师杨治良教授，他给予这么高的评价并为我提供了展示能力的机会，没有他的举荐，一切都不可能发生。

我要感谢晏松教授和高定国教授，是他们给了我信心、鼓励和支持，使我坚定了将自己所作的研究付诸笔端的决心。对曾帮助、支持我的所有学者、朋友、亲人一并表示诚挚的感谢。

秦启庚